INQUIRY MINDSET

ASSESSMENT EDITION

탐구 마음가짐 평가편

Trevor Mackenzie 저 | 조현영 · 안지영 공역

학습에서 형평성과 주체성을 위한 파트너십 구축

SCAFFOLDING A PARTNERSHIP FOR EQUITY AND AGENCY IN LEARNING

학지사

Inquiry Mindset Assessment Edition:
Scaffolding a Partnership For Equity and Agency in Learning
by Trevor MacKenzie

Originally published in the United States by Elevate Books Edu.
2658 Del Mar Heights Road 161, Del Mar, CA 92014, USA

역자 서문

최근 한국 교육은 오랜 시간 지속되어 온 줄 세우기식 경쟁 중심의 교육 방식에서 벗어나, 학생 개개인의 흥미와 호기심을 바탕으로 한 깊은 학습을 지향하는 방향으로 전환되고 있습니다. 끊임없는 학습자 중심의 학습을 지향해 온 교육적 성찰과 노력에도 불구하고, 여전히 입시 중심의 수업과 평가에서 벗어나지 못하고 있다는 반성 가운데, 최근 인공지능의 등장은 더 이상 미룰 수 없는 교육적 변화를 요구하고 있습니다. 역자들은 한국 교육의 현실에서 '왜'의 부재가 안타깝게 느껴졌습니다. 탐구 기반의 학습에 대한 갈증과 바람에서 『탐구 마음가짐: 평가편』의 번역은 기획되었습니다.

이 책의 저자 트레버 매켄지(Trevor MacKenzie)는 우리가 만나 본 교육자 중 누구보다 열린 마음을 지닌 사람이자, 깊은 호기심과 따뜻한 성찰로 가득한 사람이었습니다. 그는 아이들의 가능성을 진심으로 믿고, 교육자와 학생이 함께 성장하는 배움의 공간을 소중히 여깁니다. 그의 이야기를 한국어로 옮기는 과정은 단순한 번역을 넘어, 우리가 교사로서 무엇을 놓치고 있었는지를 되묻고 성찰하는 시간이었습니다.

현장에서 교육을 하고 있는 교사로서 그동안 '평가'라는 이름 아래 얼마나 많은 순간, 학생들을 배움의 주체가 아닌 평가의 대상이나 결과로만 바라보았는지 돌아보게 되었습니다. 아이들이 무엇을 경험했는지 나열하는 데 급급해 정작 그 경험이 어떤 의미였는지, 그 안에 어떤 배움이 있었는지는 놓친 채로 평가를 마무리하곤 했던 지난 시간을 반성하게 되었습니다. 이 책의 한 문장, 한 문단을 옮길 때마다 '내가 지금 이 글을 통해 진짜 말하고 싶은 건 무엇일까?' '이 말이 아이들의 성장과 연결될 수 있을까?'를 고민하며, 마치 평가의 본질을 다시 배우듯 번역했습니다.

『탐구 마음가짐: 평가편』은 평가를 학습의 끝이 아닌 과정 그 자체로 바라보게 해 주었습니다. 평가란 단지 성적을 매기기 위한 도구가 아니라, 학생을 더 깊이 이해하고, 학생의 가능성과 배움의 궤적을 함께 발견하는 여정이 될 수 있다는 강력한 메시지를 전해 줍니다. 그리고 평가의 주체가 교사만이 아닌 학습자와 함께 만들어 나가는 공동 설계와 의미 구축의 과정이라는 것은 신선한 충격이었습니다. 이 책을 읽는 모든 분이 저처럼 그 인사이트를 경험하시길 바랍니다.

이 책이 선생님들께 조심스러운 질문을 건네길 바랍니다.

> 우리는 지금 아이들을 어떻게 바라보고 있는가?
>
> 그들의 성장을 어떻게 도와줄 수 있는가?
>
> 그리고 오늘, 교사로서 내가 할 수 있는 가장 의미 있는 일은 무엇일까?

작지만 진심 어린 실천이, 분명히 더 나은 내일을 만들어 갈 것입니다. 선생님들의 교실과 배움의 현장에서 이 책이 따뜻하게 숨쉬기를 진심으로 바랍니다.

그리고 마지막으로, 이 책에서 우리가 특히 마음에 깊이 새긴 문장이

하나 있습니다.

"말하고 있는 사람이 바로 배우고 있는 사람이다."

학생이 자신의 생각을 말로 표현하고, 그 말이 배움으로 이어질 수 있도록 돕는 것, 그것이 우리가 평가를 통해 학생에게 줄 수 있는 가장 본질적인 힘이 아닐까 생각해 봅니다. 배움은 평가의 대상이 아니라, 삶을 살아가는 방식 그 자체라는 이 책의 메시지가 모든 교실, 모든 배움의 순간에 닿기를 바랍니다.

2025년 6월

조현영, 안지영

추천사

『탐구 마음가짐: 평가편』에서 트레버는 모든 학습자를 위한 개별화되고, 성찰적이며, 협력적이고, 유연한 평가 경험의 필요성에 대해 이야기합니다. 그는 풍부한 경험과 통찰을 바탕으로, 영감을 주는 아이디어와 신중하게 설계된 과정 그리고 효과적인 안내 질문들을 제시합니다. 이 책은 단계적으로 구성되어 있어 실용적이며, 다양한 연령대에 적용할 수 있습니다. 트레버의 안내를 따라가다 보면, 초기 학습 단계와의 연결점을 발견하고 학생 중심 평가를 더욱 강화할 준비가 되어 있음을 느낄 것입니다.

레베카 배서스트-헌트(Rebecca Bathurst-Hunt)

교사, 『Inquiry Mindset: Elementary Edition(초등 교사를 위한 탐구 마음가짐)』 공동 저자

이 책은 마치 음악처럼 들립니다! 명확하고 개인적이며 실용적인 『탐구 마음가짐: 평가편』은 교육이 단순한 지식 전달을 넘어 인성을 함양하는 과정이어야 한다고 믿는 모든 이에게 꼭 추천드리고 싶은 필독서입니다.

가이 클랙스턴(Guy Claxton)

『The Learning Power Approach(학습력을 키우는 수업)』 저자

트레버 매켄지가 또 한번 해냈습니다! 그는 평가 과정에서 학생 주도성을 더욱 키울 수 있도록 돕는 실용적인 가이드를 우리에게 선물했습니다. 많은 교육자가 탐구 기반 학습의 '왜'는 이해하지만, '어떻게' 적용해야 하는지 고민할 때가 많습니다. 트레버의 획기적인 저서 『Dive into Inquiry(탐구에 풍덩 빠지다)』와 『Inquiry Mindset(탐구 마음가짐)』은 전통적인 교육 모델에서 벗어나, 학생 주도성을 기르고 호기심 많고 사려 깊은 학습자를 육성하는 실용적이고 효과적인 방법을 제시해 주었습니다. 그의 새로운 책 『Inquiry Mindset: Assessment Edition(탐구 마음가짐: 평가편)』은 이러한 탐구 기반 교육을 한층 더 발전시켜, 평가 과정에서 학생의 목소리와 주도성을 더욱 강화합니다. 행동, 과제, 루틴, 프로토콜을 안내하는 실용적인 도구들이 가득 담긴 이 책은, 학생들이 자신의 학습과 평가 과정에서 진정한 파트너가 되는 탐구 기반 교실을 만드는 데 필요한 다음 단계입니다. 교실과 학교에서 반드시 갖춰야 할 필수 도서입니다! 트레버, 감사합니다!

애드리엔 기어(Adrienne Gear)

교사, 저자, 연설가

트레버 매켄지는 깊은 사고를 하는 교육자입니다. 그는 생각이 깊을 뿐만 아니라, 배려심과 감수성도 갖춘 사람입니다. 그의 새로운 책은 '가르침은 주로 경청하는 것이고, 배움은 주로 이야기하는 것'이라는 그의 교육 철학을 일관되게 이어 갑니다. 트레버는 학생들이 자기 평가 역량을 키우고 성장할 수 있도록 돕습니다. 그는 메타인지적 질문과 성찰적 질문을 활용하여, 학생들의 목소리가 평가 과정에 자연스럽게 반영될 수 있도록 다양한 방법을 제시합니다. 이를 통해 탐구와 몰입이 학생 평가의 핵심 요소가 되어야 한다는 강력한 메시지를 전달합니다.

베나 칼릭(Bena Kallick)

『Learning and Leading with Habits of Mind(생각하는 힘을 기르는 배움과 리더십: 마음습관으로 여는 교실 혁신)』 저자

개별화된 학습을 실천하고 학생 참여를 중요하게 생각하는 교사들은 필연적으로 하나의 평가 문제에 직면하게 됩니다. 기존의 평가 방식이 학생들에게 일방적으로 수행되는 과정이었다면, 이를 학생 주도성을 존중하고 평가의 파트너로서 참여하도록 만드는 방식으로 어떻게 바꿀 수 있을까요? 이 책은 학생 중심 평가에 대한 10가지 신념을 바탕으로, 이를 실천하기 위한 구체적인 단계를 제시합니다. 매켄지의 뛰어난 명확성과 실용성은 그의 오랜 교실 경험에서 비롯된 것입니다. 이 책은 거의 모든 페이지에서 바로 실천할 수 있는 유용한 팁을 제공합니다. 탐구 기반 학습을 중시하고, 성찰적이며, 자기 주도적인 학생을 양성하고 싶다면, 이 책을 꼭 읽어 보세요. 학생들이 그 변화를 분명히 느끼고 감사할 것입니다.

제이 맥타이(Jay McTighe)

『Understanding by Design®(이해 중심 교육과정 설계)』 공동 저자

'평가(Assessment)'라는 단어의 어원은 라틴어로 '곁에 앉다'라는 뜻입니다. 그리고 바로 그것이 매켄지가 자신의 학생들과 이 감동적인 신간의 독자들에게 실제로 하는 일입니다. 오랫동안 학생들은 평가라는 대화에서 소외되어 왔습니다. 하지만 매켄지는 자신의 교실에서 나온 이야기, 시각 자료, 질문 그리고 사려 깊은 사례들을 통해, 왜 이제 우리가 학생들을 이 대화의 중심에 초대해야 하는지 그리고 어떻게 그것이 가능한지를 명확하게 보여 줍니다.

킴벌리 미첼(Kimberly Mitchell)

교사, 『Experience Inquiry(탐구를 경험하라)』 저자

평가라는 주제는 많은 교사가 탐구 중심 교수–학습 접근을 시도할 때 특히 어렵게 느끼는 부분입니다. 이 책은 그런 맥락에서 시의적절하고 유익한 기여를 하고 있습니다. 트레버는 특유의 따뜻하고 친근한 문체로, 교사로서의 풍부한 경험을 바탕으로 학생을 학습 여정의 주체로 세우는 이 접근법에 대한 깊은 열정을 바탕으로 실질적이고도 탄탄한 지침을 제시합니다. 이 책은 교사들에게 반드시 유용한 자료가 될 것이라 확신합니다.

캐스 머독(Kath Murdoch)

교사, 『The Power of Inquiry(탐구의 힘)』 저자

지금 이 시점에 꼭 필요한 책입니다. 트레버의 책은 언제나 모든 유

형의 교사들에게 도움이 되는 훌륭한 팁과 도구로 가득하지만, 이 책은 특히 제 마음에 깊이 와닿았습니다. 왜냐하면 평가는 교육의 나침반과 같기 때문입니다. 우리가 어떤 방향으로 나아갈지를 결정짓는 기준이 되기 때문입니다. 트레버는 교사와 교육 리더가 모든 유형의 교실에서 효과적인 평가를 설계할 수 있도록 단계별로 명확하게 안내합니다. 이 책은 학생들이 평가 과정에 진정으로 몰입하도록 돕습니다. 예를 들면, 피드백을 구하고, 피드백을 바탕으로 개선하며, 효과적인 피드백을 주는 법을 배우는 과정을 말이죠. 제가 이 책의 거의 모든 페이지에 시도해 보고 싶은 부분을 표시해 두었을 정도입니다. 저는 전 세계의 학교들과 협력하여 교육과정과 평가를 재설계하고 정렬하는 일을 하고 있는데, 이제부터 이 책을 꼭 추천할 생각입니다. 평가를 진정성 있고, 의미 있으며, 강력한 경험으로 만들고자 하는 교사들에게 완벽한 출발점이 되어 줄 책입니다.

알렉시스 위긴스(Alexis Wiggins)

교사, 『The Best Class You Never Taught(당신이 가르치지 않은 최고의 수업)』 저자

저자 서문

저는 처음부터 탐구 중심의 수업을 해 온 교사가 아니었습니다. 어린 시절, 저는 탐구 기반 학습을 경험할 기회가 없었고, 공식적인 교육과정 또한 현재 제가 중요하게 여기는 구성주의적 가치와는 거리가 있었습니다. 대학에서 훌륭한 교수님들께 교사 양성 교육을 받았지만, 당시에는 탐구라는 넓고 깊은 사고의 틀을 배우지 못했습니다. 지금의 교육 철학을 형성하는 데 중요한 개념들이었지만, 그때는 이에 대해 깊이 고민해 볼 기회가 없었습니다. 사실, 탐구의 아름다움을 이해하고 그 언어를 제대로 익히게 된 것은 교직 경험을 쌓은 후의 일이었습니다.

제가 탐구 중심의 교사가 된 이유는 다름 아닌 제 학생들 때문이었습니다. 결국, 학생들이 저에게 어떻게 가르쳐야 하는지를 가르쳐 준 셈이었습니다.

몇 년 동안 학생들의 필요와 관심을 충족시키기 위해 노력하면서, 저는 자연스럽게 그들에 대해 더 많은 질문을 던지기 시작했습니다. 그들의 관심사, 취미 그리고 호기심에 대해 물었고, 그들의 꿈과 목표, 스스로에 대한 기대에 대해서도 물었습니다. 또한 학습 과정에서의 강점과 개선해야 할 부분에 대해서도 깊이 탐구했습니다.

무엇보다 중요한 것은, 저는 단순히 질문하는 것에 그치지 않고 학생들의 이야기에 귀 기울였으며, 결국 그들로부터 배웠다는 것입니다.

그러자 마법 같은 변화가 일어났습니다. 제가 학생들의 이야기에 더 귀 기울이고, 그들에게서 배우며, 그들이 말해 준 것들로 제 수업을 구성할수록 저 자신도 점점 변화하고 있음을 깨달았습니다. 저는 이전과는 다른 교사가 되어 가고 있었습니다. 학생들을 깊이 알아 가면서, 저는 제 자신과 제 수업 그리고 제 직업에 대해 새로운 시각을 가지게 되었습니다.

그 과정에서 저는 제 수업이 단순한 교수 방법이 아니라, 제 마음과 연결되어 제 행동을 이끌어 가는 과정임을 깨닫기 시작했습니다.

가르침 속에서 온화함(gentleness)을 발견했고, 긴장과 도전으로 가득했던 순간들 속에서도 여유를 찾을 수 있었습니다. 그 여유 속에서 스스로를 더 잘 이해하게 되었고, 그 결과 학생들에게도 자신을 이해할 기회를 줄 수 있게 되었습니다. 그렇게 자연스럽고 유기적이며 상호 의존적인 파트너십을 점점 발견하게 되었고, 우리 교실이 마치 하나의 생태계처럼 느껴졌습니다. 모든 것이 자신만의 자리와 목적을 가지고 서로 연결된 공간이었으며, 우리는 모두 더 큰 무언가의 일부임을 깨닫게 되었습니다. 시간이 흐를수록 저는 점점 더 제 수업과 학교에서의 순간들 하나하나에 자연스럽고 깊은 관심을 가지게 되었고, 학습 과정 속 작은 변화들이 지속적인 영향을 미칠 수 있음을 알게 되었습니다. 특정한 행동, 질문, 태도 속에서 강력한 가치를 발견하며, 마치 오랫동안 존재했지만 한번도 들어 본 적 없는 비밀스러운 언어를 새롭게 발견한 듯한 느낌이 들었습니다. 시간이 흘러도 저는 여전히 학생들에게서 배우며, 그들의 질문을 받아들이고, 그것이 제 학습과 성장을 형성하도록 허용하고 있습니다. 처음 탐구 수업을 시작했을 때처럼, 저는 여전히 질문이 제 여정을 이끌어 가도록 맡기고 있습니다.

이 책을 읽고 제 학습 여정을 돌아보며, 그리고 우리가 함께 나아갈 다음 단계를 성찰하던 중, 한 가지 중요한 질문이 떠올랐습니다. 그리고 저는 이 질문이 제 탐구 수업에서 내리는 대부분의 결정에 영향을 미치고 있음을 깨달았습니다. 수업 계획, 단원 설계, 수업 준비 등 모든 과정이 이 질문을 중심으로 이루어졌고, 저는 하루에도 수없이 이 질문을 되새기며 늘 마음속에 간직하고 있었습니다.

"내가 학생들을 위해 하고 있는 일이, 사실은 학생들이 스스로 해야 할 일은 아닐까?"

이 질문을 탐구 수업에 적용하면서 저는 학습의 무게를 누가 짊어지고 있는지, 교실에서 누가 의사결정의 혜택을 보고 있는지, 그리고 누가 학습에 대한 주인의식(ownership)을 더 많이 가지기 위해 역량과 기술 그리고 사고방식을 키우고 있는지에 대해 깊이 고민하게 되었습니다. 그리고 이 질문을 곰곰이 되새길수록, 학생들이 학습에 더 많은 주인의식을 가질 수 있도록 교사로서 제가 더 많은 역할을 할 수 있다는 사실을 깨닫게 되었습니다. 저는 그동안 학습의 방향을 너무 단단히 쥐고 있었고, 학생들을 너무 가까이서 지도하며 지나치게 간섭하고 있었다는 것을 인식하게 되었습니다. 그러나 탐구 학습이 교실과 학생들의 사고 속에 뿌리내리기 위해서는 교사가 학습의 고삐를 풀고 학생들에게 더 많은 주인의식과 자유를 부여해야 한다는 것을 알게 되었습니다.

저는 전 세계 여러 학교에서 교사들이 탐구의 가치를 실천에 옮길 수 있도록 지원하는 과정에서 이 질문을 자주 던지고 있습니다. 학생 주도 학습을 확대할 수 있도록 교사들을 이끌면서, 이 질문은 우리의 성찰, 토론 그리고 수업 설계에 중요한 방향을 제시합니다. 이러한 협력 과정은 더 나은 실천을 가능하게 하고, 더 큰 목표를 향해 나아가는 발판이 되며, 평생 학습자, 글로벌 시민 그리고 공감하는 인도주의자를 함께 길러 내는 중요한 기회를 제공합니다.

그러나 저는 탐구 수업에서 한 가지 영역만큼은 학생 주도성이 쉽게 자리 잡지 못하는 것을 발견했습니다. 다른 영역에서는 비교적 자연스럽게 학생 중심의 학습이 이루어지지만, 평가만큼은 여전히 교사 중심으로 남아 있는 경우가 많았습니다. 저는 여러 학교의 평가 실천을 연구하는 과정에서 다음과 같은 사실들을 깨닫게 되었습니다.

첫째, 평가가 교실 밖에서 이루어지는 경우가 많고, 학생들이 평가 과정에 충분히 참여하지 않는다는 점입니다. 만약 평가하는 사람이 학습하는 것이라면, 왜 교사가 학생보다 더 많은 평가 작업을 하고 있는 것일까요?

둘째, 교사들은 학생들이 어디에 있는지, 어디로 가야 하는지, 그리고 그곳에 도달하기 위해 무엇을 해야 하는지를 잘 알고 있지만, 정작 학생들은 그렇지 않다는 점입니다. 만약 학생들과 학습의 방향성을 논의하고, 그들에게 다음 단계에 대한 의견을 묻는다면, 많은 학생이 적극적으로 참여하지 못할 것입니다. 왜 그럴까요?

셋째, 학생들은 자신이 어떻게 평가받는지에 대한 명확한 이해가 부족하다는 점입니다. 평가 기준, 평가 도구, 학습 목표에 대해 충분한 설명이 이루어지지 않으며, 학생들이 자신의 학습이 어떻게 측정되고 있는지 투명하게 알지 못하는 경우가 많습니다. 왜 평가 과정에서 이러한 투명성이 부족한 걸까요?

넷째, 탐구 학습에서는 자주 성찰(reflection)과 상담(conferencing)의 기회가 제공되지만, 정작 탐구 평가에서는 이러한 기회가 부족하다는 점입니다. 왜 평가 과정에서는 탐구 학습에서 중요한 성찰과 피드백이 충분히 이루어지지 않는 걸까요?

마지막으로, 학생들은 탐구 활동에서는 자신감과 주도성, 성취감을 느끼지만, 평가 과정에서는 불안과 압박, 불확실성을 경험한다는 점입니다. 왜 탐구와 평가 사이에 이러한 차이가 존재하는 걸까요?

이 책은 학생들의 목소리와 참여를 강화하고, 평가에서 학생 주도성을 키우는 방법을 제시함으로써 이러한 문제들을 해결하는 데 도움을 주고자 합니다. 이를 위해, 학생들이 스스로 명확하고 만족스러우며 진정성 있는 평가를 할 수 있도록 교사가 적극적으로 지원하는 과정이 필요합니다.

이 책은 탐구 학습의 가치를 기반으로 하며, 교실에서 학생 주도성을 확대하고, 평가 과정에서 학생들이 자신감을 가지고 능동적으로 참여할 수 있도록 돕는 실천적인 전략과 도구를 안내합니다. 이를 염두에 두고 책을 읽으면서, 평가 실천에서 학생 주도성을 높이는 데 있어 중요한 세 가지 핵심 개념을 기억해 주세요. 이 개념들은 교사들이 학생 중심의 평가 문화를 조성하고, 학생들이 평가 과정에서도 탐구적 사고를 확장할 수 있도록 돕는 길잡이가 되어 줄 것입니다.

1. 평가에서 비교 문화를 분석해 봅시다.

학생들은 교육과정 속에서 다양한 평가 경험을 겪으면서, 학습에 대한 태도뿐만 아니라 학습자로서의 자아 인식에도 부정적인 영향을 받을 수 있습니다. 특히 평가가 학생들 간 비교를 강화하는 방식으로 이루어진다면, 이는 학습 동기를 저하시킬 수 있습니다. 이제 우리는 이러한 비교 중심의 평가에서 벗어나, 자기 성찰과 개인적 성장 그리고 성취를 지원하는 평가 방식으로 전환해야 합니다.

학생들에게 중요한 진리를 다시 연결해 주어야 합니다. 그 진리는 바로 '성장은 다른 사람과 비교하는 것이 아니라, 과거의 자신과 비교하며 시간이 지나면서 얼마나 성장했는지를 반영하는 것'입니다. 우리는 이 진리를 학생들이 깨닫도록 도와야 하며, 이를 통해 교실을 더 의미 있는 탐구와 평가의 공간으로 변화시킬 수 있습니다.

이 책에서는 학생들이 학업적 성공을 개인적 성장과 만족의 관점에서 새롭게 바라볼 수 있도록 돕는 다양한 활동을 소개합니다. 이러한 활동들은 학생들이 평가를 단순히 결과로 받아들이는 것이 아니라, 스스로 학습 과정에 적극적으로 참여하고 성장할 수 있도록 설계되었습니다. 우리의 역할은 이러한 변화를 점진적으로 이루어 나가는 것입니다. 필요할 때는 학생들을 지원하고, 점차 평가의 주도권을 교사에서 학생에게로 옮기는 공동 파트너십을 구축해야 합니다.

2. 평가에서 학생의 목소리를 더 많이 반영합시다.

이 책을 다 읽고 나면, 여러분은 학생들과 함께 평가를 공동 설계할 준비가 되어 있을 것입니다. 학습 목표, 평가 기준, 평가 도구 그리고 수업에서 활용하는 루브릭과 기준 등이 학생들의 목소리를 반영할 수 있습니다. 학생들이 평가의 틀을 만드는 과정에 직접 참여할 때, 그들은 자신의 학습 과정에서 어떻게 성공할 수 있는지를 더 깊이 이해하게 됩니다. 또한 이를 통해 학업적 성취가 향상될 뿐만 아니라, 학교에서의 경험이 더욱 의미 있고 만족스러워질 것입니다. 이 모든 변화의 시작은 바로 학생의 목소리를 듣는 것입니다. 학생들에게 평가에 대한 결정 과정에 참여할 기회를 주는 것이 그 첫걸음입니다.

3. 교육과 학습에 대한 우리의 믿음을 재검토하는 용기를 가지세요.

이 책에서 제안하는 내용 중 일부는 여러분이 이미 알고 있는 것일 수도 있습니다. 책을 읽으며 익숙한 개념을 다시 확인하게 될 수도 있고, 기존의 신념과 교육 방식이 더욱 굳건해지는 경험을 하게 될 수도 있습니다. 하지만 동시에 일부 내용은 여러분에게 새로운 도전으로 다가올 수도 있습니다. 특히 평가 과정에서 학생들에게 더 많은 역할을 부여하는 것은 낯설거나 불안하게 느껴질 수도 있습니다. 하지만 한번 생각해 보세요. 바로 이러한 불확실함과 긴장 속에서 학생들에게 의미 있는 변화가 시작될 수 있습니다. 학생들이 스스로 평가할 수 있는 능력을 키운다면, 그들이 경험하는 자기 주도성은 앞으로의 학습과 삶에 오랫동안 긍정적인 영향을 미칠 것입니다. 자기 평가의 역량을 갖춘 학생들은 단순히 성적을 받는 수동적인 존재가 아니라 스스로 성찰하고 과정 중심의 학습을 실천하며, 내적 동기 부여를 바탕으로 학업에 적극적으로 참여하는 존재가 됩니다. 불확실성 속에서도 우리는 큰 변화를 기대할 수 있습니다. 여러분이 용기를 내어 이 변화를 실현하기 위한 작은 걸음들을 내딛기를 바랍니다. 이제 여러분을 탐구적 실천과 성찰의 여정으로 초대합니다. 공책을 준비하고, 함께 이 학습에 몰입해 봅시다.

트레버(Trevor)

차례

제3부

#탐구 마음가짐 실행하기 활용법

이 책의 각 장이 끝날 때마다 **#탐구 마음가짐 실행하기**라는 제목의 질문들이 제시됩니다. 이 질문들은 여러분이 읽은 내용을 깊이 성찰하고, 책에서 제안하는 아이디어를 실제 수업에 적용해 볼 수 있도록 도와줍니다.

이 과정을 마친 후에는 여러분의 실천 경험을 #InquiryMindset 공동체와 공유해 주세요. X, 인스타그램, 페이스북 그룹 등 다양한 플랫폼을 활용해 동료들과 나누면 더욱 의미 있는 학습이 될 것입니다. 탐구 기반 학습에서는 서로의 경험을 공유할 때 더 깊이 있는 배움이 이루어집니다.

이를 염두에 두고, 책을 읽는 동안 우리가 배우고 깨달은 것들을 함께 나누며, 학생들에게 필요한 교사로 성장할 수 있도록 서로 지원하는 데 힘씁시다. 성찰을 기록할 공책을 준비해 주세요. 책을 읽으며 함께 고민하고, 실천하며, 탐구의 과정을 즐겨 보세요!

탐구는 함께할 때 더욱 깊어지고 성장할 수 있습니다.

더 많은 자료를 원하시면, 온라인에서 『탐구 마음가짐: 평가편(Inquiry Mindset: Assessment Edition)』과 관련된 스케치 노트, 도서 클럽 자료 및 초등 교사를 위한 동반 가이드를 다운로드할 수 있습니다.
자세한 내용은 trevormackenzie.com/companionresources에서 확인하세요.

서론

솔직히 말해 봅시다. 평가(Assessment)라는 단어는 말 자체로도, 개념으로도, 실행으로서도 혼란스러울 수 있습니다. 일부 교사들은 "이게 다 좋긴 한데, 이걸 어떻게 평가하죠?"라며 평가에만 지나치게 집중한 나머지, 효과적인 교수법을 간과하기도 합니다. 마치 평가 결과를 수치화할 수 없다면, 학생들이 몰입할 수 있는 최적의 학습 환경을 조성하는 것도 무의미하다고 여기는 듯합니다. 이런 교사들은 때로는 평가를 학습의 목표로 삼고, 학습 환경을 최적화하는 것을 우선하지 않는 경향을 보이기도 합니다. 또한 교사들 간에 평가에 대해 논의할 때, 동일한 단어를 서로 다른 의미로 사용하면서 동료 교사나 학생들과의 소통이 엇갈리거나 오해가 발생하는 경우도 많습니다. 일부 교사들은 평가라는 단어를 성적, 점수 또는 결과 중심의 측정으로 이해하는 반면, 다른 교사들은 이를 피드백, 대화 혹은 자신의 교수법을 돌아보는 과정으로 받아들이기도 합니다. 결론적으로, 평가에 대한 공통된 이해가 없으면 혼란이 발생하며, 이로 인해 평가가 교실에서 부정확하게 다뤄질 위험이 있습니다. 평가가 여러 형태를 가진다는 점을 이해한다고 해도, 평가를 단순히 총괄평가(Summative Assessment)와 형성평가(Formative Assessment)로 이분화하고, 서로 다른 과제 유형이나 이를 성적 처리하는 방식으로 축소하여 설명하는 경우가 많습니다. 또한 평가에는 너무나 다양한 방법이 존재합니다. 루브릭(Rubric), 포트폴리오, 시험, 상담(콘퍼런스), 퇴장 티켓(exit tickets), 설문조사, 프로젝트 등 이루 말할 수 없이 많은 평가 방식이 있습니다. 분명한 것은, 우리 교육계가 평가의 복잡성, 형태, 목적, 실행 방식, 목표 그리고 그 의미를 더욱 깊이 이해할 필요가 있다는 점입니다. 그렇다면 평가의 광범위한 영역을 체계적으로 정리하고 그 지형[1]을 시각적으로 표현한다면 어떤 모습이 될까요?

평가를 두 가지 차원에서 생각해 볼 것을 제안합니다. 첫 번째 차원은 평가의 정도이며, 이를 가로축으로 설정해 보겠습니다. 이 축의 한쪽 끝(오른쪽)에 위치한 평가 방식은 엄격한 평가성(highly evaluative)을 특징으로 합니다. 여기에서는 학습 결과를 비교적 정확하게 정량화할 수 있도록 점수와 수치를 활용하는 것을 목표로 합니다. 이러한 평가에서는 학생의 성취도를 명확히 정의된 기준에 따라 측정하고, 이를 통해 학생이 교육 목표에 얼마나 근접했는지를 판단합니다. 또한 이러한 방식은 학생들 간의 순위를 매기고 비교하는 기능을 수행할 수도 있습니다. 반면, 이 축의 다른 한쪽 끝(왼쪽)에 위치한 평가 방식은 학생들을 그들이 현재 있는 위치에서 이해하려는 접근법을 나타냅니다. 이러한 방식에서는 학생들의 행동을 분석하고 이를 바탕으로 해석하며, 개별 학습자의 필요에 맞춰 상황에 적절한 피드백과 지원을 제공합니다. 여기에서는 미리 정해진 평가 기준 없이, 학생들의 학습 스타일과 성과에서 나타나는 다양한 가능성과 변화를 열린 마음으로 받아들이는 것이

1) '지형(map)'은 평가의 전체적인 구조나 개념적 틀을 의미합니다. 즉, 평가가 단순히 한 가지 형태로 고정된 것이 아니라, 다양한 유형과 목적을 가진 복합적인 체계로 이루어져 있다는 점을 강조하는 비유적 표현입니다.

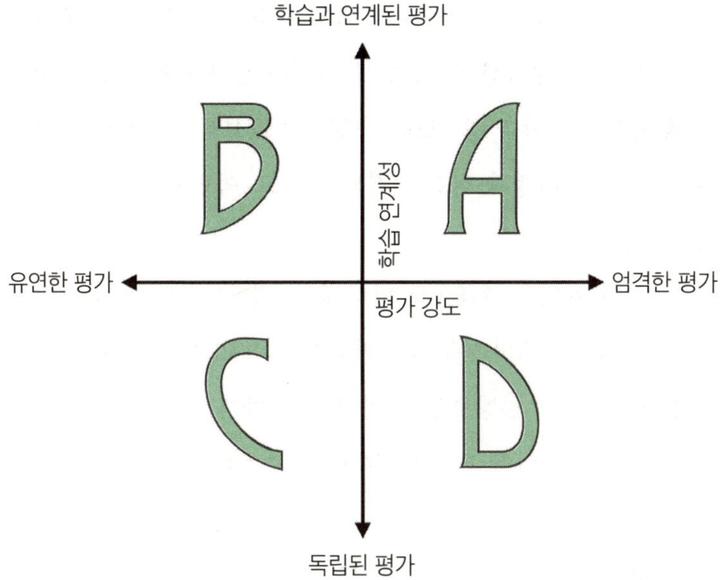

그림 1 평가를 두 가지 차원에서 매핑하기

핵심입니다. 즉, 학생들의 학습 과정을 면밀히 관찰하면서 개별적인 특성과 성장의 다양성을 발견하고 이를 이해하려는 유연한 평가 방식입니다.

두 번째 차원은 평가가 수업과 얼마나 통합되어 있는지를 나타내며, 이를 세로축으로 설정해 보겠습니다. 이 축의 맨 위쪽에는 평가가 교사의 지도와 학생의 학습에 높은 수준으로 통합된 경우가 위치합니다. 이러한 방식에서는 평가를 위해 수업을 중단하거나 멈추지 않고, 평가를 교실 학습의 일상적인 일부로 자연스럽게 포함합니다. 즉, 평가가 학습 과정 안에서 유기적으로 이루어지며, 수업과 긴밀하게 연결된 형태입니다. 반면, 이 축의 맨 아래쪽에는 평가가 수업과 학생의 학습으로부터 독립적으로 이루어지는 경우가 위치합니다. 이러한 방식에서는 수업을 공식적으로 종료한 후, 별도로 계획된 평가 단계를 진행하며, 이를 통해 학생들의 학습 성취도를 측정하고 정보를 수집하려고 합니다. 즉, 평가가 학습 과정과 직접 연결되지 않고, 독립된 절차로 시행되는 방식입니다.

이 두 가지 차원을 그래프로 나타내면, 평가의 지형을 나타내는 데 사용할 수 있는 네 개의 사분면이 만들어집니다([그림 1] 참고).

이 평가 지형도를 바탕으로, 다양한 평가 방식을 적절한 사분면에 배치할 수 있습니다. 먼저, D 사분면부터 살펴보겠습니다.

D 사분면: 엄격한 평가 & 독립된 평가

D 사분면은 전통적으로 학교에서 평가를 바라보는 방식을 대표합니다. 이 사분면에서는 평가가 엄격하게 이루어지며, 학습 과정과 분리되어 독립적으로 진행됩니다. 즉, 수업이 끝난 후, 학생들이 배운 내용을 평가 가능한 방식으로 증명해야 하는 시점입니다. 이 사분면에 해당하는 평가 방식으로는 시험(Test)이나 공식적인 총괄평가(Summative Assessment) 등이 포함됩니다. 특히 D 사분면의 대표적인 예로는 교육구(District), 주(State) 또는 도(Provincial) 차원에서 시행되는 시험, 전국 단위 시험(National Exams), 외부 기관이 주관하는 표준화된 시험(Standardized Testing)과 같은 평가 방식이 있습니다. 이러한 평가 방식은 학생들의 학습 성취도를 객관적으로 측정하는 데 초점을 맞추고 있으며, 점수와 성적을 통해 학생들을 비교하거나 순위를 매기는 방식으로 활용될 수 있습니다.

C 사분면: 유연한 평가 & 독립된 평가

이제 C 사분면의 평가 방식을 살펴보겠습니다. C 사분면의 평가 방식은 D 사분면과 마찬가지로 학습과 분리되어 독립적으로 진행되지만 보다 유연하고 해석적인 성격을 지닌다는 점에서 차이가 있습니다. 이 사분면에서 대표적인 평가 방식으로는 학생의 결과물 살펴보기(Looking At Student Work: LASW), 교사가 기록한 학습 문서 검토, 비디오 분석과 같은 예시가 있습니다. 이러한 평가 방식은 보통 전문 학습 공동체(professional learning communities) 내에서 특정 프로토콜을 활용해 진행됩니다. 목표는 학생들에게 점수를 매기거나 평가하는 것이 아니라, 학습이 어떤 방식으로 이루어지고 있는지 관찰하고 분석하는 것입니다. 또 다른 예로는 임상 면담(clinical interviewing)이 있습니다. 이 방식에서는 학생을 교실에서 분리한 후 1:1 면담을 진행하며, 학생의 학습 과정과 사고 방식을 더욱 깊이 탐구합니다. 임상 면담은 목적에 따라 평가적(evaluative)일 수도 있고, 탐색적(interpretative)일 수도 있습니다. 평가적 면담(evaluative interviewing)은 학생들의 학업 성취도를 측정하거나 비교, 순위를 매기는 목적으로 사용되는 반면, 탐색적 면담(interpretative interviewing, 피아제 스타일)은 학생들의 사고 과정과 학습 방식이 어떻게 형성되는지를 심층적으로 연구하기 위한 것입니다. 이처럼 C 사분면의 평가 방식은 정량적인 점수보다 질적인 해석과 관찰을 중시하며, 학생 개개인의 학습 과정에 대한 깊은 이해를 돕는 역할을 합니다.

B 사분면: 유연한 평가 & 학습과 연계된 평가

이제 지형도 상단으로 이동하여 B 사분면을 살펴보겠습니다. 이 사분면의 평가 방식은 유연한 평가의 특성을 가지면서도 수업과 통합된 형태로 이루어지는 것이 특징입니다. 이러한 평가는 교실에서 즉각적으로 이루어지며, 교사의 수업 운영에 실시간으로 반영됩니다. 이를 교사로서의 형성평가 및 반응적 실천(responsive practice)의 일부라고 볼 수 있습니다. 이 사분면에서 교사는 학생들의 학습을 관찰하고, 다양한 단서를 수집하며, 증거를 모아 학생들의 이해 정도와 오개념(misconceptions)을 점검합니다. 이 모든 과정은 수업을 조정하고 개선하기 위한 목적으로 이루어집니다. 이러한 평가 방식은 경험이 쌓이면서 교사들이 습득하는 핵심 기술 중 하나이며, 특히 초임 교사들이 숙달하려고 노력해야 하는 중요한 역량입니다. 이러한 기술을 개발하는 한 가지 방법은 B 사분면의 평가 실천을 충분히 연습하고 적용하는 것입니다. 특히 스트레스가 적은 환경에서 학습 기록을 면밀히 살펴보는 과정을 통해 학생들의 학습이 이루어지는 순간을 더욱 명확하게 관찰할 수 있는 '안목'을 기를 수 있습니다.

A 사분면: 엄격한 평가 & 학습과 연계된 평가

마지막으로 A 사분면에 도달했습니다. 이 사분면에서는 평가가 교사의 지도와 학생의 학습에 깊이 통합되어 있으며, 엄격한 평가의 성격을 가집니다. 여기에서 '엄격한 평가'라는 개념을 부정적으로 바라볼 필요는 없습니다. 예를 들어, 수영 코치가 선수의 스트로크나 자세의 일관성을 평가하는 것은 매우 유용한 과정입니다. 마찬가지로, 수업에서 우수한 과제가 어떤 모습이어야 하는지 명확한 기준(criteria)을 설정하는 것 또한 실질적인 도움이 됩니다. 평가가 항상 외부에서만 이루어지는 것은 아닙니다. 학습자로서 스스로 목표를 설정하고, 자신의 진행 상황을 평가하는 과정도 중요한 평가 방식이 될 수 있습니다. 이 사분면에서의 대표적인 실천 방식 중 하나는 학생들이 수행한 학습 활동에 대해 효과적인 피드백을 제공하는 것입니다. 이때 피드백이 효과적으로 이루어지려면 평가 기준이 명확하게 적용되어야 합니다. 예를 들어, 학생들의 글쓰기 작업에 대해 피드백을 제공할 때 다음과 같은 요소를 고려하는 것이 중요합니다.

- 우수한 글쓰기란 무엇인가? (명확한 기준 설정)
- 학생의 현재 글쓰기가 목표와 얼마나 가까운가? (현재 상태 분석)
- 즉각적으로 어떤 개선을 통해 진전을 이룰 수 있는가? (실질적인 피드백 제공)

이 사분면에 해당하는 또 다른 평가 방식으로는 다음과 같은 것들이 있습니다.

- **루브릭(Rubrics)**: 평가 기준을 명확히 정의하여 공정성을 높이는 도구
- **평가 기준(Success Criteria)**: 학생들이 목표 성취를 위해 필요한 요소들을 이해하도록 돕는 방식
- **학우 평가(Peer Assessment) 또는 학우 간 피드백(Peer Feedback)**: 학생들끼리 서로의 작업을 평가하고 피드백을 제공하는 과정

A 사분면의 평가 방식은 단순한 점수 부여를 넘어, 학생들이 자신의 학습을 깊이 이해하고 목표를 향해 성장할 수 있도록 돕는 과정이라고

할 수 있습니다.

이 평가 지형도를 만드는 목적은 특정 평가 방식을 좋다 나쁘다고 판단하는 것이 아닙니다. 대신 평가의 전체적인 구성을 시각적으로 조망하고, 다양한 맥락에서 평가가 어떤 의미를 가질 수 있는지를 파악하는 데 도움을 주기 위한 것입니다. 이 지형도에서 나타난 다양한 평가 방식들은 각각의 적절한 자리와 목적을 가지고 있으며, 특정 상황과 교육적 목표에 따라 다르게 활용될 수 있습니다. 또한 이 지형도를 제작한 또 다른 목적은, 우리가 현재 어떤 평가 방식을 사용하고 있는지, 그리고 앞으로 어떤 방향으로 나아가야 하는지를 파악하는 데 도움을 주는 것입니다. 현재 여러분의 평가 방식은 이 지도에서 어디에 위치해 있나요? 많은 교사가 그렇듯, 여러분과 동료들도 대부분의 시간을 D 사분면에서 보내고 있나요? 그렇다면 다른 사분면에서의 평가 방식도 탐색해 볼 필요가 있지 않을까요? 평가 방식의 다양성을 이해하고 보다 효과적이고 균형 잡힌 평가 실천을 고민하는 과정이 중요합니다.

트레버는 또한 B 사분면의 깊이 있고 풍부하며, 때로는 도전적인 평가 실천 방식을 탐구할 것을 우리에게 제안합니다. 여기에서 다루는 평가 기술, 즉 형성적 평가(formative assessment)와 반응적 실천(responsive practice)은 쉽게 습득하기 어려우며, 완전히 이해하는 데도 시간이 걸리는 과정입니다. 이러한 어려움은 초임 교사들에게만 해당하는 것이 아니라, 탐구 기반 교수법(inquiry-based teaching)을 시작하려는 모든 교사에게도 적용되는 도전 과제입니다.

트레버는 다음과 같이 말합니다. "탐구 과정에서 교사가 보여 줄 수 있는 가장 강력한 행동 중 하나는 반응성(responsiveness)입니다." 그는 이를 '전환의 힘(power of the pivot)'이라고 부르며, 학생 탐구의 숙련된 조력자이자 경험 많은 코치로서 자신의 사고를 독자들과 공유합니다. 트레버가 이 책에서 시도한 것처럼, 전문가가 자신의 사고 과정을 직접 보여 줄 때, 우리는 단순히 그의 실천 방식을 배우는 것을 넘어 전문가가 어떻게 사고하는지를 익히는 인지적 견습(cognitive apprenticeship)[2) 과정에 초대됩니다.

트레버는 C 사분면과 D 사분면의 평가 방식 또한 중요하게 다루며, 이들 평가 방식에서도 배울 점이 많다고 강조합니다. 그는 본질적으로 총괄평가의 성격을 지닌 '보고(reporting) 과정'에 학생들을 효과적으로 참여시키는 방법에 대해 논의합니다. 또한 학생들의 학습 과정에 대해 동료 교사들과 협력적으로 논의하는 것의 중요성도 강조합니다.

이 과정에서 우리는 우리의 교육적 가치(value)를 명확히 하고 공유하며, 협력적으로 학생들의 학습을 분석하고 피드백을 주고받는 과정을 통해 함께 배우고 성장하는 기회를 가질 수 있습니다. 이제 새로운 여정을 떠날 시간입니다!

새로운 평가 지형도와 함께, 트레버의 실질적인 경험과 지혜가 여러분 앞에 펼쳐졌습니다. 이제, 이 여정을 즐길 준비가 되었나요?

론 리치하트(Ron Ritchhart)

매사추세츠주 케임브리지, 하버드 교육대학원

2) '인지적 견습'은 전문가가 문제를 해결하는 방식이나 사고 과정을 학습자가 직접 관찰하고 모방하면서 배우는 과정을 말합니다. 이는 단순한 기술 습득이 아니라, 전문가의 사고 방식과 문제 해결 전략을 내면화하는 것을 목표로 합니다.

제 1 부

학생 중심 평가에 대한 신념

탐구의 여정 속에서 저는 교사가 학생들과 함께 학습을 설계하고 구성할 때 얼마나 긍정적인 변화가 일어나는지를 직접 경험해 왔습니다. 특히 평가 과정에서도 교사와 학생 간의 협력은 탐구 학습을 더욱 깊이 있고 지속적인 경험으로 만들어 줍니다.

저는 평가를 학생들과 공동으로 설계하는 방식과 교사가 주도하여 사전에 계획한 표준화된 방식을 모두 경험해 보았습니다. 학생이 평가 과정에 적극적으로 참여하는 환경에서는 학습과 평가 사이의 유기적인 연결이 보장됩니다. 이러한 경험을 통해 학생들은 평가에 대한 소속감과 주도권을 갖게 되며, 그 결과 평가에 대한 명확한 이해와 자신감을 키울 수 있습니다. 이는 서서히 그러나 확실하게 학생들의 학업 성취에도 긍정적인 영향을 미칩니다.

과거의 저는 교실에서 평가를 전담하는 유일한 전문가로 여겨졌습니다. 교사로서 평가에 대한 명확한 기준을 가지고 있었지만, 정작 학생들의 목소리는 반영되지 않았고, 학습 과정에서 그들의 주도적인 참여와 깊은 이해를 이끌어 내지 못했습니다. 그러나 최근의 경험을 통해 평가 방식에 따라 학습의 질이 크게 달라질 수 있음을 깨달았습니다. 학생들과 함께 평가를 만들어 가는 과정이 교사와 학생 모두에게 얼마나 의미 있는 변화를 가져오는지 직접 경험하면서, 이제는 평가를 단순한 결과 측정이 아닌 학습의 중요한 일부로 바라보게 되었습니다.

몇몇 학생들과 학습에 대해 이야기를 나누면서, 저는 몇 가지 안내 질문을 던져 학생들이 자신의 학습을 스스로 성찰할 수 있도록 유도했습니다. 학생들은 자신이 자신감을 느끼는 학습 영역을 찾아내고, 개선하고 싶은 구체적인 점을 공유했으며, 서로의 성찰에 대해 협력적으로 피드백을 주고받았습니다.

이 활동이 시작되자, 학생들은 점점 더 주도적으로 학습 과정을 이끌어 나갔습니다. 그들의 성찰은 깊이 있고 분명했으며, 신중한 사고가 담겨 있었습니다. 또한 학습에 대한 통찰을 나누는 과정에서 따뜻하면서도 유익한 대화가 이어졌고, 존중과 성장을 바탕으로 한 교류가 이루어졌습니다. 학생들은 피드백을 통해 서로의 발전을 돕고, 공감과 이해로 가득한 교실을 만들어 갔습니다.

이 모든 순간은 교사로서 제가 경험한 가장 인상적인 장면 중 하나였습니다. 이 경험을 통해 교실에서 평가와 탐구가 어떤 모습이어야 하는지 다시금 고민하게 되었고, 특정한 신념과 가치가 성공적으로 구현되었을 때 학습 환경이 얼마나 긍정적으로 변화할 수 있는지를 직접 확인할 수 있었습니다.

학생들과 함께 학습을 공동 설계하고 진정한 파트너십을 구축하는 일은 단순히 교실과 교육과정에서 끝나는 것이 아닙니다. 이는 학생들에게 더 깊이 투자하는 일이자, 그들이 학습의 주체가 되고, 학교 교육을 넘어 삶 속에서도 의미와 성취감을 발견할 수 있도록 돕는 기반을 마련하는 과정입니다.

이 책에서 제안하는 실천 방법, 과제, 루틴 그리고 프로토콜은 교사가 학생들과 소통하고, 교실에서 학습을 설계하며, 학습 접근 방식을 근본적으로 변화시키도록 돕습니다. 그러나 이러한 전략을 명확한 우선순위로 두고 지속적으로 실천하지 않는다면, 기대하는 변화를 이루기는 어려울 것입니다. 탐구와 평가의 방향을 재정립하기 위해 필요한 핵심 가치를 실천에 반영하지 않는다면, 교육의 중요한 영역이 여전히 정체된 채 효과적으로 작동하지 못할 가능성이 큽니다.

학생들과 함께 학습을 공동 설계하고 진정한 파트너십을 구축하는 것은 단순히 교실의 경계를 넘어, 학생들의 삶에 더 큰 의미와 변화를 가져오는 투자입니다. 이러한 노력은 학생들의 성취감, 의미 그리고 성공에 직접적으로 영향을 미칩니다.

이러한 가치는 학생 중심 평가의 철학에 깊이 뿌리를 두고 있으며, 교사가 평가 과정에서 학생들이 주도적으로 참여할 수 있도록 돕는 기반이 됩니다. 이를 바탕으로 교사는 평가 과정에서 학생들에게 더 많은 자율성을 부여할 수 있는 기회를 발견하게 될 것입니다. 또한 교사 공동체는 협업을 통해 평가의 일관성을 조율하고, 교사의 전문성을 더욱 발전시키며, 교실 내 탐구 문화를 활성화하는 데 기여할 것입니다. 이러한 노력은 궁극적으로 학생들의 만족감과 성취감을 높이고, 학습 공동체 안에서의 소속감을 더욱 깊이 형성하는 데 중요한 역할을 하게 됩니다.

학생 중심 평가 신념을 탐구하며 함께 고민해 봅시다.

- 현재 교실에서 실천하고 있는 가치 중 탐구 문화를 형성하고 학생들과 학습을 함께 만들어 가는 방식과 일치하는 것은 무엇인가요? 이러한 가치는 교사로서의 결정과 어떤 방식으로 연결되어 있나요?

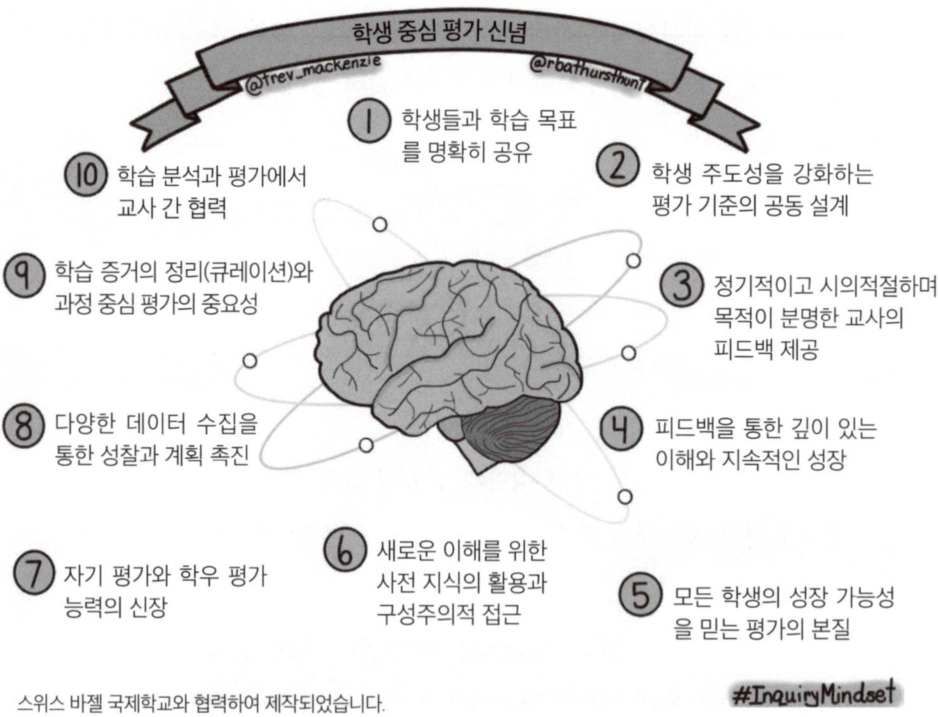

그림 1-1 학생 중심 평가 신념

- 만약 이러한 가치가 실제로 반영되고 있다면 교실에서는 어떤 모습으로 나타나고 있나요? 탐구 문화를 조성하기 위해 활용하는 활동, 과제, 학습 루틴 그리고 프로토콜 중 어떤 요소들이 이러한 가치를 뒷받침하고 있습니까? 또한 이 요소들은 교실에서 학생들의 학습 태도와 참여 방식에 어떤 영향을 미치고 있나요?
- 앞으로 더욱 명확한 방향성과 지속적인 성장을 위해 우리가 주목해야 할 가치는 무엇인가요? 만약 교실에서 학생 중심 평가 신념을 보다 효과적으로 실천하기 위해 목표를 설정해야 한다면 어떤 목표를 선택하시겠습니까?

이제 학생 중심 평가 신념을 좀 더 자세히 살펴보고, 이러한 신념을 바탕으로 운영되는 교실은 어떻게 작동되는지 알아보겠습니다.

1. 학생들과 학습 목표를 명확히 공유

커리큘럼의 목표와 평가 기준은 학습 과정 전반에 걸쳐 지속적으로 논의되고 활용되어야 합니다. 학생들이 자신의 학습 목표를 설정하고 계획하며 스스로 성찰할 수 있도록, 학습 목표는 교실 내에서 쉽게 확인할 수 있는 곳에 게시하는 것이 좋습니다. 학습 목표는 교사만 알고 있는 숨겨진 정보가 아닙니다. 모든 학생이 자신이 무엇을 배우고 있는지, 목표를 달성하기 위해 어떤 계획을 세워야 하는지, 그리고 평가가 학습 과정에서 어떤 역할을 하는지를 명확히 이해해야 합니다. 학생들이 학습 목표를 모른 채 교사가 모든 것을 조율하는, 마치 '오즈의 마법

사' 같은 교실 운영 방식은 더 이상 효과적이지 않습니다. 대신, 교실의 모든 구성원이 학습 목표를 명확히 알고 이를 바탕으로 학습을 함께 만들어 가는 환경이 필요합니다.

2. 학생 주도성을 강화하는 평가 기준의 공동 설계

평가 기준은 단순히 정해진 규칙을 따르는 것이 아니라, 학생들이 적극적으로 참여하여 의미를 함께 만들어 가는 과정이 되어야 합니다. 교사는 학생들과 대화를 통해 평가 기준을 함께 정리하고, 협력적인 절차와 프로토콜을 활용하여 학생들이 그 의미를 깊이 이해할 수 있도록 도와야 합니다. 이러한 공동 설계 과정은 학생들에게 "성취란 무엇을 의미하는가?" 그리고 "어떤 모습이 학습의 성취로 인정될 수 있는가?"에 대해 깊이 고민할 기회를 제공합니다. 더 나아가, 학생들은 이 과정에서 자신의 학습을 평가하는 데 직접적인 역할을 하며, 주체적인 목소리를 낼 수 있습니다. 이는 학습 과정에서 학생들이 적극적으로 참여하고 성장할 수 있는 중요한 토대를 마련합니다.

3. 정기적이고 시의적절하며 목적이 분명한 교사의 피드백 제공

정기적인 피드백은 일관되게 이루어져야 하며, 교실 내 탐구 문화의 필수적인 요소로 자리 잡아야 합니다. 피드백은 단순히 특정 과제에 대한 일회성 평가가 아니라, 지속적인 학습 과정의 일부로 자연스럽게 통합될 때 효과적입니다. 이를 통해 학생들은 피드백을 위협적으로 받아들이지 않고, 학습의 일부로 받아들일 수 있습니다. 시의적절한 피드백이란 학습이 끝난 후 제공되는 것이 아니라, 학습이 진행되는 과정 속에서 즉각적으로 이루어지는 것을 의미합니다. 즉, 학생이 피드백을 받은 즉시 학습에 반영할 수 있도록, 적절한 시점에 제공되어야 합니다. 이를 통해 교사는 학생이 피드백을 이해했는지 바로 확인할 수 있으며, 학생은 피드백을 활용해 자신의 학습을 조정해 나갈 수 있습니다. 목적이 분명한 피드백은 학생들이 이해하기 쉽고, 학습을 다음 단계로 발전시킬 수 있도록 구체적인 방향을 제시해야 합니다. 또한 학생 친화적인 언어로 전달되고, 학생들이 학습 목표에 보다 가까워질 수 있도록 지원하는 방식이어야 합니다.

4. 피드백을 통한 깊이 있는 이해와 지속적인 성장

학생들은 피드백을 받은 후, 이를 활용하여 학습을 발전시킬 수 있도록 충분한 시간과 기회를 제공받아야 합니다. 수업 시간은 단순히 과제를 마무리하는 공간이 아니라, 피드백을 반영하여 학습의 진전을 보여 주는 과정으로 채워져야 합니다. 피드백은 학습을 촉진하는 중요한 도구입니다. 이를 통해 학생들은 사고를 정교하게 다듬고, 역량을 키우며, 학습에 대한 깊이 있는 이해를 형성할 수 있습니다. 단순히 특정 과제나 평가에서 좋은 결과를 얻는 것이 아니라, 지속적인 성장을 이끌어 내는 과정이 되어야 합니다. 또한 피드백은 교실 안에서 협력적인 방식으로 이루어져야 합니다. 시간이 지나면서 학생들은 서로에게 피드백을 주고받는 방법을 배우고, 명확하고 의미 있는 피드백을 제공하는 능력을 키워 나갑니다. 이를 통해 학생들은 점점 더 능숙한 학우 평가자와 자기 평가자로 성장하며, 학습 공동체 안에서 서로를 지지하고 이끌어 나가는 문화를 형성할 수 있습니다.

5. 모든 학생의 성장 가능성을 믿는 평가의 본질

모든 학생은 학습을 통해 성장할 가능성을 지니고 있습니다. 학생들은 자신만의 강점을 바탕으로 자신감을 키우고, 주도적으로 학습과 평가에 참여할 수 있습니다. 교사는 학생들의 강점을 발견하고 이를 학습에 활용할 기회를 제공해야 합니다. 반면, 학생들은 각기 다른 학습의 어려움을 겪을 수도 있습니다. 그러나 탐구 중심의 교실에서는 교사와 학생이 협력하여 서로의 학습을 지원함으로써, 학생들이 자신의 약점을 극복하고 지속적으로 발전할 수 있도록 돕습니다. 이러한 환경을 통해 교실은 개인의 성장과 성취를 촉진하는 협력적인 학습 공간이 됩니다.

6. 새로운 이해를 위한 사전 지식의 활용과 구성주의적 접근

학생들은 다양한 경험과 배경, 가치관, 신념 그리고 사전 지식을 가지고 교실에 들어옵니다. 교사는 학생들이 어떤 배경을 가지고 있는지를 이해하고, 이를 바탕으로 학습을 설계해야 합니다. 이 과정은 교실에서 지속적으로 이루어져야 합니다. 학생들이 이미 알고 있는 지식을 활용하여 새로운 개념과 연결할 수 있도록 지원하고, 이를 학습 경험 속에서 자연스럽게 확장해 나가도록 돕습니다. 이를 통해 교실은 학생들이 자신의 배경지식을 바탕으로 의미 있는 학습을 만들어 가는 공간이 됩니다.

7. 자기 평가와 학우 평가 능력의 신장

자기 평가(self assessment)와 학우 평가(peer assessment)[1]는 체계적인 지도와 점진적인 연습을 통해 길러지는 능력입니다. 교사는 이 평가 방법을 명확하게 설명하고, 학생들이 평가 과정에 적극적으로 참여할 수 있도록 학습 환경을 조성해야 합니다. 학생들은 유도 질문, 사고 루틴, 협력적인 대화 구조를 활용하여 자기 평가를 수행하도록 장려됩니다. 교사는 학생들이 평가를 보다 정확하고 명확하게 수행할 수 있도록 지속적으로 조정하고 피드백을 제공합니다. 또한 학생들이 서로 피드백을 주고받을 때 심리적으로 안전함을 느낄 수 있도록 배려하는 것이 중요합니다.

8. 다양한 데이터 수집을 통한 성찰과 계획 촉진

학습 과정에서 수집되는 다양한 증거는 학생들의 강점과 학습 과제에 대한 이해를 넓히는 데 중요한 역할을 합니다. 이 데이터는 교사가 주도하는 활동에서 비롯될 수도 있지만, 학생들이 스스로 선택하고 주도한 활동을 통해 만들어질 수도 있습니다. 학생들은 자신과 관련된 데

1) '학우 평가'는 학생들이 서로의 학습 과정이나 결과를 평가하는 활동을 강조하는 표현으로, 학생 간의 관계를 고려한 용어입니다.

이터를 분석하고, 교사 및 동료와 논의하며, 이를 바탕으로 학습 방향을 설정할 수 있어야 합니다. 이러한 과정은 학생 개개인의 학습 여정을 더욱 풍부하게 만들고, 자신의 학습 진척(progress)을 명확히 파악할 수 있는 기회를 제공합니다.

9. 학습 증거의 정리(큐레이션[2])와 과정 중심 평가의 중요성

교사는 형성평가와 총괄평가의 균형을 유지하기 위해 노력해야 합니다. 평가가 단순한 성적 부여에 집중되면 학생들 간의 비교가 심화되고, 학습 과정 자체의 의미가 퇴색될 위험이 있습니다. 이는 학생들에게 불안과 스트레스를 유발할 수 있습니다. 이를 방지하기 위해, 교사는 학생들에게 더 많은 피드백 기회를 제공하고, 이를 학습과 성장에 적용할 수 있도록 지원해야 합니다. 학생들은 단순한 수행 결과가 아닌 학습 과정 자체에 몰입할 수 있도록 장려되어야 합니다. 시간이 지나면서 학생들은 학습 과정에서 축적된 증거를 교사와 함께 분석하고, 이를 바탕으로 학습 목표를 조정하며 발전시킬 수 있어야 합니다.

10. 학습 분석과 평가에서 교사 간 협력

교사들은 개별적으로 또는 협력 팀을 이루어 학습을 분석하고 평가

2) '큐레이션(curation)'은 학습 과정에서 생성된 다양한 증거(예: 글쓰기 샘플, 프로젝트 결과물, 토론 기록, 자기 평가 자료 등)를 선별하고 정리하며, 이를 분석하여 의미 있는 학습 패턴을 발견하는 과정을 의미합니다.

하는 시간을 가져야 합니다. 교실에서 평가의 주도성을 높이기 위한 전략, 과제, 루틴, 프로토콜을 동료 교사들과 공유하고 개방적인 태도로 논의하는 과정이 중요합니다. 이를 통해 교사들은 평가 기준의 일관성을 유지하고, 효과적인 평가 방법을 탐구할 수 있습니다. 또한 동료 교사들과 경험을 공유하며 평가 역량을 더욱 정교하게 다듬을 기회를 갖게 됩니다. 이러한 협력은 학생들에게 더욱 공정하고 의미 있는 평가 경험을 제공하는 데 기여합니다. 교사들은 평가를 함께 협의하고 분석하는 시간을 충분히 확보해야 하며, 이를 통해 학생들의 학습과 성장을 지원하는 데 집중할 수 있어야 합니다.

학생 중심 평가 신념과 실천

학생 중심 평가 신념은 이 책에서 제안하는 모든 실천 방법, 과제, 루틴 그리고 프로토콜에 깊이 스며들어 있습니다. 이는 단순한 이론이 아니라 교실에서 구체적으로 실천할 수 있는 가치들입니다. 다음 장에서는 이러한 신념을 어떻게 실제 교육 현장에서 적용할 수 있는지를 다룹니다. 교사와 학생이 학습의 공동 연구자로 협력하며, 각 신념이 수업에서 어떻게 구현될 수 있는지를 구체적으로 탐색할 것입니다. 이 책을 통해 여러분은 학생 중심 평가 신념을 성찰하고, 자신의 교육 실천과 연결해 나가며, 더욱 의도적인 접근을 시도할 기회를 얻게 될 것입니다. 각 장은 여러분의 교육 실천을 더욱 깊이 있게 만들어 줄 수 있도록 설계되었습니다. 하지만 무엇보다도, 명확한 목표를 설정하고 의도적으로 실천하는 것이 가장 큰 변화를 이끌어 냅니다. 이 책을 읽어 나가며, 자신만의 교육적 탐구 여정을 만들어 가세요. 페이지마다 새로운 통찰과 실천을 위한 도구를 발견할 수 있을 것입니다.

#탐구 마음가짐 실행하기

이 장에서 학생 중심 평가 신념에 대해 성찰해 보세요.

- 현재 여러분의 교실에서 탐구 문화를 형성하는 방식과 학생들과 시간을 보내는 과정에서 내리는 결정 중 학생 중심 평가 신념과 일치하는 부분이 있습니까?
- 만약 그 연결점을 발견했다면, 실제로 어떤 방식으로 교실에서 나타나고 있습니까? 탐구 문화를 조성하기 위해 실행하고 있는 활동, 과제, 학습 루틴 그리고 프로토콜 속에서 이러한 가치가 어떻게 반영되고 있는지 살펴보세요.
- 또한 더 의도적이고 일관된 접근을 통해 성장시킬 수 있는 가치는 무엇일까요? 학생 중심 평가 신념을 바탕으로 목표를 설정한다면, 여러분의 교육에서 더욱 폭넓게 구현하고 싶은 요소는 무엇인가요?

이제 여러분의 성찰을 기록하며, 스스로 설정한 구체적인 목표를 명확히 하고 실천 방향을 고민해 보세요.

평가에 대한 학생의 주인의식 함양

복도에서 한 학생과 함께 서서, 그동안 그 학생이 자신의 이해를 표현하기 위해 만든 여러 작품을 검토하고 있었습니다. 학습에 대해 이야기를 나누면서 이 대화가 학생에게 미치는 깊은 영향과 가치를 다시금 깨닫게 되었습니다. 저는 이 학생과 3년 동안 수업을 함께하며, 그를 점점 더 깊이 이해하게 되었습니다. 특히 학습의 주도권을 갖고 평가 과정에서 자신의 목소리를 내는 것이 그에게 왜 어려운지 알게 되었습니다.

그 학생은 자신감이 부족했고, 자신의 능력을 항상 과소평가한다고 솔직하게 털어놓았습니다. 자신 안에서 "너는 충분하지 않아. 아무리 노력해도 결코 충분해지지 않을 거야."라고 속삭이는 작은 목소리가 들리는 것 같다고 말했습니다. 또한 제가 제공하는 코칭과 스캐폴딩(scaffolding) 과정조차도 그에게는 부담이 되었으며, 진정한 두려움과 불안을 불러일으켰다고 고백했습니다. 학습의 주도성과 책임감이 그에게는 커다란 부담으로 다가왔고, 오히려 학습을 방해하는 요인이 되었습니다.

그 학생이 때때로 자신감이 부족하고 불안감을 느끼긴 했지만, 우리는 함께 서서 작품을 바라보며 이야기를 나누었습니다. 저는 그가 얼마나 많이 배웠고, 얼마나 성장했는지를 분명하게 느낄 수 있었습니다. 어느 순간 그는 자세를 바로잡고 당당히 서 있었습니다. 그리고 그의 말 속에는 깊은 통찰과 개인적인 성찰이 담겨 있었습니다. 바로 그 순간, 그 학생은 학습의 주도성을 가지는 과정과 탐구를 통해 점진적으로 이루어진 지원이 얼마나 큰 의미를 갖는지를 보여 주었습니다.

이 과정에서 이루어진 작은 변화들—끊임없는 격려, 신중한 피드백, 학습 주도성을 키우기 위한 단계적인 조정—이 학생에게 학습에 대한 긍정적인 관점을 형성해 주었고, 이전에는 스스로 인식하지 못했던 자기 가치를 발견하는 계기가 되었습니다.

저는 세계 곳곳의 학교를 방문하며 교사와 학생들과 함께 탐구 경험을 쌓아 오면서, 명확하고 체계적인 지원 구조가 마련될 때 학생들이 학습의 주도성을 성공적으로 발휘할 가능성이 훨씬 더 높아진다는 사실을 확인했습니다. 우리가 비전을 명확히 설정하고, 이를 실현하기 위한 작은 단계를 구체적으로 계획할 때, 지원 구조는 더욱 견고해지며 학습의 방향과 과정이 분명해집니다. 이러한 작은 단계들은 계획, 의도적인 실천, 성찰, 수정 그리고 적절한 피드백을 통해 구성되며, 결국 학생 주도의 학습 경험을 더욱 풍부하게 만들어 줍니다.

탐구는 이런 방식으로 발전한다. 학생들을 단순히 탐구 속으로 던져

놓거나, 학습 과정에서 교사가 완전히 손을 떼는 것이 아닙니다. 탐구는 교사와 학생이 학습의 동반자로 함께할 때 더욱 활성화됩니다. 교사가 탐구를 주도하고, 시범을 보이며, 학생들이 학습 주도권을 이해하고 습득할 수 있도록 명확한 지원 체계를 제공할 때, 탐구는 진정으로 번성합니다.

탐구는 교사가 학생들과 학습의 동반자가 될 때 더 큰 활력을 얻습니다. 탐구는 교사가 방향을 제시하고 모범을 보일 때 더 깊이 뿌리내립니다. 탐구는 학생들이 주도권을 이해하고 이를 체득할 수 있도록 명확한 지원 구조를 제공할 때 비로소 꽃을 피웁니다.

학생들이 자신의 학습 평가에 의미 있게 참여하도록 돕기 위해서는 평가 경험을 새롭게 구성하는 과정이 필요합니다. 이를 위해 교사는 학생들이 성찰적으로 사고하고 실천할 수 있도록 지원하며, 평가 과정의 핵심 부분을 스스로 주도할 수 있도록 명확한 지원 체계를 마련해야 합니다. 이러한 과정은 단번에 이루어지는 것이 아니라, 점진적이고 체계적인 단계를 통해 이루어져야 합니다.

이를 바탕으로, 학생들이 평가 과정에서 주도적인 역할을 할 수 있도록 돕는 10가지 단계를 정리했습니다. '평가에 대한 학생 주도성을 키우는 10단계'는 학생들에게 적절한 지원을 제공하기 위한 개념적 틀로, 일련의 행동, 과제, 학습 루틴 그리고 프로토콜로 구성되어 있습니다. 이 단계들은 서로 유기적으로 연결되며, 시간이 흐르면서 학생들의 평가 역량을 점차 정교하게 발전시킬 수 있도록 돕습니다.

다음은 '평가에 대한 학생 주도성을 키우는 10단계'가 탐구 중심 교

그림 2-1 평가에 대한 학생 주도성을 키우는 10단계

실에서 어떻게 구현될 수 있는지에 대한 설명입니다.

1단계. 공동 설계 및 공동 구축

이 과정은 탐구 기반 학습 모델을 중심으로 이루어지며, 교사와 학생이 학습과 평가의 동반자로 협력하는 공동체 문화를 형성하는 것을 목표로 합니다. 탐구 중심 교실에서는 학생들이 평가 과정의 중요한 부분을 주도적으로 수행하며, 학습에 대한 책임감을 키워 나갑니다.

2단계. 사고 루틴, 성찰 그리고 메타인지 전략

사고 루틴과 성찰은 학생들이 평가의 주도성을 형성하고 학습을 이끌어 가는 데 핵심적인 역할을 합니다. 또한 학생들의 목소리를 경청하는 과정은 교사의 지도 방식이 더욱 효과적으로 작용할 수 있도록 돕습니다.

3단계. 개인화된 목표 설정 및 학습 과정 계획하기

평가에 대한 부담은 학생들이 설정한 개인 학습 목표에 따라 조정될 수 있습니다. 명확한 목표를 설정하면, 학생들은 학습의 다음 단계를 계획하고 자신의 성장을 추적하며, 학습 증거를 체계적으로 정리할 수 있습니다. 목표 설정 과정은 학생들이 자신과 교육과정 그리고 세상 사이의 연결을 이해하고 성찰하는 기회를 제공합니다.

4단계. 구글(Google)로 답을 찾을 수 없는 질문하기

질문은 학습과 개념적 이해를 심화하는 강력한 도구입니다. 좋은 질문은 학생들의 사고와 성찰을 촉진하며, 학습 과정을 능동적으로 이끌어 나가도록 도와줍니다. 이를 위해 사고를 자극하는 개방형 질문을 활용하여 학습을 가시화하고, 의미 있는 대화를 유도하세요.

5단계. 피드백을 활용하여 다음 단계를 파악하고 계획하기

진정한 학습과 성장을 위해서는 새로운 시도를 할 용기가 필요합니다. 이를 위해 심리적 안전감과 신뢰가 형성된 환경이 중요합니다. 학생들이 피드백을 주고받는 과정에서 자신감을 가질 수 있도록 피드백이 건설적이고 발전적인 방향으로 이루어져야 합니다. 이를 통해 학생들은 피드백을 바탕으로 학습 목표를 조정하고 다음 단계를 계획할 수 있습니다.

6단계. 신뢰를 바탕으로 의미 있는 평가 경험 만들기

교사와 학생 간 그리고 학생들 간의 신뢰 관계는 평가 과정에서 필수적입니다. 신뢰가 형성된 교실에서는 학생들이 학습 과정에서 부담을 덜 느끼고, 비난이나 조롱에 대한 두려움 없이 피드백을 주고받으며, 주도적인 태도로 학습에 참여할 수 있습니다.

7단계. 학우 평가 및 자기 평가 능력 기르기

학우 평가와 자기 평가가 효과적으로 이루어지려면, 학습 공동체 내에서 상호 존중과 신뢰가 바탕이 되어야 합니다. 이를 통해 피드백이 단순한 평가를 넘어, 학생들의 학습을 발전시키는 의미 있는 과정으로 자리 잡을 수 있습니다.

8단계. 결과보다 과정을 중시하기

전통적인 교실에서는 학습의 결과(성취도)에 초점을 맞추는 경우가 많습니다. 그러나 탐구 기반 교실에서는 학습의 과정을 우선적으로 고려하며, 이를 통해 학생들이 평가 과정에서 더 많은 주도성과 권한을 가질 수 있도록 합니다.

9단계. 학습에 대한 협력과 협의

교사와 학생은 학습 과정에 대해 지속적으로 협력하며 논의해야 합니다. 이를 통해 성장 과정을 추적하고, 학습 목표를 조정하며, 학습을 보다 개인화할 수 있는 기회를 제공합니다. 학습에 대한 협의는 학생들이 자신의 학습 경로를 더욱 명확하게 인식하는 데 도움이 됩니다.

10단계. 학생의 목소리가 반영된 평가 보고서

이 과정의 마지막 단계는 교사와 학생이 함께 평가 자료(예: 성적표, 학습 보고서)를 공동으로 설계하고 작성하는 것입니다. 이를 통해 학생들은 자신의 학습 과정과 성장을 직접 반영하며 평가의 주도성을 갖게 됩니다.

다음 단계

이어지는 장에서는 각 단계에 대해 더욱 깊이 탐구할 것입니다. 이를 통해 탐구를 계획하고, 학습과 평가 방식을 새롭게 구성하는 데 도움이 될 만한 실질적인 아이디어들을 발견할 수 있을 것입니다. 이러한 아이디어들은 교실에서 학생들과 공유하고 적용하며, 학습자와 협력하여 천천히 그러나 의도적으로 평가 환경을 변화시키는 데 활용되기를 기대합니다. 이 과정을 실천에 옮기면, 학생들은 평가 과정에서 자신의 역할을 더욱 명확하게 이해하고, 능숙하게 수행하며, 자신감을 가질 수 있게 될 것입니다. 이는 학생들이 평가와 학습의 주체로 성장하는 데 중요한 발판이 될 것입니다.

이제 더 깊이 탐구해 봅시다!

#탐구 마음가짐 실행하기

평가에 대한 학생 주도성을 키우는 10가지 단계 중에서, 여러분이 이미 경험과 역량을 갖추고 있어 강점으로 느껴지는 단계는 무엇인가요? 반대로, 평가에서 학생의 주도성을 더욱 키우기 위해 추가적인 경험이나 전문성이 필요하다고 느끼는 부분은 무엇인가요? 이러한 영역을 기록해 보고, 그중에서도 특히 집중하고 싶은 부분이 있다면 해당 내용을 다루는 장을 더욱 깊이 탐독할 준비를 해 보세요.

제 2 부

제3장

공동 설계 및 공동 구축

학생과 함께 학습을 설계하고, 학습 과정 전반에 걸쳐 학생의 목소리를 반영하는 것은 탐구 기반 학습 모델의 핵심 요소입니다. 학생이 선택할 수 있는 권한은 공동 설계의 일부이지만, 학습을 함께 구성하는 더 큰 과정 속에서 한 요소에 불과합니다. 예를 들어, 학생이 자신의 학습 결과를 어떻게 입증할지 선택할 수 있도록 하는 것은 학생의 강점을 기반으로 학습을 시작하는 효과적인 방법입니다. 이는 단순히 부족한 부분을 보완하는 것이 아니라, 학생들에게 자신이 잘하는 방식으로 학습을 표현할 기회를 제공하는 것입니다. 그러나 학생의 자율성이 보장되지 않는다면, 이러한 선택권은 제한적인 의미밖에 갖지 못합니다. 학생 자율성은 단순히 선택지를 제공하는 것을 넘어, 학습자의 역량을 강화하고 학습을 주도적으로 이끌 수 있는 토대를 마련하는 데 중요한 역할을 합니다.

학생과 함께 학습을 공동 설계하면 다음과 같은 중요한 이점을 얻을 수 있습니다.

① **학생들은 자신의 목소리가 존중받으며, 중요하다는 것을 깨닫습니다.** 학습은 교사와 학생 간의 협력 속에서 이루어지며, 학생들의 결정이 교실에서 의미 있는 역할을 한다는 점을 자연스럽게 인식하게 됩니다. 이를 통해 학생들은 자신의 강점과 성장 가능성을 더욱 진지하게 고민하고, 학습에 대한 궁금증과 호기심을 교실에서 자유롭게 표현할 수 있습니다. 이러한 과정 속에서 학생들은 더 능동적으로 변화하며, 학습에 대한 책임감을 더욱 깊이 가지게 됩니다.

② **교사는 학생들의 다양한 학습 요구를 효과적으로 충족할 수 있습니다.** 학생들과 함께 학습을 설계하는 과정에서 교사들은 각 학생의 필요를 더 깊이 이해하게 되며, 이를 바탕으로 학생들에게 적절한 지원을 제공할 수 있습니다. 이러한 접근 방식은 학생들의 자율성과 주체성을 키우는 데 도움이 되며, 교사가 더욱 유연하고 적극적으로 학생들의 요구에 반응할 수 있도록 합니다. 또한 교사는 학생들이 학습 과정에서 중심적인 역할을 할 수 있도록 코칭하고, 적절한 모델을 제시하며, 개별적으로 맞춤형 지원을 제공합니다. 이를 통해 학생들은 학습을 단순한 과제가 아니라, 스스로 조율하고 성장할 수 있는 과정으로 받아들이게 됩니다.

③ **교사와 학생이 함께 노력할 때, 진정한 학습 공동체가 형성됩니다.** 이러한 공동체에서는 학습이 단순히 교사가 주도하는 위계적인 경험이 아니라, 함께 만들어 가는 과정으로 자리 잡습니다. 학생들은 학교 생활을 단순히 점수를 받는 과정이 아니라, 자신이 능동

적으로 참여하는 의미 있는 경험으로 받아들이게 됩니다. 학생들은 더 이상 수동적인 태도로 학습을 대하지 않으며, 스스로 학습의 중요한 일부임을 인식하고 적극적으로 참여합니다. 교사 또한 학습의 주도권을 학생들과 공유하는 공동체의 일원으로서 학생과 함께 성장하는 존재로 자리 잡게 됩니다.

이 모든 과정은 교실에서의 다양한 사건, 대화, 경험 그리고 관계가 쌓이며 점진적으로 이루어집니다. 단 한 번의 토론이나 면담 혹은 한 차례의 경험만으로는 진정한 학생 주도성이나 학습 공동체를 형성하기 어렵습니다. 이를 실현하기 위해서는 꾸준한 실천이 필요합니다. 학습의 기반을 지속적으로 다지고, 명확한 가치관을 세우며, 공동 설계라는 철학을 일관되게 유지해야 합니다. 이러한 과정을 거치면서 학생들은 점차 자신의 학습을 주도적으로 이끌어 갈 수 있는 힘을 기르게 되며, 스스로 성장하는 학습자로서 의미 있는 여정을 만들어 갑니다.

탐구는 학생들이 흔히 겪는 수동적 태도, 무관심 그리고 학습에 대한 소극적인 접근 방식의 한계를 넘어, 의미 있는 학교 경험을 만들어 줍니다.

학생들의 주도성을 키울 수 있는 환경을 조성하려면, 공동 설계 기회를 의도적으로 계획하고 실행하는 과정이 필요합니다. 이 과정은 학교 첫날부터 학생들과의 파트너십을 형성하는 것에서 시작됩니다. 학습의 중요한 부분을 처음부터 학생들과 공유하는 경험은 기존과는 다른 학습 방식을 제시하며, 학생들이 능동적으로 학습 과정에 참여하는 주체적인 존재임을 깨닫도록 돕습니다. 학생들과 처음 만나는 순간부터 학습의 주요 요소를 함께 공유하고 협력할 수 있는 방법을 고민해 보세요. 이러한 접근은 학생들에게 학습 과정에 대한 책임감을 부여하고, 보다 의미 있는 학습 경험을 제공하는 계기가 될 것입니다.

기대치와 루틴

제 경험에 따르면, 학생들과 함께 학급의 기대치와 일상적인 절차를 설계하는 교사들은 더욱 효과적으로 학습 공동체를 구축할 수 있습니다. 교사가 안내 질문을 던지고, 학생들을 작은 모둠으로 나누어 토론과 아이디어를 공유하도록 유도한 뒤, 이를 종합하여 결론을 도출하는 과정은 학생들이 학급 환경을 공동으로 설계하며 주도성을 발휘하는 출발점이 됩니다.

이 과정을 지원하기 위해 제가 사용하는 몇 가지 안내 질문은 다음과 같습니다.

- 의미 있는 학습이란 무엇일까요?
- 학습을 시작할 준비가 되었다고 느끼기 위해 필요한 기준은 무엇인가요?
- 학습을 위해 교사, 학우 그리고 자신에게 기대하는 역할은 무엇인가요?
- 효과적인 협업은 어떤 모습일까요?

- 학습 공동체를 가장 잘 표현할 수 있는 단어는 무엇인가요?
- 아이디어를 공유할 때 어떤 방식으로 순서를 정하는 것이 좋을까요?
- 서로의 의견을 존중하고 경청하는 방법은 무엇인가요?
- 학습 환경에서 원활한 전환과 균형을 유지하기 위해 우리는 어떤 노력을 할 수 있을까요?

이러한 질문을 통해 학생들이 떠올린 생각과 아이디어를 체계적으로 정리하고 연결하는 과정이 중요합니다. 소모둠에서 나온 아이디어를 화이트보드, 구글 문서, 패들렛(Padlet) 등 공용 공간에 기록하면, 생각을 시각적으로 정리하는 데 도움이 됩니다. 아이디어가 축적되면서 비슷한 답변을 분류하고, 공통점과 유사한 표현을 찾아 묶어 보세요. 이러한 과정을 거치면 학급의 기대치를 보다 명확하고 일관성 있게 정리할 수 있습니다. 이 과정에서 학생들은 개인의 의견을 공동의 학급 문화로 통합하는 방법을 자연스럽게 익히게 됩니다.

정리된 아이디어를 시각적으로 정리하여 교실에 게시하면, 이 문서는 학습 환경에서 신념과 실천에 대한 집단적인 약속으로 기능하게 됩니다. 교실 내 눈에 잘 띄는 곳에 게시하고, 학습이 진행되는 동안 지속적으로 참고하세요. 또한 기회가 있을 때마다 초기 논의에서 도출된 핵심 사항을 되돌아보며 다시 논의하고, 필요하다면 내용을 수정하세요. 이 문서는 고정된 규칙이 아니라, 학생들과 함께 성장하는 학급 문화의 일부가 되어야 합니다. 학습자가 한 해 동안 성장하고 변화하듯, 이 문서도 함께 발전하며 더욱 풍요로운 학습 공동체를 만들어 갈 것입니다.

역량과 성향

학생들이 교실에서 학습을 넘어 더 큰 주도성을 발휘하기 위해 갖춰야 할 역량은, 오늘날 고용주들이 채용 과정에서 중요하게 평가하는 역량과 상당히 유사합니다. '성공을 위해 필요한 역량'이라는 주제로 구글에서 간단히 검색해 보면, 다양한 잡지, 신문, 연구 기관에서 발표한 최신 기사들을 통해 이러한 역량이 일관되게 강조되고 있음을 확인할 수 있습니다.

그렇다면 오늘의 교실에서 학생들이 미래의 도전과 문제를 해결할 수 있도록 어떻게 준비시킬 수 있을까요? 저는 그 해답을 탐구 과정에서 찾습니다. 탐구를 통해 길러지는 역량과 태도는 학생들이 학습 과정에서 더 주도적인 역할을 맡을 수 있도록 돕고, 나아가 성숙하고 책임감 있는 시민으로 성장하는 데 중요한 기반이 됩니다.

역량, 태도 그리고 사고방식은 학생들로 하여금 의미 있고 깊이 있는 학습 경험을 통해 학습 주도성을 성공적으로 발휘할 수 있도록 돕는 튼튼한 기반이 됩니다.

이러한 이유로, 저는 학생들에게 우리가 함께 탐구하고 개발할 역량과 태도의 목록을 일방적으로 제시하지 않습니다. 대신, 학생들과 함께 이를 공동 설계하는 과정을 거칩니다.

먼저, 역량과 태도가 무엇인지 그리고 학습과 어떤 관련이 있는지 질문하며 대화를 시작합니다. 학생들이 이러한 개념을 익숙하게 느끼지 못할 경우, 함께 조사하고 탐색하는 과정을 통해 이해를 돕습니다. 그런 다음, 각자의 아이디어와 발견한 내용을 공유하며, 개념을 보다 구체적이고 실질적인 의미로 정리해 나갑니다.

이후, 학생들에게 현재 직장에서 요구되는 중요한 역량과 태도는 무엇인지 그리고 미래의 성공을 위해 어떤 역량이 필요할지에 대한 의견을 묻습니다. 학생들은 소모둠으로 나뉘어 이 질문을 바탕으로 토론하고 조사하며, 이를 통해 각자가 중요하다고 생각하는 역량과 태도를 정리합니다. 이 과정에서 학생들이 발견한 내용을 공용 공간(화이트보드, 구글 문서, 패들렛 등)에 정리하며, 서로의 생각을 공유하고 논의하면서 점진적으로 목록을 완성해 갑니다. 저는 학생들의 아이디어를 종합하고 모델링하면서, 그들이 점차적으로 스스로 이러한 결정 과정을 주도할 수 있도록 지원합니다. 예를 들어, 최근 한 수업에서는 학생들이 협력하여 일곱 가지 핵심 역량과 태도를 도출하고 이에 합의하는 과정을 진행했습니다. 학생들은 이 역량과 태도가 학습과 삶에서 왜 중요한지 논의하며, 최종적으로 다음과 같은 목록을 완성했습니다.

① 비판적 사고
② 협업
③ 의사소통
④ 창의성
⑤ 공감력
⑥ 자기 통제
⑦ 호기심

우리는 각 역량을 주제로 대형 포스터를 제작하고, 학생들이 그림을 그리며 직접 참여할 수 있도록 했습니다. 이 포스터들은 교실에 전시되어, 연중 내내 시각적 성찰의 도구이자 대화의 출발점으로 활용되었습니다. 또한 학생들이 이러한 역량과 태도를 실천할 때, 저는 이를 관찰하고 피드백을 제공하는 데 적극적으로 활용할 수 있었습니다. 학생들이 협력하여 만든 포스터는 교실의 학습 환경을 더욱 풍부하게 만들었으며, 우리가 함께 설정한 목표를 되새기는 중요한 도구가 되었습니다. 학습 중 특정 활동과 포스터 속 역량을 연결 지어 사고할 필요가 있을 때, 저는 '잠시 멈춤'을 선언하며 학생들에게 현재의 활동과 포스터 속 개념을 연결하도록 유도했습니다.

또한 학생들과 함께 각 역량이 실제로 어떻게 표현될 수 있는지 구체적으로 탐구하기 위해 서면 성찰 질문을 공동으로 설계했습니다. 이 질문들은 출력되어 각 역량 포스터 옆에 게시되었으며, 학생들이 자신의 학습과 역량을 즉각적으로 연결할 수 있도록 돕는 역할을 했습니다. 이러한 질문들은 학생들이 역량과 태도를 성찰하고, 자신의 학습 진행 상황을 점검하며, 성장의 증거를 체계적으로 정리하는 데 유용하게 활용되었습니다. 또한 학생들은 이를 바탕으로 자신의 성취를 돌아보고 앞으로의 목표를 명확히 설정하며, 학습 과정에서 이루어 낸 발전을 깊이 성찰할 수 있었습니다.

이 성찰 질문들은 다음과 같습니다.

비판적 사고란

- 미래를 내다보고 계획하는 능력
- 학습을 깊이 탐구하고 분석하는 태도
- 논리적으로 사고하고 합리적으로 판단하는 능력
- 실수로부터 배움을 얻고 이를 성장의 발판으로 삼기
- 스스로 연구하며 새로운 지식을 발견하는 과정
- 탐구심과 호기심을 바탕으로 문제에 접근하는 태도
- 자신의 생각을 객관적으로 분석하고 평가하기
- 연구와 결과를 다양한 관점에서 검토하고 비교하기
- 익숙하지 않은 사고방식이나 논리에 도전하며 열린 자세 유지하기
- 사실을 그대로 받아들이지 않고 비판적으로 검토하기
- 다양한 의견과 시각을 존중하며 자신만의 관점을 형성하기
- 충분한 사전 조사를 통해 근거를 마련하고 논리를 뒷받침하기
- 깊이 있는 사고를 통해 문제 해결을 위한 최선의 방법 고민하기
- 사고력을 지속적으로 키우며 성장을 이어 가기

협업이란

- 다른 사람의 의견을 존중하며 적극적으로 경청하기
- 열린 마음으로 새로운 아이디어를 받아들이기
- 건설적인 비판을 통해 함께 성장하기
- 효과적인 팀워크로 공동 목표 달성하기

- 참여와 거리 두기의 균형을 유지하며 책임감 갖기
- 긍정적인 피드백과 지지를 통해 협력 촉진하기
- 명확하게 의사소통하고 의견을 분명하게 전달하기
- 자기 조절 능력을 바탕으로 협력에 기여하기
- 체계적인 조직력을 바탕으로 팀 내 역할 수행하기
- 필요할 때 질문하고 적극적으로 답을 찾아가기
- 유연성과 인내심으로 갈등을 해결하는 태도 갖기
- 협력 속에서 조화를 이루며 관계를 유지하기
- 때로는 독립적으로 일하며 자기 주도성을 키우기

의사소통이란

- 자신의 아이디어를 명확하고 효과적으로 표현하기
- 의미 있는 질문을 통해 대화를 깊이 있게 발전시키기
- 다른 사람의 말을 경청하고 의견을 존중하기
- 협력을 통해 다양한 아이디어를 연결하고 발전시키기
- 상대방의 의견을 존중하며 열린 태도로 받아들이기
- 대화와 활동에 집중하며 적극적으로 참여하기
- 차례를 지키고 질서를 유지하며 존중하는 태도 실천하기
- 자신의 생각과 의견을 솔직하고 분명하게 전달하기
- 글쓰기, 말하기, 디지털 문해력 등 다양한 방식으로 효과적으로 소통하기

창의성이란

- 고정된 틀에서 벗어나 새로운 관점을 탐색하기
- 학습과 문제 해결에서 창의적인 접근 방식 모색하기
- 아이디어를 공유하며 다양한 시각에서 영감 얻기
- 여러 매체와 자원을 활용해 실험하고 표현하기
- 자신만의 독창적인 프레젠테이션 스타일 개발하기
- 주변 환경과 자원을 활용해 창의적인 결과물 만들어 내기
- 확장된 사고로 문제를 다양한 각도에서 분석하고 해결하기

공감력이란

- 다른 사람의 감정을 이해하고 배려하기
- 자신의 감정을 솔직하게 표현하고 공유하기
- 상대방의 입장에서 상황을 바라보고 공감하며 반응하기
- 관심과 지지를 표현하며 신뢰를 형성하기
- 상대방의 감정을 인식하고 감사의 마음 전하기
- 긍정적인 변화와 성장을 이끄는 대화와 행동 실천하기
- 상대방의 감정을 깊이 이해하려는 노력 기울이기

자기 통제란

- 자신의 행동과 감정을 균형 있게 조절하기

- 스스로 규율을 지키며 침착함을 유지하기
- 자신에게 적절한 한계를 인식하고 받아들이기
- 상황에 맞는 해결 전략을 세우고 실천하기

호기심이란

- 새로운 것을 배우고자 하는 강한 열망 가지기
- 학습과 탐구 과정에 몰입하는 태도 기르기
- 질문을 통해 지식을 확장하고 깊이 탐색하기
- 전문가나 경험이 풍부한 사람과 소통하며 배우기
- 조사하고 탐구하며 새로운 발견의 과정을 즐기기
- 학습의 흐름에 몰입하며 배움의 기쁨을 경험하기

이 과정은 제5장 '개인화된 목표 설정과 과정 계획'에서 더 자세히 다룹니다.

학습 시연

저는 종종 학생들에게 이렇게 묻습니다. "지금까지 배운 내용을 자유롭게 표현할 수 있다면, 어떤 방식으로 하고 싶나요?" 이 질문의 목적은 다양한 학습자를 존중하는 동시에, 학생들의 강점을 활용하여 학습 주도성을 키우기 위함입니다. 그러나 많은 학생이 학교에서 익숙하게 해 오던 방식에만 의존하는 경우가 많습니다.

이 장 초반에 언급했던 '정형화된 선택지'처럼, 학생들이 기대했던 깊이, 개성, 창의성을 충분히 발휘하지 못하는 모습을 자주 관찰하게 됩니다. 그래서 저는 다른 수업이나 이전 학년에서 큐레이팅한 학습 사례들을 학생들과 공유합니다. 이를 통해 학생들이 학습을 표현하는 다양한 가능성을 보다 구체적으로 이해할 수 있도록 돕습니다. 이 자료들은 교실 벽에 게시하거나 선반에 전시하고, 디지털 파일로 저장하여 필요할 때 학생들에게 보여 줍니다. 다른 학생들이 자신의 학습을 어떻게 표현했는지를 보면, 현재의 학생들도 새로운 가능성을 발견하고 더 창의적인 방식으로 접근할 기회를 얻게 됩니다.

이러한 공유 과정을 통해 학생들은 학습을 표현하는 다양한 방법을 탐색하며, 더 많은 선택권과 주도성을 갖게 됩니다. 그리고 그 과정에서 자신의 강점과 관심사에 몰입할 수 있음을 깨닫게 됩니다. 이는 결핍이 아닌 강점을 기반으로 학습을 시작하는 기회를 제공합니다. 학생들은 자신이 잘하는 분야나 더 깊이 탐구하고 싶은 주제를 선택하며, 학습에 더욱 진정성 있게 참여합니다. 공동 설계 과정이 이러한 변화를 가능하게 합니다. 물론, 일부 학습 시연 방식은 교사가 정할 수도 있습니다. 하지만 커리큘럼 내에서 학생들이 흥미를 느끼고, 적극적으로 참여하며, 도전을 즐기고, 자신감을 키울 수 있도록 학습을 표현하는 다양한 방식을 허용할 수 있습니다. 학생들에게 이러한 기회를 열어 주세요. 그들이 자신의 학습을 더 자유롭고 의미 있게 표현할 수 있도록 말입니다.

탐구 과정에서 학생들은 자신이 학습을 이끄는 주체임을 인식하며, 탐구하고 새로운 것을 발견하는 과정에 적극적으로 참여합니다. 또한 자신의 강점을 바탕으로 의미 있고 연관성 높은 방식으로 학습을 확장해 나갑니다.

학생들이 제안하는 다양한 선택지를 공통된 요소로 분류하고 정리하는 과정을 진행합니다. 공통점과 패턴이 드러나면, 이를 바탕으로 아이디어를 체계적으로 정리하고 학습 계획을 세워 나갑니다. 예를 들어, 학생들이 학습 내용을 동영상 시리즈로 표현하고 싶어 한다면, 짧은 수업을 기획하고 필요한 자료를 정리하며, 예상되는 어려움을 미리 고민해 해결 방안을 마련할 수 있습니다. 이 과정에서 학생들은 학습을 주도적으로 설계하고 실행하며, 교사는 이를 적극적으로 지원하는 역할을 합니다.

평가 도구

평가는 학생들에게 '부여하는' 것이 아니라, 학생들과 '함께' 만들어 가는 과정이 되어야 합니다. 이를 위해 공동 설계(co-design) 방식이 효과적이며, 특히 평가 도구를 학생들과 함께 개발하는 것에서 시작할 수 있습니다. 제 경험상 학생들과 루브릭을 함께 만드는 과정은 평가의 명확성을 높이고, 학습 성취도를 향상시키는 데 큰 도움이 됩니다. 학생들은 자신이 어떤 기준으로 평가받는지를 더 깊이 이해하게 되며, 평가에 대한 논의 과정이 학습에도 긍정적인 영향을 미치기 때문입니다.

이는 학생의 주도성을 키우는 평가 파트너십을 형성하는 중요한 과정이 됩니다. 만약 이미 정해진 루브릭이 있다면, 이를 단순히 교실에서 학생들에게 제공하는 대신, 학생들과 함께 분석하고 조정하는 활동을 진행해 보세요.

학생들에게 평가 기준을 함께 만들어 갈 것임을 알리고, 기존 루브릭이 있다면 과제와 학습 목표를 명확히 이해하기 위한 과정임을 설명합니다. 평가 도구는 반드시 학생들의 언어로 작성되어야 합니다. 그래야만 학생들이 평가 기준을 더 명확히 이해하고, 이를 학습 과정에서 효과적으로 활용할 수 있습니다.

학생들을 2~3명씩 소모둠으로 나누고, 자신만의 단일 열(single-column) 루브릭을 만들어 보도록 합니다. 이때 다음의 두 가지 요소를 고려하도록 안내합니다. 하나는 '평가할 주요 기준을 정하기'로 루브릭의 카테고리(행, row)에 해당합니다. 다른 하나는 '평가 기준을 구체화하는 표현을 고민하기'로 루브릭의 열(column) 안에 들어갈 내용입니다.

학생들이 루브릭을 만드는 동안 교실을 돌며 활동과 토론을 관찰합니다. 무엇이 눈에 띄나요? 학생들의 루브릭이 교사의 책상 위에 있는 마스터 루브릭(master rubric)[1]과 얼마나 일치하나요? 만약 일치하지 않는다면, 어떤 부분이 빠져 있을까요? 학생들이 만드는 루브릭에 어떤 표현이나 언어가 더해져야 할까요? 지금 이 과정에서 잘 이루어지고 있는 작업이 더욱 정확하고 일관되게 정렬되도록 도울 수 있는 요소들

1) '마스터 루브릭'은 수업이나 평가 활동 전반에 걸쳐 교사가 기준으로 삼는 대표적인 평가 기준표를 말합니다. 쉽게 말해, 교사가 미리 정해 놓은 평가의 기준과 언어가 명확히 담긴 본보기 루브릭입니다.

을 기록해 둡니다.

필요하다면 활동을 잠시 멈추고, 다른 모둠에 도움이 될 수 있는 '정렬된 언어 표현'이나 우수한 학생 루브릭 예시를 함께 나누어 보는 것도 고려해 봅니다. 혹은 학생들이 교실을 자유롭게 돌아다니며, 다른 모둠의 작업을 관찰하고 자신들의 루브릭 구성에 적용할 수 있는 아이디어를 얻도록 해 보는 것도 좋습니다.

이 활동 중 어느 시점에서는 학생들의 루브릭 공동 설계 작업이 마스터 루브릭과 더 잘 정렬되도록 추가적인 지원과 스캐폴딩이 필요할 수 있습니다. 그 경우 저는 두 가지 주요 도구인 예시와 어휘 목록(sample vocabularies)을 사용합니다.

먼저, 예시는 과거 수업에서 수집했거나 교사 집단이 함께 큐레이션한 것으로, 학생들이 루브릭 공동 설계를 할 때 참고할 수 있도록 제공합니다. 저는 거의 모든 종류의 이해의 표현(demonstration of understanding)[2]에 대한 예시를 보관해 두고 있습니다. 높은 성취를 보여 준 예시, 수정이 필요한 예시, 교사의 피드백과 지원을 많이 받은 예시 등 다양한 수준의 예시를 보여 주는 것이 중요합니다. 그래야 학생들이 평가 언어를 더 명확하게 표현하고, 자신의 평가 기준 이해와 적용 능력(assessment compass)[3]을 정교하게 조율할 수 있습니다.

2) '이해의 표현'은 학습자가 특정 개념, 지식 또는 기술에 대해 얼마나 깊이 이해했는지를 보여 주는 다양한 방식의 수행 또는 산출물을 의미합니다. 이는 단순한 암기나 정답 맞히기를 넘어, 학습자가 자신의 이해를 말, 글, 시각자료, 행동 등으로 '드러내는 것'입니다.

3) '평가 기준 이해와 적용 능력'은 학생이 평가의 방향과 기준을 스스로 인식하고 조율할 수 있는 능력을 말합니다. 이 표현은 비유적으로 사용된 것으로, 나침반(compass)이 방향을 알려 주듯, 학습자가 자기 학습의 질과 목표를 평가 기준에 맞추어 스스로 조절할 수 있는 감각과 판단력을 의미합니다.

보통 이 과정은 5분 정도씩 여러 라운드로 구성하며, 학생들에게 예시를 하나씩 제시하고 그것을 분석하고 비평하게 합니다. 그리고 자신들의 루브릭에 적용할 수 있는 언어를 덧붙이도록 유도합니다. 학생들의 루브릭이 본질을 놓치고 있거나 도움이 필요한 경우, 예시의 특정 표현이나 특성을 짚어 주며 다시 생각해 보게 합니다. 어떤 경우에는 일부 모둠만 예시를 활용하고, 다른 모둠은 그렇지 않아도 되는 상황도 생깁니다. 저는 이에 맞춰 수업을 개별화하고, 교실을 돌며 구체적이고 의도적인 피드백을 제공합니다.

다음으로, 마스터 루브릭에 사용된 어휘들로 구성된 어휘 목록(word bank)을 전체 학급에 공유합니다. 학생들이 자신들의 루브릭에 이런 어휘를 반영했는지, 어떻게 적용할 수 있을지를 되돌아보도록 합니다. 이를 통해 학생들이 평가에 목소리를 낼 수 있도록 하는 동시에, 교사는 정렬성과 평가의 정확성을 확인할 수 있는 기회를 갖습니다.

이러한 공동 설계 활동은 교사와 학생 간의 협력 관계를 형성하며, 시간과 시범, 계획을 통해 평가에 대한 주도성을 점차 학생들에게 이양하는 기반이 됩니다.

저는 첫 번째 책 『Dive into Inquiry(탐구에 풍덩 빠지다)』에서 공동 설계 활동에 대해 더욱 자세히 다뤘습니다. 이 책에서는 학생들과 효과적인 수업을 공동 설계하는 방법을 제시하며, 이를 통해 학생들이 자신의 학습 과정에서 더 큰 주도성과 참여 기회를 가질 수 있도록 돕는 방법을 설명합니다. 또한 수업 계획을 학생들과 함께 만들어 가는 방법도 포함되어 있습니다.

교육과정에는 반드시 가르쳐야 할 내용이 많지만, 동시에 학생들의 호기심과 관심사를 반영하여 학습을 더욱 의미 있게 만들 수 있는 기회도 충분히 존재합니다. 학생들에게 평가 과정에서 더 많은 선택권과 참여 기회를 제공함으로써, 학습에 대한 동기와 성취감을 높일 수 있습니다.

#탐구 마음가짐 실행하기

이 장에서 소개된 각 공동 설계 활동과 관련하여, 학생들과의 논의를 원활하게 이끌어 갈 수 있도록 적절한 안내 질문을 미리 계획하는 것이 중요합니다. 사전에 질문을 준비하면, 토론을 효과적으로 진행하고 학습 공유를 더욱 의미 있게 만들 수 있습니다. 학생들이 보일 반응을 예상하며, 준비된 질문을 활용하여 보다 깊이 있는 사고와 적극적인 참여를 유도할 방법을 고민해 보세요.

이 활동을 단원 계획에 포함할 때, 안내 질문을 고려해 보세요. 이를 통해 활동이 더욱 자연스럽게 진행되고, 학생들과 함께 의사결정 과정을 보다 편안하고 자신감 있게 공유할 가능성이 높아집니다. 이러한 안내 질문은 학생들과의 협력적인 대화를 촉진하며, 공동 설계 과정에서 교사가 더욱 적극적으로 지원할 수 있도록 돕는 역할을 합니다.

평가에서 대화의 힘

제가 가르치는 방식에서 일어난 가장 큰 변화 중 하나는 대화를 중심으로 한 접근으로의 전환이었습니다. 이를 통해 소모둠에서의 공유를 촉진하고, 학생들이 성찰과 내면 탐구를 위한 언어를 익힐 수 있도록 돕는 환경을 조성하게 되었습니다. 또한 모든 학생이 자신 있게 목소리를 내며 수업 내 논의에 적극적으로 참여할 수 있도록 지원하고, 1:1 상담을 통해 사고, 학습, 목표 설정에 대해 깊이 있는 대화를 나누는 과정을 수업에 적극 반영했습니다. 이러한 변화는 평가 과정에서도 대화를 효과적으로 활용하는 방식으로 이어졌습니다.

자신의 생각을 표현하는 사람은 누구나 배우는 사람일 가능성이 높습니다.

대화는 제 수업 계획을 이끌고, 수업 방식을 구체화하며, 교육 방향을 결정하는 핵심 요소입니다. 대화를 효과적으로 활용할수록, 학생들이 무엇을 알고 있는지 더 정확히 파악할 수 있습니다. 제 모든 가르침은 학생들로부터 시작됩니다.

- 학생들은 무엇을 알고 있나요?
- 학생들이 가진 사전 지식은 무엇인가요?
- 각자의 학습 경험에서 강점과 도전 과제는 무엇인가요?

이러한 질문에 대한 답을 바탕으로 다음 학습 단계를 계획할 수 있습니다. 하지만 학생들의 사고 과정과 이해 수준을 파악하는 일은 쉽지 않습니다. 개별 학생의 생각을 제대로 이해해야 효과적으로 가르칠 수 있기 때문입니다. 교실에는 다양한 배경과 경험을 가진 학생들이 함께하고 있으며, 이들의 의견을 모두 듣는 것은 쉽지 않은 도전입니다. 자신감 있게 의견을 표현하는 학생도 있지만, 수줍어하는 학생도 있습니다. 언어에 능숙한 학생이 있는가 하면, 수업에서 사용하는 언어가 자신에게는 외국어인 학생도 있습니다. 경제적·사회적 배경도 다양할 수 있습니다.

그러나 대화를 중심으로 한 평가 방식이 잘 정착되면, 이러한 다양성을 고려하면서도 모든 학생이 자신의 목소리를 낼 수 있는 환경을 조성할 수 있습니다. 제 경험에 따르면, 학생들이 자신감을 가지고 의견을 표현할 수 있도록 지원하는 다양한 방법이 있습니다. 다음에서 소개하는 아이디어들은 교실에서 모든 학생의 의견이 존중되고 반영될 수 있도록 돕는 실천 방법입니다.

작게 시작하기

저는 세 명으로 구성된 소모둠 활동을 특히 선호합니다. 이 정도 규모의 모둠은 학생들이 더 적극적으로 참여하고 몰입할 가능성을 높여주며, 신뢰와 친밀감을 형성할 수 있는 환경을 제공합니다. 또한 학생들이 자연스럽게 서로 연결되고 아이디어를 공유할 수 있도록 돕습니다. 이처럼 작은 규모의 모둠에서는 특정 학생의 목소리가 묻히는 일이 거의 없으며, 모든 학생이 균형 있게 의견을 나눌 수 있습니다.

많은 학생이 내성적이거나 수줍음을 많이 타며, 공개적인 토론이나 발표에 어려움을 느낄 수 있습니다. 그러나 신뢰와 관계를 기반으로 한 소규모 학생 주도 모둠은 이들이 자신의 생각을 자신감 있게 표현할 수 있는 안전한 환경을 제공합니다. 특히 큰 모둠에서 말하기 어려워했던 학생들에게 더욱 효과적입니다. 교실에서 소모둠을 운영할 때, 저는 학생들과 더 개인적인 방식으로 상호작용할 수 있는 환경을 조성하는 데 집중합니다. 종종 의자를 하나 가져와 직접 토론에 참여하거나, 학생들의 논의를 더욱 깊이 있게 만들기 위해 몇 가지 안내 질문을 던지기도 합니다. 이를 통해 학생들이 자신의 생각을 정리하고 성찰하는 기회를 가질 수 있도록 돕습니다.

다음은 제가 사용하는 몇 가지 안내 질문들입니다.

- 어떤 점이 가장 흥미롭게 느껴졌나요?
- 학우들이 말한 내용을 간단하게 요약하면 어떻게 표현할 수 있을까요?

- 다른 사람들이 이야기한 내용과 자신의 생각은 어떤 점에서 비슷하고, 어떤 점에서 차이가 있나요?
- 모둠의 논의를 더 깊이 있게 만들려면 어떤 방식으로 기여할 수 있을까요?
- 모둠에서 나온 아이디어를 중요도에 따라 정리한다면 어떤 기준으로 배열하겠습니까? 그리고 그 이유는 무엇인가요?
- 모둠에서 선정한 '가장 좋은 아이디어'를 다른 모둠에게 설명해야 한다면, 어떻게 요약하겠습니까? 그리고 이 아이디어가 가장 뛰어나다고 생각한 이유는 무엇인가요?
- 학우들이 공유한 내용 중 가장 인상 깊었던 점은 무엇인가요?
- 모둠의 논의를 모두 들은 후, 자신의 생각에 변화가 있었나요? 그렇다면 어떤 점에서 달라졌나요?
- 다음 학습 단계에서 어떻게 이해를 확장하고 심화할 수 있을까요?
- 다른 모둠에게 질문할 수 있다면 어떤 질문을 하고 싶나요? 그리고 그 질문을 하는 이유는 무엇인가요?

저는 모둠 활동 중 학생들에게 학습 과정에서 겪는 어려움을 극복하고, 사고를 정리하는 데 도움이 되는 다양한 전략을 제안하기도 합니다. 예를 들어, 다음과 같은 방법을 활용할 수 있습니다.

- **공유를 준비하는 시간 갖기(2분)**: 자신의 노트를 검토하거나, 제시된 질문을 성찰하며, 조용히 발표를 연습할 시간을 가집니다.
- **적극적인 경청 실천하기**: 학우들의 의견에 집중하며, 신체적으로나

정신적으로 온전히 참여합니다.

- **대화를 심화하는 질문 던지기**: 논의를 더 깊이 발전시킬 수 있는 질문을 생각해 봅니다.
- **대화 내용 기록하기**: 주요 아이디어를 메모하거나 그림으로 표현하여 정리합니다.
- **성찰을 통해 사고 정리하기**: 들은 내용을 자신의 언어로 다시 정리하며 이해를 돕습니다.
- **성찰 질문 활용하기**: 교실 게시판에 있는 성찰 질문을 참고하여 자연스럽게 대화에 참여합니다.
- **학우의 의견 존중하기**: 누군가 발언한 후, 그들의 의견을 인정하고 공감이 되었던 부분을 강조합니다.
- **언어 능력이 부족한 학생(EAL) 지원하기**: 이해하기 어려운 단어를 적어 두고 번역기를 활용하거나 추가 설명을 요청합니다.

이러한 전략을 활용하면 학생들이 보다 자신감을 가지고 대화에 참여하며, 깊이 있는 학습 경험을 만들어 갈 수 있습니다.

학생들에게 긍정적인 피드백 제공

학생들이 학습과 대화에 적극적으로 참여하는 모습을 칭찬하고 격려합니다. 예를 들어, 다음과 같은 표현을 사용할 수 있습니다.

- "큰 소리로 의견을 말하는 게 쉽지 않을 수도 있는데, 용기 내 줘서 정말 자랑스러워요!"
- "몇 달 전과 비교하면 정말 많이 성장했어요. 계속 잘하고 있어요!"
- "이번 모둠 토론에서 훌륭한 기여를 했어요. 정말 인상적이었어요!"
- "발표할 때의 반응과 표현이 정말 좋았어요. 아주 인상 깊었어요!"
- "대화에 깊이 몰입하는 모습이 인상적이었어요. 정말 멋져요!"
- "당신의 질문 덕분에 모둠 토론이 더 의미 있게 진행됐어요. 고마워요!"
- "항상 다른 사람의 장점을 끌어내는 태도가 정말 존경스러워요!"
- "모둠원들에게 친절하고 따뜻하게 대해 줘서 고마워요. 함께하는 모습이 보기 좋았어요."

또한 말이 아닌 행동으로도 학생들에게 격려를 전할 수 있습니다. 간단한 미소, 고개 끄덕임, 눈을 맞추며 긍정적인 피드백을 주는 것만으로도 학생들은 자신이 인정받고 있다는 느낌을 받을 수 있습니다. 때로는 직접 토론에 참여하지 않더라도, 교실을 돌아다니며 학생들이 논의를 올바른 방향으로 이끌어 가는 모습을 관찰하는 것만으로도 그들의 학습이 제대로 이루어지고 있음을 확인할 수 있습니다. 이러한 방식이 가능한 이유는 학생들이 자율적으로 구성한 소규모 모둠이 효과적으로 작동하고 있기 때문입니다.

그리고 저는 모둠 토론 시간 동안 학생들에게 피드백을 제공하고 학습 과정을 기록하는 전략을 활용합니다. 교실을 돌아다니며 학생들의 논의를 관찰하고, 이를 즉각적인 피드백이나 향후 학생 상담 또는 보고서 작성에 활용할 수 있도록 간단한 노트에 기록합니다. 매주 각 학생에 대한 몇 가지 메모를 남기기 위해 노력하며, 날짜와 활동 개요를 기록한 후, 학생들의 태도나 학습 과정에서 관찰한 중요한 점을 정리합니다. 이 기록은 간결하면서도 학생 개개인에게 맞춘 내용으로 작성되며, 특히 의사소통 능력이나 협업 역량과 같은 학습 역량을 평가하는 데 유용합니다.

저는 세 가지 척도로 학생들의 활동을 기록하는 방식을 활용합니다. 이 방식은 효율적이며 즉각적인 피드백을 제공하는 데 매우 효과적입니다. 교실을 돌아다니며 학생들을 관찰한 내용을 기록한 후, 이 정보를 바탕으로 학생들에게 의미 있는 피드백을 제공할 수 있습니다. 이러한 소규모 모둠 학습 구조는 다음에 무엇을 가르쳐야 할지를 결정하는 데 매우 중요한 역할을 합니다.

지속적인 탐구 기반 학습을 위해서는 직접적인 교수법과 학생 주도 탐구, 발견, 선택권을 균형 있게 조화시키는 것이 필수적입니다. 탐구 학습은 어느 한 가지 방법만으로 이루어지는 것이 아닙니다. 탐구 중심 수업에서 가장 큰 도전 과제는 어떤 내용을 직접 가르쳐야 하고, 어떤 부분을 학생들의 탐구와 발견을 통해 배울 수 있도록 할지 판단하는 일입니다. 이 균형을 유지하기 위해 저는 항상 고민하고 조정해 나갑니다. 모든 학생이 안전한 환경에서 학습할 수 있도록 학급 전체를 대상으로 지속적으로 학습 증거를 수집하는 것도 탐구 교사로서의 중요한 역할 중 하나입니다.

저는 학급에서 가장 학습이 빠른 학생이나 자신감 있는 학생들의 반응만을 기준으로 판단하지 않습니다. 모든 학생의 현재 상태를 이해하고, 이를 기반으로 체계적이고 의도적인 학습 단계를 설계하는 것이 핵심입니다. 소규모 모둠 활동, 빠른 학습 점검 그리고 모든 학생의 목소리를 반영하는 과정을 통해, 저는 학생들이 성공적인 학습을 경험할 수 있도록 지원하고 있습니다.

큰 모둠으로 확장하기 위한 발판 마련

수업 중 토론을 진행할 때, 항상 같은 몇몇 학생들만 참여하는 상황을 경험한 적이 있을 것입니다. 저 또한 비슷한 경험을 했습니다. 손을 드는 학생들은 늘 정해져 있고, 아무리 격려하고 참여를 독려해도 수업이 끝난 후 이런 의문이 들곤 합니다. "왜 이번 토론이 활발하지 않았을까?" "대부분의 학생이 원래 내성적인 걸까?" "모둠 토론이 효과적이지 않다면, 학생들이 무엇을 이해하고 있는지 어떻게 확인할 수 있을까?"

학생들이 토론에 소극적인 이유는 여러 가지가 있습니다. 내성적이거나 수줍음이 많은 학생들에게는 수업 중 의견을 발표하는 것이 불안과 스트레스를 유발할 수 있으며, 이들에게 공개적인 발표를 강요하는 것은 학습을 돕기보다 부담을 줄 가능성이 큽니다. 빠른 토론 진행 속도에 적응하기 어려운 학생들은 질문을 이해하고 답변을 고민하는 동안 수업이 빠르게 흘러가, 생각을 정리했을 때는 이미 공유할 기회를 놓쳐 버리는 경우가 많습니다. 소극적이거나 무관심한 태도를 보이는 학생들은 적극적으로 참여하기보다 다른 학생들이 손을 들기를 기다리고, 교사가 자신을 지목하지 않기를 바라며 상황을 피하려 합니다.

이러한 문제를 해결하고 학생들의 참여율을 높이기 위해 저는 항상 소모둠 대화로 토론을 시작합니다. 소규모 대화 환경을 조성하면 학생들이 더 편안하게 의견을 나눌 수 있고, 신뢰가 형성되면 열린 대화가 이루어지면서 의견을 발표하는 부담이 줄어듭니다. 또한 소모둠에서 미리 연습할 기회를 제공하면 학생들은 전체 토론에서도 더욱 자신감을 가질 수 있습니다. 이러한 접근 방식은 내성적이거나 참여를 주저하는 학생들도 자연스럽게 자신의 목소리를 낼 수 있도록 돕는 효과적인 전략입니다.

리허설 시간

리허설 시간은 소모둠 활동 중 한 학생이 자발적으로 자신의 의견을 전체 학급 토론에서 공유하도록 준비하는 과정에서 이루어집니다. 저는 항상 큰 모둠에서 발표하기 전에 3~5분 동안 리허설 시간을 제공합니다. 이 시간을 통해 학생들은 자신의 생각을 정리하고, 학우들과 의견을 교류하며, 명확하고 간결한 답변을 준비할 수 있습니다.

필요하거나 도움이 될 경우, 학생들이 발표할 때 활용할 수 있도록 몇 가지 예시 문장을 화이트보드에 작성해 둡니다. 예를 들어, 다음과 같은 문장을 제시할 수 있습니다.

- 제 짝인 _____ 와/과 _____ 그리고 저는 ……에 대해 논의했습니다.
- 제 짝인 _____ 와/과 _____ 은/는 가장 중요한 논의 내용을 이렇게

정리했습니다.

- 제 짝 ____은/는 ……라고 이야기했습니다.
- 저는 제 짝 ____의 말에 공감하며 감사함을 느꼈습니다.
- 제 생각이 제 짝인 ____와/과 ____의 의견과 달랐던 이유는 ……입니다.
- 제 짝 ____의 말을 듣고 우리의 생각이 이렇게 바뀌었습니다.

그 후, 각 모둠에서 한 명의 대표가 나와 발표를 합니다. 학기 초에는 리허설 시간이 즉각적인 효과를 보이지 않을 수도 있습니다. 발표를 자원하는 학생들은 대부분 평소에도 수업에서 적극적으로 손을 드는 학생들이기 때문입니다. 이들은 자신감이 있고 외향적이며, 의견을 공개적으로 나누는 것에 부담을 느끼지 않는 경우가 많습니다. 그러나 리허설 시간의 효과는 학기가 진행되면서 점차 분명해집니다. 몇 달 동안 학생들이 자신의 생각을 정리하고, 학우들과 의견을 교환하며, 논의에 적절하고 명확한 반응을 준비하는 과정이 지속적으로 지원되었기 때문입니다. 결국, 점점 더 많은 학생이 발표를 자원하게 되며, 우리가 투자한 시간이 모든 학생에게 의미 있는 기회로 이어진다는 점이 확인됩니다. 학생들은 모둠 토론이 안전한 환경에서 이루어지며, 교사가 무작위로 지목하지 않고 충분한 준비 시간을 제공한다는 점을 신뢰하게 됩니다. 또한 자신의 목소리가 중요하며, 모든 학생이 공동체에 의미 있는 기여를 할 수 있다는 사실을 깨닫게 됩니다. 리허설 시간은 학생들이 자신의 생각을 자신 있게 표현할 수 있도록 신뢰를 형성하는 과정입니다. 이를 통해 학생들은 더 큰 모둠에서 소통하는 데 필요한 시간과 기술을 익히고, 생각을 정리할 기회를 가질 수 있습니다.

학습 기회의 형평성을 보장하는 것은 모든 학생이 교실에서 성장하고 소속감을 가질 수 있도록 하는 중요한 요소입니다.

플립그리드를 활용한 교실 토론

저는 학급 토론을 더욱 활발하게 만들기 위해 플립그리드(Flipgrid)[1)]를 적극적으로 활용하고 있습니다. 저는 플립그리드의 열렬한 팬입니다. 교사로서 다양한 교육 기술을 활용해 왔지만, 그중에서도 플립그리드는 저의 평가 방식에 가장 큰 영향을 미친 도구입니다. 이 플랫폼이 특별한 이유는 몇 가지가 있습니다.

첫째, 완전히 무료라는 점입니다. 단순히 기본 기능만 제공하는 것이 아니라, 모든 기능을 제한 없이 사용할 수 있습니다. 추가 비용 없이 확장된 접근이 가능하다는 점은 교육 기술 시장에서 드문 일이며, 교사로서는 매우 반가운 부분입니다.

둘째, 학생들의 학습을 심화하고 목소리를 강화하는 데 큰 도움을 준다는 점입니다. 이는 저의 교육 철학과도 깊이 맞닿아 있습니다. 플립그리드는 학생들이 주제에 대한 의견을 비디오로 게시하고, 서로 질문

1) 이 책에 언급된 플립그리드 플랫폼은 현재 플립(Flip; https://flip.com)으로 변경되었으나, 최근 서비스 이용에 제한이 있습니다. 따라서 대체 플랫폼으로는 패들렛(Padlet; https://padlet.com)을 권장합니다. 패들렛은 텍스트, 이미지, 영상 업로드가 가능하며, 실시간 피드백과 협업이 지원됩니다.

하며 답변을 주고받는 비디오 응답 플랫폼입니다. 이 과정에서 학생들은 자신의 목소리를 자신감 있게 표현하고, 학습에 대한 주도권을 가질 수 있습니다. 또한 학우들과 피드백을 주고받으며 협력하는 경험을 통해 더욱 적극적으로 학습에 참여하게 됩니다.

셋째, 사용이 쉽고 직관적인 플랫폼이라는 점입니다. 교사는 간단한 코드로 학생들에게 질문을 제공할 수 있으며, 필요할 경우 다른 학생이나 학부모를 초대하여 비디오를 공유할 수도 있습니다. 학생들은 여러 번 녹화하며 자신의 의견을 가장 잘 표현할 수 있도록 준비할 기회를 가질 수 있습니다. 이는 교실에서 즉흥적으로 발표하는 것과 비교했을 때 훨씬 더 편안한 방식입니다. 플립그리드는 학생들이 자신이 자랑스럽게 생각하는 결과물을 공유할 수 있도록 돕습니다.

예를 들어, 최근 저의 학생들은 자신의 정체성을 반영한 '슬램 시(slam poetry, 감정을 강하게 표현하는 즉흥적인 시)'를 창작하고 발표하는 과제를 수행했습니다. 이전에도 진행했던 활동이지만, 플립그리드를 활용하면서 그 경험이 훨씬 더 풍부해졌습니다. 학생들에게 교실에서 직접 발표하거나 플립그리드에 녹화하여 제출하는 선택권을 주었더니, 거의 모든 학생이 플립그리드를 선택했습니다.

마감일이 가까워질 무렵, 허드슨(Hudson)이라는 학생이 가장 먼저 자신의 슬램 시를 게시했습니다. 그는 금요일에 저를 찾아와 "선생님, 제 시를 올렸어요!"라며 기쁜 마음을 표현했습니다. 그 주말 동안, 학생들은 허드슨의 시를 감상할 수 있었습니다.

그리고 월요일이 되었을 때, 놀라운 일이 벌어졌습니다. 허드슨의 비디오는 무려 300회 가까이 조회된 것입니다! 하지만 더욱 인상적인 것은 단순한 조회 수가 아니라, 학생들이 자발적으로 남긴 진심 어린 피드백이었습니다. 많은 학생이 그의 시에 대한 감상을 남겼고, 어떤 부분이 인상 깊었는지, 어떻게 하면 더 발전할 수 있을지에 대한 조언을 공유했습니다. 중요한 점은 이 모든 과정이 강요된 것이 아니라, 학생들이 자연스럽게 참여했다는 것입니다. 플립그리드는 학생들 간의 협력을 촉진하고, 피드백을 받은 학생들이 자신감을 갖고 다시 녹화해 보도록 돕는 강력한 도구임을 다시 한번 실감했습니다.

이처럼 플립그리드는 학습을 더욱 의미 있고, 협력적이며, 학생 주도적인 경험으로 만들어 줍니다. 저는 앞으로도 플립그리드를 적극적으로 활용하여 학생들이 자신의 목소리를 자유롭게 표현하고 성장할 수 있도록 지원할 것입니다.

월요일이 되어 허드슨이 교실에 돌아왔을 때, 그는 학우들이 남긴 피드백에 고마워하며 더 나은 시를 만들기 위해 다시 녹화하고 싶어 했습니다. 흥미로운 점은, 이 피드백이 과제로 주어진 것이 아니라 학생들이 자발적으로 남긴 것이라는 사실입니다. 제가 허드슨의 작품을 평가하기도 전에, 그는 이미 여러 번 녹화를 반복하며, 수십 개의 댓글과 수백 번의 조회 수를 경험했습니다. 만약 교실에서 직접 발표하는 방식이었다면, 이런 과정은 불가능했을 것입니다. 한 번의 발표만으로는 자신의 작품을 돌아보고 수정할 기회가 없었을 것이며, 이는 많은 학생에게 부담이 될 수도 있습니다. 이런 맥락에서 플립그리드는 매우 유용한 도구였습니다. 학생들에게 부담을 줄이는 동시에, 자신의 작품을 보다 발전시킬 기회를 제공했기 때문입니다. 또한 저 역시 허드슨의 성장 과정을 더욱 명확하게 평가할 수 있었고, 그는 자신의 결과물에 대해 더욱 자부심을 가질 수 있었습니다. 결과적으로, 플립그리드를 활용한 과정은 학생과 교사 모두에게 더 나은 경험을 제공했습니다. 학생들은 부담 없이 자신의 생각을 충분히 표현할 수 있었고, 교사는 학생들의 학습 과정을 더 깊이 이해할 수 있었습니다. 이러한 경험은 앞으로도 학생들의 학습을 더욱 의미 있고 풍부하게 만들어 줄 것입니다.

여기 플립그리드를 제 평가 방식에 활용하는 몇 가지 방법이 있습니다.

- **학생별 개별 그리드 활용:** 저는 각 학생에게 개별적인 그리드를 제공하여, 그들이 특정 주제에 대한 생각, 성찰 혹은 반응을 자유롭게 기록하도록 합니다. 이 방법이 유익한 이유는, 학생들이 다른 사람의 시선을 의식하지 않고 더 솔직하고 개방적으로 이야기할 수 있기 때문입니다. 학생들은 모둠의 평가나 검증을 걱정할 필요가 없으므로, 자신의 생각과 감정을 보다 진솔하게 표현합니다. 덕분에 저는 학생들이 공유하는 내용을 더욱 명확하게 이해할 수 있습니다. 학생들은 자신의 그리드에 비밀번호나 초대를 통해 다른 사람을 초대할 수도 있지만, 대부분은 그렇게 하지 않습니다. 대신, 저와의 1:1 대화를 소중하게 여기며 자신의 학습을 지속적으로 성찰하는 과정 자체를 즐깁니다. 또한 학생들은 시간에 따라 자신이 게시한 내용을 돌아보며 성장 과정을 확인하는 것을 좋아합니다. 자신의 그리드를 디지털 포트폴리오처럼 활용하며, 학습 과정이 담긴 기록을 축적하는 것이라고 인식하는 경우도 많습니다. 이러한 방식은 학생들에게 학습의 의미를 더욱 깊이 깨닫게 해주며, 자신만의 학습 여정을 시각적으로 확인할 기회를 제공합니다.

- **학생 간 대화 녹음 활동:** 저는 학생들에게 함께 대화를 녹음하는 활동을 요청하기도 합니다. 두 명씩 짝을 이루어 서로를 소개하고, 제시된 주제를 바탕으로 대화를 나누며, 어떻게 협력하고 의사소통하는지를 보여 주는 활동입니다. 이 활동은 단순히 교과 내용만을 평가하는 것이 아니라, 협력, 의사소통, 문제 해결, 창의적 사고 등의 역량을 키우는 데 초점을 맞춘다는 점에서 의미가 있습니다. 학생들은 단순히 '무엇을 말할지'뿐만 아니라, '어떻게 말할지'까지 계획하며, 협력과 의사소통을 효과적으로 보여 줄 방법을 고민합니다. 흥미로운 점은 녹음이 완료되기도 전에 학생들 간의 자연스러운 협력과 원활한 의사소통이 이루어지는 모습을 자주 목격한다는 것입니다. 이 과정에서 학생들은 상대방의 의견을 경청하고, 의미 있는 대화를 나누기 위해 적극적으로 참여합니다. 또한 이 활동은 수행 평가의 중요한 도구가 됩니다. 저는 학생들의 학습 과정과 수행을 적절한 시점에 수집하는 것을 중요하게 생각하는데, 이 방법은 학생들이 학우들 앞에서 발표할 때 느끼는 부담감을 줄이는 데 큰 도움이 됩니다. 학생들은 더 편안한 환경에서 자신의 생각을 표현할 수 있고, 교사는 학생들의 역량을 보다 정확하게 평가할 수 있습니다. 결과적으로, 플립그리드를 활용한 이러한 평가 방식은 학생들에게는 더욱 의미 있는 학습 경험을 제공하고, 교사에게는 학생들의 성장과 학습 과정을 보다 효과적으로 파악할 수 있는 기회를 만들어 줍니다. 앞으로도 저는 플립그리드를 적극적으로 활용하여 학생들이 자유롭게 자신의 생각을 표현하고, 학습을 더욱 풍부하게 경험할 수 있도록 돕고 싶습니다.

거미줄 토론

저는 알렉시스 위긴스(Alexis Wiggins)의 연구를 정말 좋아합니다. 그가 개발한 거미줄 토론(Spider Web Discussion, 학생들이 주도적으로 참여하며 상호 소통하는 방식의 토론 기법)은 학생들의 토론을 활성화하는 데 매우 효과적이었고, 제가 경험한 수업 중 가장 열정적인 학급 토론을 만들어 냈습니다. 이 방법은 소크라테스식 세미나(Socratic Seminar, 교사가 개입하지 않고 학생들끼리 토론하는 방식의 수업)와 유사하지만, 학생들을 학습의 중심에 두고, 교사는 학생들의 대화와 행동을 조용히 관찰하며 기록하는 역할을 합니다. 또한 학생들이 서로 얼마나 깊이 있는 소통을 하는지 평가할 기회를 제공해 줍니다.

학생들의 소통을 평가하는 것은 쉽지 않은 일입니다. 예를 들어, 소통의 범위는 어떻게 측정할 수 있을까요? 한 학생이 다른 학생보다 더 효과적으로 소통하는 모습은 어떤 모습일까요? 깊이 있는 소통이 이루어지려면 어떤 요소들이 필요할까요? 위긴스의 거미줄 토론을 활용하면서, 저는 이러한 질문들에 대한 답을 찾아갈 수 있었습니다. 이 방법은 소통을 보다 구체적이고 실행 가능한 방식으로 분석할 수 있도록 도와주었습니다.

거미줄 토론은 수업 내에서 협업과 소통을 촉진하는 몇 가지 명확한 단계를 따릅니다. 첫째, 학생들과 함께 토론의 목표를 설정합니다. 둘째, 평가 기준을 학생들이 직접 설계하도록 합니다. 이는 저희가 다른 평가에서도 중요하게 여기는 방식입니다. 셋째, 토론을 활성화할 수 있는 질문이나 자료를 제공하여 학생들의 사고를 촉진합니다. 마지막으로, 책상을 원형이나 타원형으로 배치하여 자연스러운 시선 교환과 의견 공유가 이루어지도록 합니다.

토론이 시작되면, 저는 교실 바깥에서 조용히 위치하여 학생들의 대화를 관찰합니다. 학생들이 토론을 주도할 수 있도록 하며, 저는 직접 개입하는 대신 학생들의 대화 흐름을 메모하고, 소통 패턴을 기록하는 거미줄 그래프(Web Graph)를 사용해 토론을 분석합니다. 이 그래프에는 학생들의 이름, 관찰을 위한 약어, 대화 내용 및 상호작용 기록 그리고 요약 공간이 포함되어 있으며, 매번 새로운 거미줄 그래프를 사용하여 학생들의 변화와 발전을 비교합니다.

시간이 지날수록 학생들의 소통 방식과 역할이 변화하기 시작합니다. 토론의 균형이 맞춰지면서, 모든 학생이 리더이자 청중이 되고, 협력하는 자세가 강화되며, 더 깊이 있는 대화와 의미 있는 질문이 오가게 됩니다. 거미줄 토론의 가장 큰 장점 중 하나는 학생들이 다양한 역량에서 성장할 수 있도록 돕는다는 점입니다. 협업과 의사소통뿐만 아니라 문제 해결 능력, 비판적 사고, 창의적 사고, 개인적 및 사회적 인식 등 다양한 역량을 기를 수 있는 기회를 제공합니다.

학생들은 지속적으로 협업하는 능력을 키우며, 소통자로서 성장합니다. 또한 토론을 통해 자신감을 얻고, 학급 내에서 더 많은 책임감을 가지게 됩니다. 이러한 과정은 학급 내 신뢰를 쌓고, 협력적인 탐구 문화를 조성하는 데 큰 역할을 합니다.

거미줄 토론은 단순한 수업 방식이 아니라, 평가 데이터 수집에도 유용한 도구가 됩니다. 저는 거미줄 그래프와 관찰 기록을 통해 학생들의 행동과 소통 역량을 추적합니다. 토론 중 어떤 패턴이 나타나는지 분석하며, 토론이 원활하게 진행되는지 혹은 특정 요소가 방해가 되고 있는지를 기록합니다. 토론이 끝난 후, 저는 즉각적인 피드백을 제공하거나, 웹 그래프를 프로젝터에 띄워 학생들과 함께 분석하고, 학생들 스스로 자기 평가 및 공동 평가를 진행할 수 있도록 합니다.

거미줄 토론은 학생들이 학습을 주도하고, 자신의 의견을 논리적으로 표현하며, 동료들과 협력하는 능력을 기를 수 있도록 돕는 중요한 도구입니다. 저는 이 방법을 통해 학생들이 더 적극적으로 참여하고, 의미 있는 토론을 주도할 수 있도록 지원할 것입니다. 이를 통해 학생들은 학습의 주체로 성장하며, 더 깊이 있는 사고와 소통을 경험할 수 있을 것입니다.

이제 『Inquiry Mindset(탐구 마음가짐)』에서 저자 알렉시스 위긴스의 관점을 통해 거미줄 토론을 더 자세히 살펴보겠습니다.

저는 뉴욕시 근처의 하크니스 학교(Harkness School)에서 근무하던 중 거미줄 토론 방식을 개발했습니다. 하크니스 방법(Harkness Method)은 20세기 초 필립스 엑시터 아카데미(Phillips Exeter Academy)에서 시작된 학생 주도 문제 해결 토론 방식으로, 학생들이 원형으로 앉아 서로를 바라보며 수업을 진행합니다. 이 방법은 과학, 문학을 포함한 모든 과목에서 적용될 수 있으며, 학습이 학생 중심의 토론을 통해 이루어집니다. 저는 이 방식이 매우 흥미롭다고 느꼈고, 학생들이 스스로 탐구할 수 있도록 격려받는 모습을 보며 더욱 깊이 있는 학습을 이끌어 낼 수 있는 평가 및 피드백 방법을 개발하기 시작했습니다.

저는 학생들의 참여도를 평가할 때, 대개 점수를 나누어 부여하는 방식으로 진행하곤 했습니다. 즉, 말을 자주 하는 학생들은 점수가 높고, 발언이 적은 학생들은 점수가 낮게 나왔습니다. 하지만 거미줄 토론을 도입하면서, 저는 모든 학생이 고르게 참여할 수 있도록 독려하게 되었고, 그 과정에서 제가 이전까지 얼마나 잘못된 방식으로 참여도를 평가해 왔는지를 깨닫게 되었습니다. 예를 들어, 수많은 의견을 제시하는 학생보다 조용한 학생이 던진 질문 하나가 훨씬 더 깊이 있는 탐구를 이끌어 내는 경우도 있었습니다. 이제 저는 학생들이 단순히 많이 말하는 것이 아니라 어떻게 의미 있게 기여하는지에 대한 구체적인 피드백을 제공하기 위해 거미줄 토론을 활용하고 있습니다.

이 토론 방식에서는 학생들이 스스로 토론을 이끌어 가는 주체가 되고, 저는 그 과정을 관찰하며 피드백을 제공합니다. 토론이 끝난 후에는 제가 기록한 노트, 즉 토론의 흐름을 추적한 기록과 제가 강조하고 싶은 부분을 바탕으로 학생들에게 피드백을 전달합니다. 피드백은 토론 내용에 대한 것일 수도 있고, 진행 방식에 대한 것일 수도 있습니다. 예를 들어, 한 학생이 던진 질문이 모든 학생의 참여를 유도했다면, 그 질문이 어떤 방식으로 효과적이었는지 분석하고, 다음 토론에서 이를 어떻게 더 발전시킬 수 있을지 함께 논의합니다.

이 방법을 처음 도입했을 때, 저는 토론이 보다 균형 잡히고 질적으로 향상될 것이라 기대했습니다. 실제로 학생들은 매일 최상의 상태(A-game)를 유지해야 했습니다. 숙제를 하지 않은 학생들은 토론에 기여할 수 없거나 피상적인 의견만 내놓게 되었고, 이는 토론의 깊이를 방해했습니다. 하지만 학생들은 교사를 실망시키지 않는 것보다 학우들을 실망시키지 않기를 원했습니다. 거미줄 토론에서는 모든 학생이 중요한 역할을 맡고 있기 때문에 각자의 책임을 다하려고 노력합니다.

이 방법은 교실 문화를 근본적으로 변화시켰습니다. 학생들은 서로의 의견을 더 의도적으로 듣고, 그 아이디어를 발전시키며 공감하는 법을 배웠습니다. 더 이상 누군가의 말을 끊거나 끼어드는 일이 줄어들었고, 학생들의 리더십도 단순히 앞에서 주도하는 것이 아니라 다른 사람을 배려하고 협력하는 방식으로 변화했습니다. 학생들은 보다 깊은 성찰을 하게 되었으며, 조용히 있던 학우들에게 적극적으로 의견을 물어보는 모습도 자주 보였습니다. 또한 말하는 것보다 듣는 것이 더 중요한 순간이 있음을 스스로 깨닫기 시작했습니다. 이러한 변화는 학생들이 단순히 수업에 참여하는 것이 아니라 더 나은 리더로 성장할 수 있도록 돕는 과정이 되었습니다.

거미줄 토론은 학생들이 협력적이고 윤리적인 리더로 성장하도록 돕는 강력한 방법입니다. 그리고 그 과정은 결코 복잡하지 않습니다. 단순히 원형으로 앉고, 명확한 기준을 설정하며, 의미 있는 토론을 이끌어 나갈 수 있는 환경을 조성하는 것만으로도 충분합니다. 저는 이 방법을 직접 시도해 보기를 강력히 권합니다. 한번만 실천해 보아도, 그 과정이 얼마나 흥미롭고 놀라운 경험이 될지 깨닫게 될 것입니다.

사고 루틴

제 교육 활동에 큰 영향을 미친 또 다른 교육자는 론 리치하트(Ron Ritchhart)입니다. 그는 하버드 프로젝트 제로(Harvard Project Zero)에서의 연구를 바탕으로 지적 성향(intellectual character) 개발, 창의적인 교육 그리고 학생들의 사고를 가시화하는 작업에 지속적으로 힘써 온 교육자로 잘 알려져 있습니다. 그의 연구는 저의 탐구 중심 교육과 깊은 연관이 있으며, 그는 특히 학생 주도성을 강화하는 방안을 모색하는 전 세계 교육 공동체의 일원으로 활동하고 있습니다. 그의 연구와 교육 철학은 학생들과 교사들이 함께하는 저의 탐구 활동에도 많은 영감을 주었습니다. 만약 그의 사고방식에 대해 더 알고 싶다면, 추천 도서 목록을 참고하는 것도 좋은 방법입니다.

제가 여기서 특히 다루고 싶은 론 리치하트의 작업 중 하나는 '사고 루틴(thinking routines)'입니다. 사고 루틴이란, "사고를 촉진하고 격려하는 도구이자, 사고를 구조화하고 가시화하는 틀이며, 시간이 지남에 따라 자연스럽게 행동 패턴이 되는 것"을 의미합니다. 이는 학생들이 자신의 사고 과정을 인식하고, 학습자로서뿐만 아니라 사상가로서 성장하도록 돕는 데 중요한 역할을 합니다. 사고 루틴은 단순한 활동이 아니라, 사고를 가시화하는 일련의 연습 과정입니다. 이를 통해 학생들은 자신의 사고 방식과 학습 전략을 명확히 이해하게 됩니다. 동시에 교사는 학생들의 사고 과정을 질문하고, 경청하고, 문서화하는 과정에서 유용한 정보를 수집할 수 있습니다. 즉, 사고 루틴은 단순히 학생들의 사고력을 키우는 것에 그치지 않고, 교사가 학생들의 학습을 더욱 효과적으로 지원할 수 있도록 돕는 역할도 합니다. 학생들이 사고 루틴을 활용해 성찰하고 성장하는 동안, 교사 역시 학생들의 필요에 더욱 잘 맞추기 위해 지속적으로 성찰하고 성장하게 됩니다. 론 리치하트의 연구는 학생과 교사가 함께 성장할 수 있는 교육 환경을 조성하는 데 강력한 영향을 미치며, 탐구 기반 학습을 실천하는 데 매우 유용한 도구가 됩니다. 그의 작업은 단순한 교육 기법을 넘어, 사고하는 문화를 만드는 데 필수적인 요소라고 할 수 있습니다.

여기 몇 가지 사고 루틴을 소개합니다.

- Give One, Get One(GOGO)은 학생들이 교실을 돌아다니며 아이디어를 공유하고, 주어진 주제나 질문에 대해 비판적인 시각으로 학우들의 의견을 경청하면서 이해를 깊이는 활동입니다. 제 경험상, 이 루틴은 활기차고, 흥미로우며, 매우 유익한 학습 경험을 제공합니다. 학생들은 서로의 생각을 비교하고, 아이디어를 교환하며, 새로운 개념을 자신의 목록에 추가하거나 학우들의 의견을 보완하는 과정을 거칩니다.
  이 루틴은 단순한 아이디어 공유에서 끝나는 것이 아니라, 학생들이 작은 모둠이나 전체 학급과 함께 경험을 정리하고 공유하는 과정으로 마무리됩니다. 학생들은 자신이 들은 내용을 바탕으로 아이디어를 설명하거나 정당화하고, 서로 다른 개념을 연결하는 과제를 수행합니다.
  이 과정에서 학생들은 더 풍부한 아이디어 목록을 구축할 뿐만 아니라, 다른 사람들의 생각을 비판적으로 분석하고 자신의 사고를 조정하는 기회를 갖게 됩니다. 또한 협업, 의사소통, 비판적 사고와 같은 다양한 역량을 발휘할 수 있습니다. 교사는 학생들이 현재 어떤 사고 과정에 있는지, 앞으로 어떤 방향으로 나아갈지에 대한 중요한 정보를 얻을 수 있는 기회를 가집니다.

GOGO 루틴을 진행하는 동안, 교사는 필요에 따라 활동을 일시 중지하고 학생들의 사고 방식이나 대화의 흐름을 조정할 수 있습니다. 또한 학생들의 대화를 예시로 들어 다른 학우들이 배울 수 있도록 돕는 역할도 합니다. 이러한 개입을 통해 학생들은 더 효과적으로 소통하고, 아이디어를 정리하며, 깊이 있는 사고를 발전시킬 수 있습니다. GOGO 루틴은 단순한 활동을 넘어, 학생들이 자신의 사고를 확장하고, 비판적으로 탐구하며, 의미 있는 학습을 경험할 수 있도록 돕는 강력한 도구입니다.

- Question Sorts는 학생들이 어떤 질문이 탐구에 적합한지, 깊이 있는 사고로 이어질 수 있는지, 지속적인 탐구가 가능한지 그리고 얼마나 흥미롭고 중요한 질문인지를 구분하는 데 도움을 주는 기법입니다.

  이 루틴은 학생들이 특정 개념에 대해 다양한 질문을 생성한 후, 이를 체계적으로 정리하고 분류하는 과정입니다. 이 기법의 기반이 되는 질문 생성 기법(Question Formulation Technique: QFT)은 댄 로스테인(Dan Rothstein)과 루즈 산타나(Luz Santana)가 개발한 프로토콜로, 학생들이 효과적인 질문을 만들고 질문 역량을 기를 수 있도록 돕는 방법입니다.

  학생들은 이 루틴을 활용하여 우리가 다룰 질문을 스스로 생성합니다. 질문이 모이면, 학생들은 이를 X축과 Y축을 기준으로 분류하는 활동을 합니다. X축은 질문의 생성성, 즉 이 질문이 학습을 얼마나 자극하고, 도전적이며, 깊이 있는 이해로 이어질 수 있는가를 나타냅니다. Y축은 질문의 진지성, 즉 이 질문에 대해 학급이 얼마나 탐구할 의지를 가지고 있는가를 평가하는 기준이 됩니다. 학생들은 두 축의 중간에 선을 그어 네 개의 구역으로 나눈 후, 질문을 적절한 위치에 배치합니다. 이 과정에서 학생들은 자신이 만든 질문뿐만 아니라, 다른 학생들이 공유한 질문을 보고, 토론하며, 그 차이를 분석하는 경험을 하게 됩니다. 특히 상단 오른쪽 구역에 위치한 질문들은 가장 탐구할 가치가 있고, 학생들이 진지하게 다루고 싶은 질문을 의미합니다.

저는 학생들에게 각 구역에 속한 질문들의 유형을 분석하도록 유도하고, 이 과정을 통해 무엇을 느꼈는지, 어떤 점을 관찰했는지 그리고 무엇을 생각하게 되었는지 공유하도록 합니다. 이 루틴에서는 단순한 질문 정리가 아니라 비판적 사고, 협업, 의사소통 역량을 기르는 과정이 이루어집니다. 또한 학생들은 서로의 질문을 존중하며 공감과 호기심을 키울 수 있는 기회를 가지게 됩니다. 제 경험상, 사고 루틴은 개별적인 활동이 아니라, 학생들의 사고를 가시화하고 주도성을 강화하며, 역량 개발을 존중하는 지속적인 학습 과정의 일부입니다. Question Sorts는 단순한 질문 정리 활동이 아니라, 학생들이 질문을 통해 사고를 확장하고, 학습에 대한 주인의식을 가지며, 탐구의 방향을 스스로 설정하는 강력한 도구가 됩니다.

- I Used to Think, Now I Think는 학생들의 목소리를 평가 과정에 보다 적극적으로 반영할 수 있도록 돕는 사고 루틴 중 하나입니다. 이 루틴은 학생들이 탐구 단원이나 일정 기간 동안의 학습을 되돌아보며, 자신의 사고가 어떻게 변화했는지 그리고 그 변화가 왜 일어났는지를 성찰하도록 유도합니다. 이를 통해 학생들은 단순히 학습의 결과물만이 아니라, 학습 과정 자체를 깊이 있게 탐색하고 성찰하게 됩니다. 이 활동에서 학생들은 자신이 겪은 경험, 활용한 자료 그리고 학습에 영향을 미친 요소들이 어떻게 사고를 형성하고 변화시키는지를 비판적으로 분석합니다.
  론 리치하트의 사고 루틴과 마찬가지로, 이 과정은 학생들이 다양한 역량을 발휘할 수 있도록 돕습니다. 학생들은 자신의 사고를 분석하고, 종합하며, 다른 개념과 연결하는 과정을 거친 후, 이를 논리적으로 설명하는 활동을 통해 비판적 사고력과 의사소통 역량을 키울 수 있습니다.
  제 경험상, 이 루틴을 효과적으로 활용하려면 학습 증거를 초기에 수집하고, 단원 내내 지속적으로 기록하는 것이 중요합니다. 학생들이 학습 증거를 꾸준히 모으면, 사고 루틴을 수행할 때 풍부하고 의미 있는 자료를 활용할 수 있습니다. 학생들에게는 가능한 한 다양한 학습 증거를 수집하도록 권장합니다.
  예를 들어, 자신이 자랑스럽게 생각하는 자료나 학습의 강점과 성공을 보여 주는 작품을 보관하는 것도 중요하지만, 학습 과정에서 겪은 어려움, 문제, 도전적인 순간 또한 포함되어야 합니다. 학생들은 때때로 '좋은 증거'만 모으려고 하지만, 학습 과정에서 맞닥뜨린 난관과 그것을 극복하는 과정도 중요한 학습의 일부입니다. 이러한 자료들은 학생들이 직면한 도전과 그에 대한 성찰을 담아, 자신의 학습 경험을 더욱 깊이 있게 반영할 수 있도록 돕습니다. 모든 형태의 증거를 모아 두면, 학생들은 사고 루틴을 진행할 때 이를 활용하여 더욱 풍부한 학습 경험을 정리하고 성찰할 수 있는 기회를 가질 수 있습니다. 이 루틴은 저에게 매우 중요한 교육 방법입니다. 제12장 '성적표에서 학생 목소리의 힘'에서 더욱 자세히 다룰 예정입니다.

#탐구 마음가짐 실행하기

이 장에서 소개된 학생들의 발언을 교실에 더 적극적으로 반영하는 다양한 아이디어를 성찰해 보세요. 그 과정에서, 이미 자신의 수업에서 실천하고 있는 아이디어는 무엇인지, 알고는 있지만 더 자주, 의도적으로 적용할 필요가 있는 아이디어는 무엇인지, 그리고 완전히 새로운 개념이어서 자신의 탐구 중심 교수법에 추가하고 싶은 아이디어는 무엇인지를 고민해 보길 바랍니다.

개인화된 목표 설정 및 과정 계획

전 세계의 학교를 방문하며 학생들과 함께 탐구 학습을 구현하는 방법을 지원하는 과정에서, 저는 종종 다음의 스케치 노트를 참고합니다. '탐구 교실의 10가지 특징' 스케치 노트는 교육자이자 뛰어난 스케치 노터인 실비아 더크워스(Sylvia Duckworth)와의 흥미로운 협업을 통해 탄생한 결과물입니다. 이 스케치 노트에는 학생들과 함께 탐구 학습을 실천해 온 수년간의 경험이 담겨 있습니다. 제 교사 경력 동안 저는 "탐구 기반 학습은 어떤 모습일까?" "탐구 교사는 어떤 역할을 할까?" "탐구 교실에서 학생들은 무엇을 배우게 될까?"와 같은 질문을 지속적으로 던져 왔습니다. 그리고 이러한 탐구 중심 교실에서 실제로 목격한 장면들을 시각적으로 포착하려 노력해 왔습니다. 이 스케치 노트는 그러한 관찰을 이미지의 힘으로 생동감 있게 표현한 결과물입니다. 한번 살펴보세요!

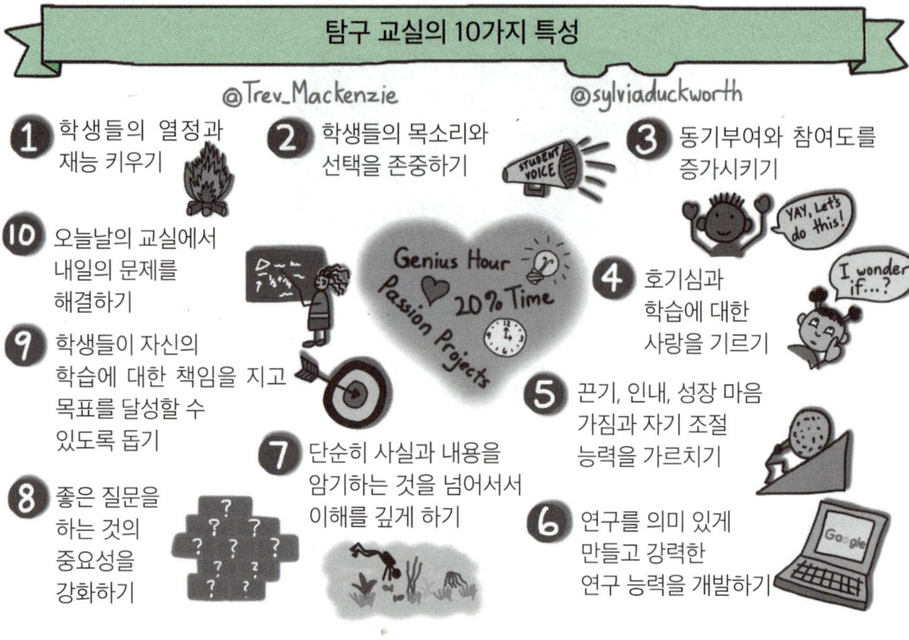

그림 5-1 탐구 교실의 10가지 특성

탐구 교실의 10가지 특성

① 학생들의 열정과 재능 키우기(Nurture student passions & talents)

② 학생들의 목소리와 선택을 존중하기(Empower student voice & honour student choice)

③ 동기부여와 참여도를 증가시키기(Increase motivation and engagement)

④ 호기심과 학습에 대한 사랑을 기르기(Foster curiosity and a love for learning)

⑤ 끈기, 인내, 성장 마음가짐과 자기 조절 능력을 가르치기(Teach

grit, perseverance, growth mindset & self−regulation)

⑥ 연구를 의미 있게 만들고 강력한 연구 능력을 개발하기(Make research meaningful & develop strong research skills)

⑦ 단순히 사실과 내용을 암기하는 것을 넘어서서 이해를 깊게 하기(Deepen understanding to go beyond memorizing facts and content)

⑧ 좋은 질문을 하는 것의 중요성을 강화하기(Fortify the importance of asking good questions)

⑨ 학생들이 자신의 학습에 대한 책임을 지고 목표를 달성할 수 있도록 돕기(Enable students to take ownership over their own learning and to reach their goals)

⑩ 오늘날의 교실에서 내일의 문제를 해결하기(Solve the problems of tomorrow in the classrooms of today)

학생들과 함께 탐구하는 교사들을 관찰하면서, 저는 특정한 특징들이 반복적으로 나타난다는 것을 발견했습니다. 이러한 특징들이 한 번의 수업이나 탐구 교실에서 동시에 나타나는 것은 아니지만, 몇 주에 걸쳐 진행되는 수업에서는 결국 모든 요소가 드러나게 됩니다.

교사들과 협력할 때, 저는 이 이미지를 성찰 도구로 활용합니다. 이를 통해 교사들은 현재 자신이 어떤 단계에 있는지 그리고 어떤 부분에서 탐구 교수법을 더욱 발전시킬 수 있을지를 진단할 수 있습니다. 이 과정은 교사 개인의 탐구 교수법을 점검하고 개선하는 맞춤형 진단 연습이 됩니다. 교사들은 이 이미지를 바탕으로 자신이 잘하고 있는 부분과 탐구 교수법에서 강점으로 삼고 있는 요소들을 공유합니다. 또한 이러한 강점들이 실제 수업에서 어떻게 나타나는지 구체적인 사례를 들어 설명합니다. 이후, 저는 교사들에게 앞으로 몇 주 혹은 몇 달 동안 발전시키고 싶은 단 하나의 특징을 전문 학습 목표로 설정할 것을 요청합니다. 그리고 이 목표를 실현하는 데 도움이 될 자원을 제공합니다.

반복적으로 가장 많이 언급되는 목표 중 하나는 5번, 즉 "끈기, 인내, 성장 마음가짐과 자기 조절 능력을 가르치기"입니다. 전 세계의 교사들은 다음과 같은 중요한 질문을 던집니다.

- "끈기란 무엇인가요?"
- "어떻게 학생들에게 성장 마음가짐의 가치를 가르칠 수 있을까요?"
- "어떻게 교실에서 인내심을 키울 수 있을까요?"

이러한 핵심 질문들을 염두에 두고, 우리는 학생들이 끈기, 인내, 성장 마음가짐, 자기 조절의 가치를 이해하고 실천할 수 있도록 돕는 수업을 설계합니다. 또한 의도적으로 경험과 활동을 계획하여 학생들이 이러한 역량을 자연스럽게 기를 수 있도록 합니다. 그 결과, 학생들은 평가 과정에서 주도적인 역할을 하게 되고, 나아가 학습에서도 스스로 주인의식을 가지게 됩니다. 교사들이 학생들의 성장 마음가짐을 키우고, 자기 조절 능력을 강화하는 가장 효과적인 방법은 평가 실천을 통해 이루어진다고 확신합니다. 평가, 성찰 그리고 자기 평가와의 파트너십을 통해 학생들은 목표를 달성할 때까지 여러 번 시도하고, 그 과정을 반복하게 됩니다. 이러한 과정 속에서 학생들은 끈기를 몸소 실천하게 되며, 이것이 바로 진정한 끈기의 모습입니다.

학생들의 성장 마음가짐을 키우고, 자기 조절 능력을 향상시키는 가장 강력하고 효과적인 방법은 바로 평가 실천을 통해 이루어집니다.

저는 교실에서 끈기(grit)가 어떻게 발달하는지에 대해 깊이 탐구해 보고자 합니다. 학년 초가 되면, 저는 항상 학생들에게 그들이 이루고 싶은 학습 목표가 무엇인지 질문합니다. 이 대화를 통해 얻은 정보와 제가 수집한 데이터는 여러 가지 측면에서 매우 유용합니다. 첫째, 학생들이 누구이며, 우리의 학습 과정에서 무엇을 얻고 싶어 하는지를 이해하는 것은 매우 중요합니다. 저는 학생들의 호기심, 열정, 관심사가 우리가 배우는 내용과 학습 방식에 어떻게 영향을 미칠 수 있는지 알고 싶습니다. 둘째, 탐구 문화를 성공적으로 조성하기 위해 학기 초, 특히 첫날과 첫 몇 주 동안 학생들을 충분히 파악하는 것이 필수적입니다. 학생들의 목표를 파악하는 과정은 학생 주도적인 탐구 문화를 형성하는 데 중요한 기반이 됩니다. 셋째, 이 대화를 통해 저는 학생들이 학습자로서 가진 강점과 직면한 도전 과제를 파악할 수 있으며, 이를 바탕으로 학기 내내 학생들의 필요를 더 효과적으로 충족시킬 방법을 찾을 수 있습니다. 이러한 과정 속에서 학생들은 자신이 충분한 지원을 받고 있다는 느낌을 받게 되고, 저 또한 학생들을 더욱 잘 지원할 수 있습니다.

학습 목표에 대한 풍부하고 의미 있는 대화를 시작하기 위해, 저는 종종 심리학자이자 작가인 안젤라 더크워스(Angela Duckworth)의 연구를 참고합니다. 그의 강력한 연구와 저서들은 학습에서의 인내, 즉 끈기의 역할을 조명하며, 저는 그의 연구가 교육 분야에서 매우 중요한 의미를 가진다고 생각합니다.

더크워스는 일부 사람들이 어려움과 역경 속에서도 포기하지 않고 계속해서 과제를 수행하는 이유를 설명합니다. 그의 연구는 교육 현장에서 특히 유의미하며, 교사로서 저는 종종 "끈기는 가르칠 수 있을까?" "학습에서 인내심을 기를 수 있는 환경을 조성할 수 있을까?"와 같은 질문을 스스로에게 던집니다.

TED 강연 시청하기

이러한 질문들을 교실에서 탐구하기 위해, 저는 안젤라 더크워스의 TED 강연 "Grit: The Power of Passion and Perseverance(끈기: 열정과 인내의 힘)"의 한 부분을 학생들과 함께 시청합니다. 비디오 전체를 보는 것도 의미가 있지만, 특히 3:00~5:30 구간이 학생들에게 가장 흥미롭게 다가온다는 것을 발견했습니다.

이 비디오는 학생들이 자신의 학습 강점과 도전 과제에 대해 성찰할 수 있도록 방향을 제시해 줍니다. 비디오를 본 후, 학생들은 소모둠으로 나뉘어 가장 인상 깊었던 부분에 대해 이야기하고, 자신의 경험을 공유하는 시간을 가집니다. 구체적으로, 학생들은 다음과 같은 질문을 중심으로 토론합니다. 자신이 언제 '끈기'를 발휘했는가? 인생의 어떤 영역에서 더 강한 끈기를 느끼는가? 시간이 지나면서 더 끈질겨졌다고 느낀 경험이 있는가?

학생들의 이러한 토론은 매우 의미 있는 학습 경험을 제공합니다. 저는 이 과정에서 학생들이 공유하는 이야기와 통찰을 통해 교사로서 새로운 시각을 얻게 되고, 이것이 제 수업 방식에도 지속적인 영향을 미칩니다. 학생들이 자신의 경험을 돌아보고, 서로의 이야기를 들으며 배우는 이 과정은 단순한 토론을 넘어, 끈기와 성장 마음가짐을 기르는 중요한 기회가 됩니다.

그다음, 저는 학생들에게 안젤라 더크워스의 '그릿(grit) 척도'를 소개합니다. 이 척도는 학생들이 자신의 학습을 돌아보고, 자신이 얼마나 끈기(grit)를 가지고 있는지 평가할 수 있는 간단한 설문입니다. 학생들은 개별적으로 설문을 작성한 후, 각자의 점수를 합산하여 자신이 그릿 척도에서 어느 위치에 있는지 대략적으로 파악할 수 있습니다. 이 그릿 척도는 angeladuckworth.com/grit-scale에서 확인할 수 있습니다. 저는 여러분도 이 척도를 활용해 보고, 자신의 점수를 계산해 볼 것을 권장합니다.

안젤라 더크워스의
그릿 척도

자신이 어떤 위치에 있는지 성찰하는 과정에서, 저는 학생들에게 교실에 게시된 '공동 설계된 역량'을 참고하도록 안내합니다. 이 역량들은 학생들이 일 년 동안 성찰할 수 있는 지점을 제공하며, 개별 목표를 설정할 때 활용할 수 있는 언어를 제공합니다. 학생들은 이러한 역량을 성찰하는 과정을 즐깁니다. 왜냐하면 이 역량들은 단순히 특정 과목이나 교과 내용을 학습하는 것이 아니라, 보다 넓은 의미에서 학습 목표를 설정하는 과정이기 때문입니다. 또한 학생들은 이 역량을 발전시키는 과정이 자신을 평생 학습자로 성장시킬 수 있는 중요한 기술과 이해를 기르는 기회라는 것을 점점 더 인식하게 됩니다.

이후, 저는 학생들에게 자신이 잘하거나 강점으로 가지고 있는 역량을 찾도록 요청합니다. 그리고 그 강점이 학습 과정에서 어떻게 드러나는지를 증거와 함께 제시하도록 합니다. 또한 학생들이 특정 교과에 국한되지 않고, 삶의 다양한 영역에서 나타나는 강점도 포함하도록 독려합니다. 예를 들어, 창의성은 미술 수업에서만 발현되는 것이 아니라, 일상생활에서도 여러 방식으로 나타날 수 있습니다. 저는 이러한 창의성이 학교에서도 더욱 자주 발휘될 수 있도록 새로운 경험을 제공하는 역할을 합니다.

그다음, 학생들은 다가오는 학기 동안 집중적으로 향상시키고 싶은 하나의 역량을 선택합니다. 이 역량은 학기 목표를 대표하는 핵심 요소가 되며, 학생들은 이를 달성하기 위한 구체적인 전략을 세우게 됩니다. 학생들이 작은 모둠에서 성찰하고 목표를 공유하는 동안, 저는 교실을 돌아다니며 필요에 따라 전략 수립을 돕거나 예시를 제공합니다. 예를 들어, 어떤 학생이 협업 역량을 향상시키고 싶다고 목표를 설정했지만, 구체적인 전략을 찾는 데 어려움을 겪고 있다면, 저는 그들에게 다음과 같은 제안을 할 수 있습니다.

- 능동적으로 경청하는 방법을 연습하기
- 동료들에게 더 많은 지원과 피드백을 제공하는 방법 고민하기

이 과정에서 중요한 점은 제가 학생들에게 목표나 전략을 일방적으로 알려 주는 것이 아니라, 학생들이 스스로 설정하고 계획할 수 있도록 돕는 것입니다. 이러한 과정은 학생들이 평가에 대한 주인의식을 점차 가질 수 있도록 돕는 중요한 단계입니다. 저는 학생들이 너무 많은 선택지 속에서 혼란스럽거나 압도되지 않도록 적절한 가이드라인을 제공하며, 필요한 지원을 아끼지 않습니다. 또한 역량 목록과 다양한 전략 예시를 제공하여 학생들이 자신감을 가지고 목표를 설정할 수 있도록

돕습니다.

수업이 마무리될 즈음, 학생들은 자신의 강점과 학기 목표 그리고 목표 달성을 위한 전략을 정리하게 됩니다. 제3장에서 설명한 것처럼, 우리 교실에는 학생들이 만든 '역량 포스터'가 크게 게시되어 있습니다. 학생들은 자신이 설정한 역량 목표를 시각적으로 표현하기 위해 '비트모지(Bitmoji, 학생 개개인의 디지털 캐릭터를 생성할 수 있는 앱) 아바타'를 만들어 포스터에 부착합니다. 저는 학생들에게 목표를 향해 집중하는 모습이나, 특정 역량을 실천하는 모습을 담은 비트모지를 만들도록 요청합니다. 또한 구글 슬라이드(Google Slides) 파일을 공유하여 모든 학생이 자신의 비트모지를 추가할 수 있도록 편집 권한을 부여합니다.

이러한 활동을 통해 학생들은 자신의 학습 목표를 더욱 명확하게 인식하고, 구체적인 실행 계획을 수립할 수 있습니다. 또한 공동체 속에서 자신의 목표를 공유하고 서로 격려하는 문화가 형성되면서 학생들이 더욱 주도적으로 학습에 참여할 수 있는 환경이 마련됩니다.

여기에 제가 예시로 만든 아바타와, 최근 이 과정을 완료한 몇몇 학생이 만든 아바타가 있습니다.

이 비트모지는 단순히 귀엽고 재미있는 활동을 넘어, 각 학생의 목표와 그들이 자신의 역량 개발을 위해 노력하고 있음을 시각적으로 나타내는 도구입니다. 교실에서 눈에 띄는 비트모지는 각 학생이 무엇에 집중하고 있는지를 지속적으로 상기시켜 주며, 학습 중 언제든 특정 학생의 목표를 참고할 수 있도록 돕습니다. 이를 통해 저는 학생들의 성장 과정에서 중요한 부분을 주목하고, 그들의 발전을 구체적으로 언급할 수 있습니다.

Progress – 진행 중!	I got this – 내가 할 수 있어!
I can do it – 나는 할 수 있어!	Brain – 똑똑해!
Any questions? – 질문 있어요?	Thinking…… – 생각 중이에요……
Good idea – 좋은 생각이에요!	We can do it – 우리는 할 수 있어요!
Teamwork – 협동해요!	Go team – 팀 파이팅!

그림 5-2 아바타 예시

또한 비트모지는 학생들에게 자신의 학습 목표와 학습 방식이 어떻게 연결되는지를 성찰할 수 있는 간단한 알림 역할을 합니다. 다음 장에서 성찰을 유도하는 질문들을 자세히 다루겠지만, 이 비트모지들은 학생들과 함께 학습을 공동 설계하고, 학생들이 평가에 대한 주인의식을 가질 수 있도록 돕는 중요한 기회를 제공합니다.

학생들에게 이 비트모지 활동 대신 집에서 본인 사진을 가져오라고 요청해 보세요. 집에서 가져온 사진은 모두에게 의미 있고 특별한 경험이 될 수 있습니다. 특히 학부모가 학생 주도 콘퍼런스, 학부모/교사의 밤 또는 오픈 하우스/탐구 갈라 행사에 참석할 때 더 큰 의미를 가질 수 있습니다.

우리는 안젤라 더크워스의 '그릿 척도'와 학생들의 역량 목표를 연결하여, 학생들이 평생 학습자로 성장하고, 회복력 있는 시민으로 거듭날 수 있도록 지속적인 다짐을 할 수 있는 기초를 마련합니다. 더크워스의 연구, TED 강연 그리고 그릿 척도는 학생들이 역량 개발을 보다 실질적으로 느낄 수 있도록 돕는 강력한 맥락을 제공합니다. 저는 학생들의 그릿 척도 점수, 확인된 강점, 설정한 역량 목표 그리고 이를 지원하는 전략을 기록하여, 학습 과정에서 지속적으로 성찰할 수 있도록 돕습니다. 예를 들어, 다음과 같은 질문을 통해 학생들이 자신의 성장 과정을 돌아볼 수 있도록 합니다.

- 자신이 자랑스럽게 생각하는 의사소통 방식은 무엇인가요? 그리고 그 방식에서 특히 자랑스러운 점은 무엇인가요?
- 다른 사람과 아이디어를 공유하고 소통하는 방법은 무엇인가요?
- 누군가와 의견이 다를 때, 어떤 전략을 사용하나요? 그리고 그 전략을 어디에서 배웠나요?
- 새로운 아이디어는 어떻게 떠올리나요? 그리고 창의적인 사고를

유도하는 환경은 어떤 모습인가요?

- 무언가를 디자인했던 경험이 있나요? 그 과정에서 어떤 기분을 느꼈나요?
- 호기심이 생겼을 때, 궁금한 질문의 답을 어떻게 찾나요?
- 온라인에서 발견한 정보가 신뢰할 만한지, 정확한지를 어떻게 확인하나요?
- 도전을 극복했던 경험이 있나요? 그 과정에서 무엇을 배웠나요?
- 자신을 어떻게 표현할 수 있나요? 그리고 당신의 정체성은 무엇에 의해 형성된다고 생각하나요?
- 공감, 연민, 친절을 어떻게 실천하나요? 다른 사람을 도왔던 경험이 있다면 그 과정에서 무엇을 배웠나요?
- 창의성이란 당신에게 어떤 의미인가요? 그리고 창의성을 발휘했던 경험이 있다면 그 순간을 설명해 보세요.
- 하나의 문제를 여러 가지 방법으로 해결할 수 있는 이유는 무엇인가요? 그리고 실제로 다양한 방법을 활용해 문제를 해결했던 경험이 있나요?
- 책임감을 어떻게 보여 주었나요?
- 과거에 문제를 해결했던 경험이 있나요? 그리고 그 문제를 극복하는 데 사용한 전략은 무엇이었나요?
- 자신이 더 큰 공동체의 일원이라고 느꼈던 순간이 있었나요? 그 경험을 설명해 보세요.
- 과거의 경험을 어떻게 가치 있게 생각하나요? 그리고 우리는 과거를 어떻게 활용하여 미래를 만들어 갈 수 있을까요?

- 자신의 행동이 다른 사람에게 긍정적 혹은 부정적인 영향을 미치는 방식을 어떻게 평가하나요?

저는 학생들의 성찰을 강력한 개인적 이야기로 활용하며, 이를 성적표(report card)에 포함하거나 포트폴리오의 증거 자료로 사용하기도 합니다. 또한 학생들의 성장을 대표하는 종합적인 성찰 자료로 활용할 수도 있습니다. 저는 이러한 성찰 질문들을 매년 지속적으로 활용하는데, 그 이유는 학생들이 학습 과정에 집중하도록 돕기 때문입니다. 이러한 성찰은 학습의 목표나 결과물이 아니라, 학습 과정 자체에 초점을 맞추는 역할을 합니다. 또한 성장과 성공이 각 학습자에게 개별적으로 다르게 나타난다는 점을 강조하면서, 비교 중심의 평가 문화에서 벗어나 개인의 성취와 의미를 존중하는 방향으로 나아가게 합니다. 마지막으로, 우리는 단순히 학습 내용만 평가하는 것이 아니라, '우리는 어떤 사람인가?'라는 보다 깊이 있는 질문을 중심으로 평가 대화를 나누게 됩니다.

목표 설정 활동을 마무리하면서, 저는 학생들에게 학기 말이나 학년 말에 자신이 원하는 성적이 무엇인지 이야기해 보도록 합니다. 이는 매우 중요한 대화입니다. 자기 조절과 역량을 중심으로 학습을 구성하는 것이 강력한 장점이 있지만, 교사들은 여전히 평가 기간마다 학생들에게 점수를 부여해야 하는 현실에 직면해 있습니다. 이 점수는 문자 등급(A, B, C 등), 백분율 점수 혹은 SAT 점수와 같은 표준화된 형태로 나타날 수 있습니다. 제 경험상, 학생들이 자기 조절과 역량에 대해 성찰하는 과정에서 학업 목표 점수에도 자연스럽게 집중하게 됩니다. 이 두 가지 요소는 본질적으로 연결되어 있으며, 저는 학생들이 두 영역에서 균형 잡힌 성장을 이룰 수 있도록 성찰과 대화를 지원합니다.

학생들이 설정한 특정 점수나 목표 등급은 교사가 개별 맞춤형 피드백을 제공할 기회가 됩니다. 이를 통해 학생들은 자신이 목표를 향해 끈기 있게 노력해야 할 책임감을 느끼고, 집중력을 유지할 수 있습니다. 또한 학기 말까지 자신이 달성하고 싶은 목표 점수를 명확히 하면, 그 목표를 실현하는 데 필요한 구체적이고 실용적인 단계를 함께 설정할 수 있습니다.

저는 학생들에게 제공하는 피드백을 그들의 개인화된 목표에 맞춰 조정하며, 학생들이 비현실적이거나 건강하지 못한 기대에 얽매이지 않도록 합니다. 예를 들어, 한 학생이 목표 점수를 88%로 설정하고 특정 과제에서 그 점수를 달성했다면, 저는 먼저 그들의 목표 달성을 축하하는 것부터 시작합니다. 학생에게 88%는 100%와 동일하게 의미 있는 성취이며, 그들의 노력과 성과는 충분히 인정받아야 합니다.

물론 저는 어떻게 하면 더 나아질 수 있을지에 대한 명확하고 의미 있는 피드백도 제공합니다. 그러나 이 피드백은 반드시 먼저 축하의 말을 전한 후에 전달됩니다. 이를 통해 학생들은 결핍 중심의 사고방식에서 벗어나, 자신이 존중받고 있다는 긍정적인 마음으로 피드백을 받아들이게 됩니다. 결국 긍정적인 사고방식은 학생들이 학습자로서 자신을 이해하는 데 강력한 힘을 발휘합니다. 또한 이러한 접근 방식은 학교에서 흔히 나타나는 비교 중심의 평가 문화를 변화시키는 데 도움이 됩니다. 학생들은 자신의 성장을 스스로 평가하며, 다른 사람과의 비교가 아닌, 자신의 목표와 과정을 기반으로 학습을 바라보는 태도를 기르게 됩니다.

#탐구 마음가짐 실행하기

학생들과의 대화 속에 자기 조절(self-regulation)을 어떻게 자연스럽게 녹여 낼 수 있을까요? 안젤라 더크워스의 자료 대신, 이 목표 설정 과정에 활용할 수 있는 그림책, 영상, 이야기, 텍스트, 기타 자료에는 어떤 것들이 있을까요?

학생들과 함께 학습을 공동 설계해 나가는 과정에서, 교사인 당신도 하나의 핵심 역량 목표를 설정하고 학생들 앞에 그 목표를 '보이게' 하며 함께 실천해 볼 수는 없을까요? 그렇게 한다면, 당신이 목표를 향해 가는 과정에서 마주한 어려움은 어떻게 학생들과 나눌 수 있을까요? 그때 사용한 전략은 무엇이고, 그 경험을 바탕으로 성장의 과정을 어떻게 멈춰서 돌아보고, 학생들에게 코칭하거나 시범 보일 수 있을까요?

올바른 질문하기

질문은 탐구로 가는 길을 열어 줍니다. 질문은 학생들의 호기심을 자극하고, 비판적 사고 능력을 키우는 강력한 도구입니다. 탐구 중심 교실에서 가장 효과적인 질문은 단순히 인터넷 검색으로 답을 찾을 수 있는 질문이 아니라, 깊이 있는 사고와 숙고를 필요로 하는 질문입니다. 이러한 질문들을 저는 '구글로 답을 찾을 수 없는 질문(unGoogleable question)'이라고 부릅니다. 저는 이전 저서인 『Dive into Inquiry(탐구에 풍덩 빠지다)』와 『Inquiry Mindset: Elementary Edition(초등 교사를 위한 탐구 마음가짐)』에서 질문의 역할과 힘에 대해 깊이 다룬 바 있습니다. 그러나 이 책에서는 평가 과정에서 학생들의 주도성을 높이는 데 도움이 되는 질문의 활용에 집중하고자 합니다. 이 장에서는 탐구 실천에서 질문의 초점을 높이고, 평가를 보다 의미 있는 과정으로 만들기 위한 다양한 방법을 탐색해 보겠습니다.

질문을 사용하여 탐구 단원 설계하기

먼저, 탐구를 통해 도달하고자 하는 주요 개념, 핵심 아이디어 또는 깊이 있는 이해를 고려하여 '구글로 답을 찾을 수 없는 질문'을 계획해 보세요. 이를 위해 탐구할 개념을 단어나 구절로 정리한 후, 해당 개념을 더 깊이 탐색할 수 있는 질문을 만드는 과정에 시간을 투자하는 것이 중요합니다. 이 과정에서 핵심은 단순한 정보 검색이 아닌, 질문이 학습을 더욱 확장하고 깊이 있는 사고를 유도할 수 있도록 설계되는 것입니다. 예를 들어, 언어 예술 수업에서 '정체성'이라는 개념을 탐구할 때, 탐구를 이끄는 질문으로 "나는 누구이며, 무엇이 나의 정체성을 형성하는가?"를 설정할 수 있습니다. 사회과학이나 역사 수업에서 '변화'라는 개념을 다룰 때는 "우리는 과거로부터 무엇을 배우고, 그것을 어떻게 미래를 형성하는 데 적용할 수 있을까?"와 같은 질문을 사용할 수 있습니다. 과학 수업에서 '예측' 개념을 배울 때는 "과학적 방법을 사용하여 현실에 대한 나의 생각을 어떻게 도전할 수 있을까?"라는 질문이 가능하며, 수학 수업에서 '관계와 패턴'을 탐구할 때는 "논리와 패턴을 활용하여 사람들이 함께 즐길 수 있는 게임을 어떻게 만들 수 있을까?"라는 질문을 활용할 수 있습니다.

저는 '질문 생성 기법(Question Formulation Technique: QFT)'을 활용하여 이러한 질문을 구성하는 것을 선호하며, 이 과정에 학생들이 직접 참여하는 것이 가장 효과적이라고 생각합니다. 탐구 중심 교실의 목표 중 하나는 학생들과 함께 학습을 공동 설계하는 것입니다. 학생들이 단원 계획 과정에 직접 참여하면, 교육 과정이 더욱 생동감 있게 다가오고 학습에 대한 주도성이 강화됩니다. 또한 학생들이 자신의 질문을 추가하면서 탐구 과정에서 더욱 깊은 의미와 진정성을 발견할 수 있습니다. 이를 통해 학생들은 단순히 지식을 습득하는 것이 아니라, 탐구 과정 자체를 능동적으로 주도하는 경험을 하게 됩니다. 이러한 과정은 학생들의 사고력을 키우고, 학습에 대한 자기 주도성을 높이며, 탐구 중심 학습을 더욱 의미 있게 만드는 중요한 요소가 됩니다.

학생들이 스스로 생성한 질문은 탐구 과정에서 진정성을 발견하도록 돕고, 적극적으로 참여함으로써 교육 과정을 더욱 생동감 있게 만들어 줍니다.

학생들의 질문을 바탕으로 학습 단위를 공동 설계하면, 학년별 혹은 교사 팀 내에서 흔히 발생하는 반복적이고 획일적인 탐구를 피할 수 있습니다. 더 중요한 것은, 학생들이 교실에서 이루어지는 학습에 더욱 적극적으로 참여하고, 흥미를 느낄 수 있다는 점입니다.

상상해 보세요. 한 계획 세션에서 교사 팀이 함께 탐구할 개념을 선정합니다. 교사들은 협력하여 '구글로 답을 찾을 수 없는 질문'을 만듭니다. 그리고 학생들이 이 질문을 더 깊이 탐구할 수 있도록 다양한 질문을 설계하고, 호기심과 궁금증을 자극할 도전 과제를 연구합니다. 또한 학생들이 탐구 과정에서 활용할 자료와 자원도 미리 준비합니다.

이것은 협력적인 교사 팀 계획의 좋은 예시이지만, 학교에서 가장 중요한 이해당사자인 학생들 그리고 공동 설계 과정에서 가장 중요한 목소리인 학생들이 빠져 있다는 점이 아쉽습니다.

이제 다른 상황을 상상해 보세요. 교사 팀이 함께 탐구할 개념을 선택합니다. 하나의 개념을 정하면 교사들은 아이디어와 자원을 공유할 수 있고, 심지어 학급 간 협업 탐구까지 진행할 수 있습니다. 그러나 이번에는 학생들이 직접 개입합니다. 교사들은 이 개념을 학생들에게 소개하고, 함께 탐구할 질문을 구상하는 과정에 학생들을 참여시킵니다. 학생들은 계획과 토론, 협업을 거쳐 '질문 생성 기법'을 활용하여 자신만의 '구글로 답을 찾을 수 없는 질문'을 만들고, 이를 탐구하기 위한 추가 질문들을 도출합니다. 그 후, 교사들은 다시 모여서 학생들과 공동 설계를 진행하며 관찰한 점들을 공유합니다. 또한 학생들이 만들어 낸 '구글로 답을 찾을 수 없는 질문'과 현재 탐구가 진행되는 방향을 함께 논의합니다. 그런 다음, 교사들은 학생들의 탐구를 더욱 의미 있게 만들기 위해 도전 과제, 학습 자원, 안내 질문을 조정하고, 학생들의 역량 개발을 지원하는 전략을 마련합니다. 이러한 과정은 탐구 기반 학습을 더욱 진정성 있게 만들며, 학생들이 학습의 주체가 되어 자신의 질문을 통해 깊이 있는 사고와 탐구를 경험할 수 있도록 돕습니다.

이 두 가지 시나리오 중 하나는 학생들과 함께 공동 설계된 학습 과정이며, 다른 하나는 그렇지 않습니다. 학생들이 공동 설계 과정에 참여한 경우, 학습에 대한 참여도가 높아지고, 탐구의 진정성이 강화되며, 학생들의 경험과 직접적으로 연결되면서 학습과 성과에 더 큰 영향을 미칠 가능성이 높습니다. 탐구 기반 학습을 효과적으로 설계하기 위해서는 '구글로 답을 찾을 수 없는 질문'을 설정하는 것이 중요합니다. 이러한 질문을 만들 때, 교사와 학생은 다음 네 가지 요소를 반드시 고려해야 합니다.

① 학생들에게 매력적이고, 흥미롭고, 참여를 유도할 수 있는 질문이어야 합니다. 질문이 학생들의 호기심을 자극하고, 탐구에 대한 동기를 부여할 수 있도록 설계되어야 합니다. 학생들이 자연스럽게 답을 찾고 싶어지는 질문이어야 합니다.

② 질문이 진정성을 갖고, 학생들이 속한 장소, 지역사회 그리고 세상과 쉽게 연결될 수 있어야 합니다. 탐구 과정이 학생들의 현실과 밀접하게 관련되어 있을수록, 학습의 의미가 커지고 학습이 보다 실질적인 경험으로 다가오게 됩니다.

③ 학생들이 성공적으로 탐구할 수 있는 질문이어야 합니다. 탐구를 진행하는 동안, 학생들이 이해를 심화할 수 있도록 도와줄 자원, 연구 경로 그리고 협력할 학습 공동체(학습 친구들)가 마련되어 있어야 합니다.

④ 교육과정과 연계된 질문이어야 합니다. 질문이 단순한 흥미 유발을 넘어서, 학습 목표, 교육과정의 기준 및 기대 성취도와 일치해야 합니다. 이를 통해 학생들의 탐구가 체계적인 학습 과정 속에서 의미 있게 자리 잡을 수 있습니다.

'구글로 답을 찾을 수 없는 질문'은 이 네 가지 요소를 모두 충족할 때 비로소 적절한 탐구 질문이 됩니다. 이러한 질문을 중심으로 한 탐구는 학생들에게 더 깊이 있는 사고 경험을 제공하며, 학습 과정에 대한 주도성을 높이고, 교실을 더욱 역동적이고 의미 있는 공간으로 변화시킵니다.

수업에서 질문을 시각적으로 보이게 만들기

'구글로 답을 찾을 수 없는 질문'을 결정한 후, 이를 교실에서 탐구의 중심 요소로 만드는 것을 고려해 보세요. 저는 각 탐구 단원의 '구글로 답을 찾을 수 없는 질문'을 교실 앞쪽 화이트보드 위에 큰 글씨로 게시합니다. 이 시각적 자료는 탐구 과정 내내 학습을 명확하게 고정(anchoring)하는 역할을 합니다. 이를 통해 우리는 학습 도중 잠시 멈춰 해당 질문을 가리키며, 우리가 읽고, 탐구하고, 조사하고, 토론하는 모든 것과 궁극적인 질문 및 개념을 연결할 수 있습니다. 이러한 질문 중심의 학습 환경은 학생들이 스스로 학습의 주도권을 갖도록 격려하며, 그들이 '구글로 답을 찾을 수 없는 질문'과 탐구 과정 사이의 연결고리를 직접 발견하도록 도와줍니다. 학생들이 스스로 답을 찾고 의미를 발견하는 순간, 그들의 생각이 반짝이는 모습을 지켜보는 것은 정말 특별한 경험입니다. 질문을 눈에 보이게 만들고 지속적으로 탐구의 중심에 두는 것은 학생들이 탐구에서 성공하도록 돕는 중요한 단계입니다.

또한 저는 교실에 각 탐구 단원을 위한 전용 게시판이나 벽 공간을 마련합니다. 이 공간에는 우리가 탐구한 '구글로 답을 찾을 수 없는 질문'과 함께, 단원 내 학습 과정에서 나온 다양한 증거 자료가 전시됩니다. 이 공간은 단순한 게시판이 아니라, 학생들이 탐구 과정에 지속적으로 기여할 수 있는 협력적인 학습 공간으로 활용됩니다. 학생들은 서로의 기여를 보고 배우며, 자신의 사고를 확장할 수 있는 기회를 가질 수 있습니다.

각 단원이 진행될 때마다 새로운 탐구 게시판을 구성하며, 이 공간에는 학생들이 직접 선택한 학습 증거와 제가 선정한 자료들이 함께 포함됩니다. 이를 통해 학생들은 자신의 탐구 과정을 가시화하고, 학습의 흔적을 남기며, 탐구 경험을 더욱 의미 있게 연결할 수 있습니다.

이 탐구 게시판을 더욱 강조하기 위해, 저는 교실 천장에 줄(예: 끈, 낚시줄, 실)을 가로로 설치합니다. 이는 보통 어른 키보다 몇 피트 위에 달리게 되며, 학생들이 탐구 게시판 간의 연결을 만들고 이를 시각적으로 나타낼 수 있도록 합니다. 학생들은 자신이 발견한 연결점을 표현한 자료를 제작하여, 줄에 집게로 걸어 공유할 수 있습니다. 시간이 지남에 따라 교실에는 학생들이 직접 만든 연결망과 탐구의 흔적들이 쌓이며, 학생 중심의 학습 공간으로 변모하게 됩니다.

이처럼 학생들의 탐구 과정과 그 연결점을 시각적으로 표현하는 환경은 학습에 대한 몰입도를 높이며, 교실을 보다 역동적이고 협력적인 공간으로 변화시킵니다. 정말 멋진 모습이 아닐 수 없습니다! 제 친구이자 『Inquiry Mindset: Nurturing the Dreams, Wonders & Curiosities of Our Youngest Learners(탐구 마음가짐: 우리의 가장 어린 학습자들의 꿈, 경이로움, 호기심을 키우기)』의 공동 저자인 레베카 배서스트-헌트(Rebecca Bathurst-Hunt)의 두 가지 예시를 함께 살펴보세요.

학부모가 학생 주도형 상담, 학부모-교사 면담, 학교의 오픈 하우스(open house) 또는 갈라(gala, 학교에서 개최하는 공식적인 행사나 축제)에 초대될 때, 학생들은 자신이 참여한 탐구 게시판을 직접 소개하고, 이를 통해 형성된 다양한 연결을 설명합니다. 저는 이러한 학생들의 기여와 토론 그리고 풍성한 공유 활동을 단순한 발표 기회를 넘어, 평가 실천의 중요한 일부로 활용합니다.

그림 6-1 자료들을 모아 놓은 게시판 예시[1)]

1) 이 이미지는 학생들이 함께한 탐구 활동을 시각적으로 표현한 게시판입니다. 앞서 번역한 내용과 연결하면, 이 게시판은 학생들이 자발적으로 참여한 질문 중심의 탐구 활동을 반영하는 방식으로, 학생들이 호기심을 가지고 스스로 질문을 하고, 그 질문을 통해 학습을 심화시킨 과정을 나타냅니다. 예를 들어, "What do squirrels eat(다람쥐는 무엇을 먹나요)?"과 같은 질문을 탐구하고, 그에 대한 학습 결과물(그림, 설명 등)을 게시판에 공유하는 방식입니다. 이 게시판은 학생들이 탐구 질문에 대한 답을 찾고, 그 과정에서 생긴 질문을 서로 공유하며 학습하는 모습을 잘 보여 줍니다.

진정성, 학생 참여 그리고 학생 목소리를 중심에 두는 교육은 모든 학생이 성공할 수 있도록 공평한 학습의 출발점을 마련합니다.

또 다른 좋은 예로, 호주 퀸즐랜드에 위치한 세인트 제임스 루터란 대학(Saint James Lutheran College)에서 5학년을 담당하는 교사, 홀리 파커(Hollie Parker)와 스테파니 수웰(Stephanie Sewell)의 접근 방식을 들 수 있습니다. 저는 이 훌륭한 학교가 탐구 학습 여정을 지속할 수 있도록 지원할 기회를 가졌습니다. 이 학교는 두 개의 학급, 두 명의 교사 그리고 학습 보조자가 함께하는 협력적이고 포용적인 학습 환경을 조성하고 있습니다. 또한 현대적인 학습 공간과 창의적인 커리큘럼 운영을 통해, 교사들이 탐구 기반 학습을 실천하면서도 학생들의 개별적인 필요와 학습 차이를 효과적으로 반영할 수 있도록 돕고 있습니다.

홀리와 스테파니는 교실 벽을 활용하여 학생들의 이전 지식, 관심사, 호기심을 시각적으로 정리할 뿐만 아니라, 학습 과정에서 드러나는 오개념(misconceptions)까지도 기록하며 탐구를 심화합니다. 이를 통해 학생들은 자신의 사고 과정과 학습의 발전을 직접 확인할 수 있으며, 교사들은 학생 개개인의 이해 수준을 보다 효과적으로 파악하고 지원할 수 있습니다. 홀리와 스테파니는 자신들의 탐구 교실에 대해 이렇게 말했습니다.

오개념은 우리 주변 어디에서나 존재하며, 우리가 살아가는 동안 끊임없이 함께합니다. 학습자들에게 자신의 잘못된 이해를 인식하고 탐구할 기회를 제공하는 것은 문제 해결 능력을 더욱 키울 수 있는 중요한 과정입니다. 학문적으로, 사회적으로 그리

고 감정적으로도 그렇습니다.

때때로, 우리가 탐구할 개념을 중심으로 단순한 질문 하나 또는 일련의 질문을 던지는 것만으로도 학생들의 관심을 불러일으키고, 그들의 기존 지식이 탐구의 방향에 큰 영향을 미치도록 할 수 있습니다. 우리는 새로운 탐구 단원을 시작할 때 두 가지 핵심 질문을 던집니다. 그리고 학습자들은 자신의 생각을 시각적으로 정리하고, 학습 진행 상황을 추적할 수 있도록 공간을 제공합니다.

첫 번째 질문은 '당신은 무엇을 알고 있나요?'입니다. 이 질문은 학생들이 우리가 탐구할 개념에 대해 어떤 이해를 가지고 있는지 확인하는 출발점이 됩니다. 많은 학생이 자신의 기존 지식이 강하다는 것을 발견하며, 이에 대해 흥미를 느낍니다. 모든 학생은 접착 메모지를 받아 자신이 알고 있는 내용을 정리할 시간을 갖습니다.

두 번째 질문은 '당신은 무엇을 알고 싶나요?'입니다. 이 질문을 통해 학생들은 자신의 호기심을 자극하는 자료를 탐색한 후, 다시 접착 메모지를 사용하여 자신이 더 알고 싶은 것을 정리합니다. 이후, 우리는 이 내용을 공유하고 시각적 학습 맵에 붙여 놓습니다. 바로 이 순간, 학습의 '마법'이 시작됩니다! 탐구, 연구, 심화 과정이 본격적으로 전개되며, 학생들은 점점 자신의 기존 지식에 대해 성찰하기 시작합니다.

이 과정에서 학생들은 자신이 알고 있다고 생각했던 내용이 사실은 잘못된 이해일 수 있음을 깨닫게 됩니다. 물론, 항상 그런 것은 아니지만, 학생들이 자신의 기존 지식이 도전받고 수정되는 순간, 그들의 자부심과 경이로움이 분명하게 드러납니다. 학생들은 자신의 오개념을 '당신은 무엇을 알고 있나요?' 공간에서 새로운 '오개념' 공간으로 이동시킬 수 있습니다.

여기에서의 목표는 단순히 새로운 정보를 습득하는 것이 아니라, 호기심을 바탕으로 학습하고, 기존의 오개념에 도전하는 평생 학습자로 성장하는 것입니다. 시간이 지나면서 우리는 학생들이 '오개념'이라는 개념에 대한 경험이 부족하다는 점을 깨달았고, 이에 따라 오개념을 의도적으로 가르치는 과정을 강화했습니다.

그 결과, 이제 학생들은 읽기, 수학, 과학, 사회과학(Humanities And Social Sciences: HASS)뿐만 아니라, 사회적 · 감정적 학습 영역에서도 자신의 잘못된 이해를 스스로 인식하고, 비판적으로 질문할 수 있는 단계에 도달하게 되었습니다. 이러한 경험을 통해 학생들은 단순한 지식 습득을 넘어, 탐구하고 성찰하며 성장하는 진정한 학습자로 거듭나고 있습니다.

안내 질문은 핵심이다

학생들의 수업 참여도를 높이기 위해 안내 질문(guiding questions)을 계획하고 활용하는 것은 제 탐구 교수법에서 중요한 요소였습니다. 저는 탐구를 계획할 때, 학습 과정에서 사용할 안내 질문을 위한 별도의 공간을 마련합니다. 이러한 질문을 계획할 때, 저는 학생들이 누구인지, 그들의 강점과 도전 과제는 무엇인지, 그리고 무엇을 배우고 싶어 하는지를 깊이 고려합니다. 이를 통해 학생 개개인의 학습 경험이 더 의미 있고 개인화될 수 있도록 설계하며, 학생들이 자신의 탐구 과정에 능동적으로 참여할 수 있도록 돕습니다.

학습자의 정체성

- 내 학생들은 어떤 배경과 개성을 가지고 있을까?
- 학생들은 어떤 이야기와 경험을 가지고 있을까?
- 학생들이 교실로 가져오는 문화적 요소는 무엇이며, 이것이 모든 학습자에게 더 풍부한 배움의 기회를 제공하는 데 어떻게 기여할 수 있을까?
- 교실에 있는 모든 학생의 고유한 특성, 개성과 정체성을 발견할 수 있도록 이끌어 주는 안내 질문은 무엇일까?
- 모든 학생이 탐구와 발견의 과정에서 자신의 관점과 통찰을 공유할 수 있는 기회를 어떻게 만들 수 있을까?
- 안내 질문을 통해 학습의 기회가 더욱 공평하게 제공되도록 하려

면 어떻게 해야 할까?

학습자의 강점과 성장 영역

- 각 학생이 이번 탐구에서 발휘할 수 있는 강점은 무엇일까?
- 학생들은 어떤 방식으로 자신이 알고 있는 것을 표현하고 싶어 할까?
- 학생들은 정보를 어떤 방식으로 받아들이는 것을 선호할까?
- 학생들이 탐구 과정에서 활용할 수 있는 역량과 학습 태도는 무엇일까?
- 이번 탐구를 통해 학생들이 어떻게 성장할 수 있도록 도울 수 있을까?
- 학생들이 탐구 과정에서 직면할 수 있는 도전 과제는 무엇일까?
- 각 학생이 자신의 강점과 성장할 부분을 성찰할 수 있도록 도와주는 질문은 무엇일까?

학습자의 관심사, 호기심, 궁금증

- 학생들은 어떤 것에 관심을 가지고 있을까?
- 학생들의 열정과 취미는 무엇일까?
- 이번 탐구에서 학생들이 궁금해할 만한 주제는 무엇일까?
- 내가 알고 있는 학생들의 특성을 바탕으로 이 탐구에서 어떻게 진정성과 참여도를 높일 수 있을까?
- 이 탐구의 핵심 개념과 관련하여, 학생들이 알고 싶어 하거나 경험해 보고 싶은 것은 무엇일까?

- 학생들을 깊이 이해한 후, 탐구를 통해 그들의 호기심과 관심을 어떻게 자극할 수 있을까?

저는 탐구를 계획할 때, 혼자 계획하는 경우와 학생들과 함께 계획하는 경우 모두에서 안내 질문을 활용합니다. 앞에서 언급한 다양한 안내 질문을 떠올려 보세요. 이러한 질문들은 학생들의 목소리를 반영하여, 탐구 단위를 어떻게 공동 설계할 수 있을지에 대한 통찰을 제공합니다. 안내 질문은 계획, 의도성, 코칭, 모델링 그리고 학습 파트너십을 탐구 과정에 자연스럽게 녹여 줍니다. 또한 안내 질문은 학생들이 탐구 계획에 적극적으로 참여하도록 유도하는 동시에, 교사가 학생들의 필요를 어떻게 충족시킬 수 있을지를 명확하게 보여 주는 역할을 합니다.

마지막으로, 저는 안내 질문을 통해 학생들이 자신의 학습을 성찰하고, 스스로를 더 깊이 이해할 수 있도록 돕습니다. 성찰의 과정은 매우 중요하며, 저는 학생들에게 자신을 학습자로 돌아보고, 목표를 설정하고, 이를 달성하기 위한 노력을 기울이는 것이 의미 있는 과정임을 강조합니다.

영어 교사로서 저는 학생들에게 학습을 성찰하도록 요청하는 것이 자연스럽습니다. 학생들은 일기 쓰기나 자유로운 글쓰기 과제를 통해 자신의 학습을 기록합니다. 하지만 이러한 성찰의 과정은 영어 수업만의 고유한 활동이 되어서는 안 됩니다. 모든 교실에서는 학생들이 학습을 되돌아보고 성장의 과정을 기록할 수 있는 시간과 공간 그리고 구조를 제공해야 합니다. 학습 과정을 되돌아보며 시간이 지남에 따라 성장한 모습을 기록하는 것은 모든 교과, 교실, 학문 분야에서 가치 있는 활동입니다. 우리가 학생들에게 학습을 성찰할 기회를 제공하면, 학생들은 자연스럽게 교과 간의 연결을 만들어 낼 것입니다. 이를 통해 학습은 단순한 지식 습득을 넘어, 학생들이 주도적으로 탐구하고 성장하는 과정이 될 수 있습니다.

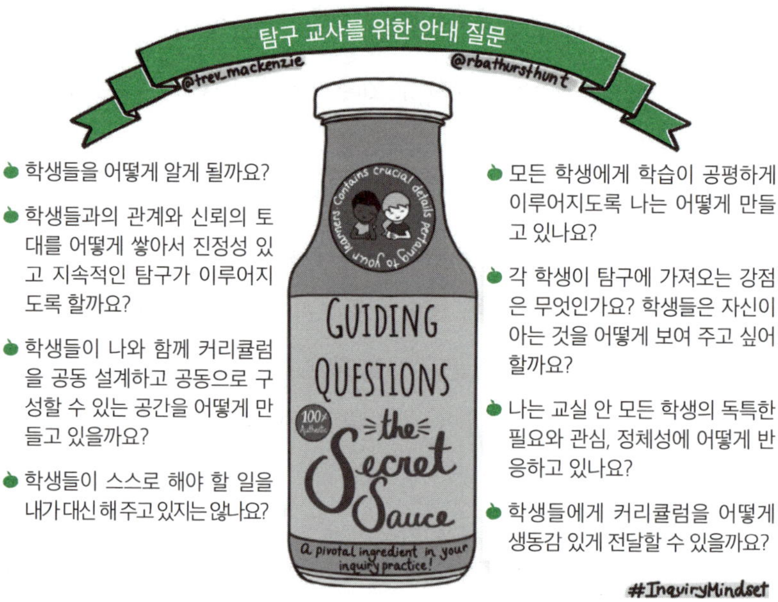

그림 6-2 탐구 교사를 위한 안내 질문

모든 교실은 학생들이 학습을 성찰할 수 있도록 충분한 시간과 공간 그리고 체계적인 구조를 제공해야 합니다. 학생들이 자신의 학습 과정을 되돌아보고, 시간이 지나면서 성장의 흔적을 기록하는 과정은 단순한 한 과목이나 특정 교실에 국한되지 않습니다. 이는 모든 교과, 학습 환경 그리고 학문 분야를 초월하여 적용될 수 있는 중요한 학습 경험입니다.

학생들이 자신의 사고 과정에 대해 성찰하고, 메타인지적 사고를 표현하는 언어를 익히게 되면, 자연스럽게 더 강한 학습자로 성장합니다. 이를 통해 자신에게 효과적인 학습 방법, 어려움을 느끼는 부분 그리고 목표를 설정할 때 필요한 요소들을 더욱 명확하게 이해할 수 있습니다. 저는 학생들이 자신을 더 깊이 이해하는 과정이 특정한 안내 질문을 성찰하는 과정에서 시작된다고 믿습니다.

다음은 학생들이 자신의 학습 경험을 성찰할 수 있도록 돕는 안내 질문들입니다.

- 학습 과정에서 겪었던 가장 큰 도전은 무엇이었나요?
- 이 도전을 극복하기 위해 어떤 전략(혹은 전략들)을 사용했나요?
- 학습 과정에서 의지하거나 도움을 받은 사람이 있나요? 그 사람은 누구였고, 무엇을 배웠나요? 그 사람은 어떻게 도움을 주었나요?
- 학습 과정에서 발휘한 역량은 무엇인가요? 그리고 그 역량을 보여줄 수 있는 증거는 무엇인가요?
- 이번 학습을 통해 성장한 역량은 무엇인가요? 이러한 변화는 어떻게 이루어졌나요? 그리고 이 역량을 더 발전시킬 수 있는 가능성이 남아 있나요?
- "나는 예전에 이렇게 생각했지만, 이제는 이렇게 생각한다(I used to think……. Now I think.)."의 사고 루틴을 사용해 보세요. 이를 통해 사고가 어떻게 변화했는지 예시를 들어 설명하고, 탐구 단원에서 배운 개념과 연결해 보세요. (제4장 '평가에서 대화의 힘' 참고)
- 이번 탐구 단원에서 더 잘할 수 있었던 부분이 있었나요? 그것은

무엇이며, 어떻게 하면 더 나은 결과를 얻을 수 있었을까요?

- 연구 과정을 되돌아보았을 때, 학습에 가장 도움이 된 자료는 무엇이었나요? 반대로 도움이 되지 않은 자료는 무엇이었나요? 그리고 탐구 과정에서 어떤 연구 기술을 활용했나요?

이 안내 질문들을 바탕으로 한 글쓰기와 공유 과정은 학생들이 평가에 대한 학생 주도성(ownership)을 키우는 10단계 중 마지막 단계인 '학생의 목소리 반영'을 준비하는 데 중요한 역할을 합니다. 평가 과정에서 학생들의 학습 주도권을 단계적으로 지원하기 위해, 성찰과 안내 질문은 단순한 활동을 넘어 교사가 지도하고, 모델링하며, 구조화해야 하는 필수적인 요소입니다. 이를 통해 학생들은 자신의 학습 과정에 대한 주도권을 갖고, 평가를 단순한 결과가 아닌 성장의 기회로 바라볼 수 있게 됩니다.

#탐구 마음가짐 실행하기

탐구 과정에서 질문이 학생들의 참여와 성취에 미치는 영향을 성찰하면서, 교실에서 학생들에게 도움이 될 추가적인 안내 질문에는 어떤 것들이 있을까요?

학생들의 성장과 발전을 효과적으로 지원하기 위해 미리 준비해 둘 수 있는 질문은 무엇일까요? 또한 탐구의 방향을 명확하게 형성하는 데 도움이 될 질문은 무엇이 있을까요?

학생들이 더 깊이 있는 성찰을 할 수 있도록 유도하는 질문을 어떻게 구성할 수 있을까요? 현재 여러분이 사용하고 있는 탐구 질문 목록에는 어떤 질문들이 포함되어 있나요?

이러한 질문들을 지속적으로 고민하고 발전시켜 나가는 과정은 학생들이 탐구에 능동적으로 참여하고, 학습을 더욱 의미 있게 받아들이도록 돕는 중요한 요소가 될 것입니다.

피드백의 전환

"형성평가는 단순한 과제가 아닙니다. 형성평가는 교사가 관찰을 바탕으로 수업을 지속적으로 조정할 수 있도록 돕는, 끊임없이 이루어지는 내재된 실천입니다. 피드백은 단순한 과정이 아니라 사고방식입니다."

론 리치하트(Ron Ritchhart), 실시간 탐구 워크숍(Inquiry Live)

"피드백은 조언, 칭찬, 평가가 아닙니다. 피드백은 '정보'입니다. 피드백은 우리가 목표를 달성하기 위해 어떻게 나아가고 있는지를 알려 주는 중요한 정보입니다."

그랜트 위긴스(Grant Wiggins)

"학생들이 실수를 해도 안전하다고 느끼는 교실 환경에서는, 피드백을 학습에 더욱 효과적으로 활용할 가능성이 높아집니다."

딜런 윌리엄(Dylan William)

"우리가 성적을 피드백의 일부로 제공하면, 학생들은 성적에만 집중하고 그 이상의 피드백을 놓치는 경향이 있습니다."

피터 존스턴(Peter Johnston)

"학생들은 자신이 배워야 할 구체적인 기술과 학습 목표를 명확히 알고 있어야 합니다. 그렇지 않으면 '피드백'은 단순히 누군가가 무엇을 해야 하는지 지시하는 것에 불과해집니다."

수잔 브룩하트(Susan Brookhart)

"효과적인 피드백은 학습이 진행되는 동안, 학생들이 그것을 바탕으로 조치를 취할 수 있는 시점에 이루어져야 합니다."

잰 샤퓨이스(Jan Chappuis)

저는 앞서 언급한 피드백의 원칙들에 전적으로 동의하며, 이를 제 교육 실천에 적극적으로 적용하고 있습니다. 그리고 여기에 한 가지 더 공유하고 싶은 경험이 있습니다. 제 경력에서 가장 성공적인 평가 루틴 중 하나는 피드백을 다루면서 형성되었습니다. 이 루틴은 제가 학생들에게 과제를 반환할 때마다 느꼈던 좌절감에서 출발했습니다. 학생들의 작업을 읽고, 학습을 평가하며, 명확하고 도움이 되는 개인화된 피드백을 작성하는 데 몇 시간을 투자했지만, 결국 학생들은 오직 자신의 성적에만 관심을 두고 있다는 사실을 깨닫게 되었습니다. 여러 차례 저는 학생들에게 피드백을 읽고 학습 성장을 보여 줄 수 있는 수정 계획을 세우도록 요청하며 과제를 반환했습니다. 그러나 매번 학생들은 제 요청을 무시했고, 피드백을 제대로 읽지 않았습니다. 그들은 성적을 먼저 확인한 후 친구나 학우들과 비교하며 속삭이는 데 집중했습니다. 이 과정은 정말 실망스럽고 마음이 아팠습니다.

- 학생들이 피드백을 충분히 이해하거나 받아들이는 모습이 보이지 않았습니다.
- 수정하려는 태도나 성장 마음가짐도 나타나지 않았습니다.
- 학생들이 피드백을 활용하지 않는다면, 그것을 제공하는 의미가 없었습니다.

혹시 비슷한 경험을 해 본 적이 있나요?

그러던 중, 저는 딜런 윌리엄(Dylan William)의 『당신이 모르던 형성평가 이야기(Embedded Formative Assessment)』를 읽게 되었고, 그의 말이 깊은 울림을 주었습니다. "학생들이 성적을 받자마자 학습은 멈춘다."

이 문장은 저에게 강한 영향을 주었고, 저는 성적을 뒤로 하고 피드백에 집중해야겠다고 결심했습니다. 제 목표는 학생들이 피드백을 적극적으로 활용하도록 유도하고, 그 과정에서 학습에 대한 더 깊은 이해를 얻을 수 있도록 돕는 것이었습니다. 이전과 마찬가지로 학생들에게 풍부하고 구체적인 피드백을 제공했지만, 과제에는 성적을 기재하지 않기로 했습니다. 대신, 성적은 제 성적 기록부(gradebook)에 따로 입력하고, 학생들에게 자기 평가와 성찰 활동에 참여하도록 유도했습니다.

저는 학생들에게 제 피드백을 자세히 읽어 보라고 요청하며, 이 피드백이 그들이 잘한 부분과 개선할 수 있는 부분을 반영한 것이라고 설명했습니다. 그리고 학생들이 자신이 받은 피드백을 과제를 제출하기 전에 함께 만든 루브릭과 비교해 보도록 했습니다. 만약 피드백이 명확하고 주제에 맞으며 균형 잡혀 있다면, 학생들은 루브릭을 활용해 자신의 성적을 스스로 예상할 수 있을 것입니다. 그러나 학생이 제 평가보다 훨씬 낮거나 높은 점수를 매긴다면, 이는 피드백이 명확하지 않거나 주제에서 벗어나 있거나 균형이 맞지 않았다는 신호일 수 있습니다. 이러한 경우, 저는 제 피드백을 다시 검토하고, 학생들이 성장할 수 있도록 더 명확하고 효과적인 지원을 제공해야 한다고 생각했습니다. 이를 통해 학생들은 성적에 대한 수동적인 반응을 넘어, 피드백을 학습 성장의 도구로 활용하는 능동적인 태도를 기를 수 있었습니다.

스스로에게 질문해 보세요. 내 피드백은 명확하고, 학습 목표에 부합하며, 균형 있게 제공되고 있는가?

학생들의 학습에 미친 영향은 즉각적이었습니다. 학생들은 피드백을 진지하게 받아들이고, 제 평가를 면밀히 살펴보았으며, 공동 설계된 평가 기준을 다시 확인했습니다. 그들은 피드백을 서로 비교하고 토론하며, 때로는 친구의 평가를 읽고 피드백을 명확하게 해 주거나 도움을 주기도 했습니다. 이 모습을 보는 것은 정말 놀라웠고, 전혀 예상치 못한 반응이었습니다.

제 경력 동안 학생들이 이렇게까지 피드백을 집중해서 살펴보는 모습을 본 적이 없었습니다. 그들은 피드백을 활용하며 적극적으로 참여하고 있었고, 저희는 무언가 특별한 일을 하고 있다는 것을 실감했습니다. 학생들이 피드백을 검토하고 공동 설계된 평가 기준을 활용해 자기 평가를 할 때, 저는 교실을 돌아다니며 학생들의 대화를 들었습니다. 그들은 자신의 학습에 대해 이야기했고, 교실 안에는 긍정적인 분위기가 형성되었습니다. 이 분위기는 단순히 학생들이 새로운 평가 과정에 만족하고 있다는 것뿐만 아니라, 그것이 실제로 긍정적인 영향을 미쳤다는 사실을 보여 주었습니다. 저는 이 활동이 교실에서 흔히 볼 수 있는 비교 문화를 허물고, 성찰하는 습관을 강화하는 경험이 되기를 바랐습니다. 더 나아가, 전통적인 평가 방식이 학생들에게 불러일으켰던 스트레스, 불안, 실패에 대한 두려움을 줄이면서, 학생들이 자신을 더 잘 이해할 수 있도록 돕고 싶었습니다.

학생들이 피드백을 받으면서 자신에 대해 긍정적인 감정을 가질 수 있도록 돕고 싶었습니다. 그리고 이 새로운 피드백 방식은 즉시 변화를 만들어 냈습니다.

학생들은 웃으며 평가 활동을 즐겼습니다. (네, 학생들이 평가를 즐겼습니다. 이게 가능하다고 누가 상상이나 했을까요?) 학생들은 피드백을 세심하게 분석하고, 공동 설계된 평가 기준과 비교했습니다. 그들은 친구들과 피드백을 나누며 협력했고, 평가 기준을 함께 살펴보았습니다.

그 후, 저는 학생들에게 피드백을 바탕으로 자신이 적절하다고 생각하는 점수를 기록하도록 요청했습니다. 이 점수는 저와 1:1로 공유되었으며, 이는 다른 학생들의 시선을 피하고, 불필요한 비교를 방지하기 위한 시간이었습니다. 학생들과 저는 두 가지 점수를 함께 살펴보았습니다. 하나는 학생들이 피드백을 반영하여 스스로 매긴 점수였고, 다른 하나는 제가 성적 기록부(grade book)에 기록해 둔 점수였습니다. 대부분의 경우, 두 점수는 놀라울 정도로 비슷했습니다. 학생들은 공동 설계된 평가 기준을 활용하여, 피드백을 바탕으로 자신의 성취를 정확히 평가할 수 있었습니다. 진정한 학생 주도 평가가 이루어진 순간이었습니다!

몇몇 학생의 점수가 제 평가와 다를 때, 저는 제공한 피드백을 다시 검토했습니다. 그 과정에서 제가 학생들을 너무 엄격하게 평가했거나, 충분히 칭찬하지 않았음을 깨닫게 되었습니다. 저는 피드백을 수정하고, 제 실수를 학생들에게 솔직하게 설명했습니다. 이 과정에서 학생들은 평가가 그들에게 일방적으로 주어지는 것이 아니라, 그들이 능동적으로 참여하는 과정이라는 점을 실감했습니다. 그들은 자신의 학습에 대해 대화하는 것을 즐겼습니다.

몇몇 학생은 저의 평가와 자신이 예상한 점수가 다르다는 이유로 더 깊은 설명과 명확한 피드백을 요청하기도 했습니다. 하지만 피드백이 명확하고, 학습 목표에 맞으며, 균형 잡혀 있었기 때문에 이러한 차이가 발생했을 때 오히려 학생들은 더욱 세밀하게 평가를 분석할 수 있었습니다. 저는 이 과정을 학생들이 자기 평가 기술을 더욱 정교하게 발전시키는 기회로 보았습니다. 제 경험상, 일부 학생들은 여러 가지 이유로 추가적인 시간이 필요하며, 저는 그들을 지원하면서 이 과정을 함께합니다. 이것은 과정의 실패가 아닙니다. 오히려 학생들의 필요를 더 세밀하게 파악하고 충족시킬 수 있는 기회입니다.

여러 차례 이 연습을 해 본 결과, 저는 이러한 대화들이 항상 있을 것임을 예상하고 이를 대비하게 되었습니다. 저는 학생들에게 제가 그들의 평가 역량을 더욱 날카롭게 만들기 위해 노력하고 있음을 인식시키고 싶었습니다. 저는 이 평가 활동을 학생들과의 협력 과정으로 보고 있으며, 그들이 평가에 적극적으로 참여해야 한다는 점을 지속적으로 강조하고 있습니다. 결국 교사는 교실에서 평가의 전문가입니다. 우리는 평생 평가를 수행해 왔습니다. 우리의 역할은 학생들이 점점 더 나은 평가자가 되고, 궁극적으로는 어떠한 상황에서도 자기 평가를 정확하게 수행할 수 있도록 지원하는 것입니다. 이를 위해 우리는 정확성, 명확성, 철저함을 갖춘 평가 기술을 학생들에게 지도하고 모델링해야 합니다. 이 과정은 학생들이 평가를 단순한 성적이 아니라, 자신의 성장과 발전을 확인하는 중요한 도구로 인식하도록 돕는 필수적인 단계입니다.

교사는 학생들이 어떤 상황에서도 자기 평가를 정확하게 수행할 수 있도록 평가 기술을 지도하고 모델링해야 합니다. 그 궁극적인 목표는 학생들이 평가의 정확성, 명확성 그리고 철저함을 익히고 활용할 수 있도록 돕는 것입니다.

이 활동은 여러 가지 즉각적인 변화를 가져왔습니다. 첫째, 제 피드백이 명확하고 유용하며, 학생들이 이를 검토하고 이해하는 데 실질적인 도움이 되고 있음을 확인할 수 있었습니다. 저는 학생들이 쉽게 이해할 수 있는 언어로 피드백을 작성해야 했기 때문에, 제 코멘트를 다시 한번 신중하게 점검하게 되었습니다. 그 결과, 제 피드백은 더욱 집중적이고 개인화되었으며, 학생 개개인의 학습을 효과적으로 지원할 수 있도록 개선되었습니다. 이 활동은 저에게 평가 과정에서 더욱 명확한 의도를 가지게 했으며, 우리가 투자하는 평가 시간이 결코 헛되지 않도록 만들었습니다. 제 피드백의 목표는 명확했습니다. 학생들이 현재 자신의 위치를 이해하고, 다음 목표가 무엇인지 파악하며, 그 목표에 도달하기 위해 어떤 노력이 필요한지 깨닫도록 돕는 것이었습니다.

둘째, 이 활동은 교사와 학생 간의 평가에 대한 관계를 더욱 평등하게 조성했습니다. 학생들은 자신의 학습을 되돌아보는 데 더욱 적극적으로 참여했으며, 제 피드백을 단순히 받아들이는 것이 아니라 이를 활용하여 자신의 성취를 향상시키려는 동기를 갖게 되었습니다. 이 활동에서 평가는 일방적인 과정이 아닌 쌍방향의 과정이 되었습니다. 평가란 파트너십이었으며, 더 이상 교사만의 역할이 아니었습니다. 학생들은 평가에 대한 이해도를 높이며, 자신의 학습에 대한 주도권을 더욱 강화할 수 있었습니다.

셋째, 이 활동은 학교에서 흔히 나타나는 비교 문화의 벽을 허물었습니다. 제 경험상, 학생들은 이 과정에서 점수를 비교하지 않았습니다. 그 이유는 간단합니다. 처음부터 비교할 점수가 존재하지 않았기 때문입니다. 학생들은 개별적인 피드백을 받은 후에도, 기존 평가 방식에서 흔히 볼 수 있는 점수를 비교하는 속삭임이나, 점수에 실망해 어깨를 축 늘어트리는 모습을 보이지 않았습니다. 오히려 학생들은 자신의 성찰 내용과 앞으로 나아가야 할 방향에 대해 열정을 가지고 상담을 마쳤습니다. 그들은 피드백을 학습에 적극적으로 적용하려는 태도를 보였습니다.

이 활동은 제가 평가 실천을 통해 키우고자 했던 성장 마음가짐(growth mindset)의 원칙을 자연스럽게 촉진하는 과정이 되었습니다.

물론, 이 활동이 끝난 후에는 학생들이 자신의 작업을 수정할 시간을 충분히 제공합니다. 의미 있는 성찰과 정확한 자기 평가가 이루어진 상태에서, 저는 학생들이 성장의 과정을 직접 보여 줄 수 있도록 유연성을 유지합니다.

수정하는 적절한 시점을 놓치지 않는 것이 중요하기 때문에, 저는 학생들에게 이 활동 후 한 시간 이내에 수정을 완료하도록 독려합니다. 그러나 추가적인 시간이 필요하다면, 학생들에게 충분한 시간을 제공합니다. 제게 있어 중요한 것은 누가 더 빨리 끝내는지가 아니라, 학생들이 충분한 성찰을 통해 자신의 학습을 정확하게 평가할 수 있도록 돕는 것입니다.

학교의 맥락, 학년, 교과와 관계없이, 점수나 성적을 부여하는 것을 미루고, 피드백을 이해하고 행동으로 옮기는 과정에 집중하는 것은 강력한 가능성을 지니고 있습니다. 학생들이 유용하고 명확한 피드백을 받고, 그 피드백이 학생들에게 제대로 전달되었는지 교사들이 확인하며, 그 피드백을 바탕으로 학생들이 실질적인 행동을 할 수 있는 시간을 제공하지 않는다면, 어떠한 평가도 의미를 가질 수 없습니다. 이 과정을 평가 실천의 기본적인 원칙으로 삼아야 합니다.

#탐구 마음가짐 실행하기

다가오는 탐구 단원에서 이 피드백 활동을 체계적으로 계획해 보세요.

이 활동을 위해 필요한 시간을 미리 확보하고, 학생들이 이번 평가 경험이 이전에 겪었던 다른 평가 방식과 다를 것임을 이해할 수 있도록 스캐폴딩 과정을 투명하게 설계하세요. 학생들이 활동을 진행하는 동안 활용할 질문들을 미리 준비하고, 자기 평가를 완료한 후에는 공동 설계된 루브릭을 활용하여 개별 상담을 진행할 시간을 어떻게 운영할지 계획해 보세요.

이 과정에 의도적인 시간을 투자함으로써, 학생들이 평가를 단순히 결과로 받아들이는 것이 아니라 학습 과정의 일부로 인식하고, 평가에 대한 새로운 주도권을 경험할 수 있도록 지원하세요.

성공의 기반이 되는 관계

교사로서 저는 학생들을 이해하는 것이 얼마나 중요한지 초반부터 배우게 되었습니다. 학생들의 관심사, 호기심 그리고 열정을 아는 것이 저를 더 나은 교사로 성장시키는 요소가 되었습니다. 또한 학생들의 학습 강점과 그들이 직면한 장벽과 어려움을 알게 되면서 더욱 효과적으로 지원할 수 있었습니다. 그리고 흥미롭게도, 제가 학생들을 더 깊이 이해할수록, 그들은 더욱 적극적인 학습자로 변화하는 듯 보였습니다. 마치 마법 같은 순간이었습니다.

이 점을 곰곰이 생각해 보세요. 교사가 학생들과의 관계를 구축하는 데 투자하는 시간은 단순한 교실 내 경험을 넘어, 학생들에게 장기적인 영향을 미칩니다. 학생들은 자신을 교과 과정 속에서 발견하며, 학습을 더욱 진정성 있고 의미 있는 것으로 받아들이게 됩니다. 또한 교사는 학생들이 도전적인 과제에 용기를 내어 도전하고, 성장과 발전을 위한 과정에서 취약함을 받아들일 수 있도록 안전한 학습 환경을 만들어 갑니다.

학생 중심 학습에 대해 이야기한다면, 교사가 교실에서 어떻게 스스로를 낮추고, 학생들을 더욱 적극적이고 의도적으로 그리고 지속적으로 학습의 중심에 두는지에 대해서도 논의하는 것이 중요합니다.

정확하고 목적에 맞으며 성공적인 자기 평가와 학우 평가를 위해서는 교사와 학생들 사이 그리고 학생들 간의 관계를 구축하고 지원하는 것이 중요합니다.

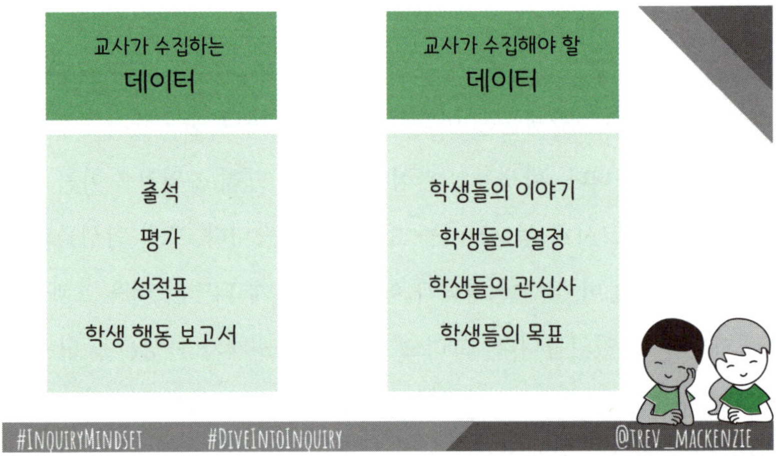

그림 8-1 교사가 수집하는 데이터와 수집해야 할 데이터

관계의 중요성을 강조하며, 몇 년 전 저는 이 이미지를 트위터(현 X)에 올린 적이 있습니다. 단 하루 만에 이 그래픽은 2,000번 이상 리트윗되고 '좋아요'를 받았습니다. 그 자체로도 놀라운 일이었지만, 정작 저를 더욱 감동시킨 것은 이 트윗에 달린 대화였습니다. 그 속에서 아이

디어들이 활발히 공유되었고, 교육에 대한 열정과 헌신이 깊이 드러났습니다. 저는 이 모습을 보며 큰 울림을 느꼈습니다.

무엇이 세계 곳곳의 교사들에게 관계의 힘을 이렇게 강렬하게 각인시켰을까요? 저는 이 이미지를 통해 교육에서 존재하는 불균형에 대한 제 신념을 표현하고자 했습니다. 그러나 그것은 어느 한쪽이 더 우월하거나 강력하다는 점을 주장하려는 것이 아니었습니다. 또한 이 그래픽이 특정 유형의 데이터가 더 중요하다는 논쟁을 일으키기 위한 것도 아니었습니다. 오히려 이 이미지는 제 교육 철학의 핵심을 반영하는 것이었고, 두 가지 유형의 데이터를 어떻게 활용해야 하는지에 대한 제 생각을 담은 것이었습니다.

저는 언제나 행동 연구와 데이터 기반 사고를 바탕으로 가르치는 교사였습니다. 저의 교육 실천을 지속적으로 성찰하고, 그 성찰(즉, 데이터)을 바탕으로 다음에 무엇을 할지, 어떤 부분을 조정하여 더 나은 교육을 실천할지, 그리고 학생들에게 어떤 방식으로 더 깊이 다가갈 수 있을지를 고민합니다. 흔히 '데이터 기반'이라는 표현이 부정적인 의미로 사용될 때도 있지만, 저는 다르게 생각합니다. 제가 수집하는 데이터는 단순한 수치가 아니라 각 학생의 목소리와 정체성이 반영된 자료이기 때문입니다.

이 그래픽이 전달하고자 하는 핵심 질문은 다음과 같습니다. 우리 학생들의 이야기, 열정, 관심사 그리고 목표는 우리의 증거 기반 실천에 어떻게 반영될 수 있을까? 이 데이터는 교육을 어떻게 이끌며, 교수법을 형성하는 데 어떤 역할을 할 수 있을까?

이 질문들은 이상적이고 거창해 보일 수 있습니다. 그러나 우리는 학생들의 삶을 변화시키는 일을 하고 있습니다. 그리고 학생들은 자신의 목소리가 교육의 일부로 반영될 권리를 가지고 있습니다. 저는 이 그래픽이 많은 교사의 공감을 불러일으킨 이유가 바로 여기에 있다고 생각합니다. 교육에서는 너무 오랫동안 첫 번째 표에 해당하는 데이터(출석, 평가, 성적표, 학생 행동 보고서)가 지나치게 강조되어 왔습니다. 학생들을 단순한 데이터 포인트로 바라보고, 그들의 성취를 수치화하는 것은 비교적 쉬운 일입니다. 하지만 그들의 관심사, 호기심, 강점 그리고 학습에서 직면하는 도전들을 깊이 이해하는 일은 훨씬 더 어렵습니다. 저는 바로 이 부분이 저를 학생들과 더욱 의미 있게 연결하도록 만들었다고 믿습니다.

제 바람은 학습에서 관계가 가지는 역할을 강조하고, 신뢰와 배려를 기반으로 한 교실 문화를 조성하는 방법을 제시하는 것입니다. 교육은 모든 학생이 공평하게 참여할 수 있는 환경과 심리적 안전감을 제공하는 것에서 출발해야 합니다. 제가 배운 것은 학생들의 이야기, 열정, 관심사, 목표가 교실 문화와 평가 방식, 교수법에 자연스럽게 스며들었을 때, 오히려 첫 번째 열에 해당하는 데이터가 더욱 명확하고 정확하며 학생들에게도 의미 있게 다가간다는 것입니다.

저는 탐구 접근 방식을 실천하는 교사들을 지원하며 전 세계의 다양한 학교를 방문합니다. 학교마다 문화, 언어, 커리큘럼이 다르지만, 한 가지 공통된 주제는 교실에서 관계가 어떤 역할을 하는가입니다. 우리는 어떻게 강한 관계를 구축하고 유지할 수 있을까? 학생들을 더 잘 알기 위해 우리는 무엇을 할 수 있을까? 그리고 학생들에게 '우리가 너희를 진심으로 보고 있다.'라는 메시지를 어떻게 전달할 수 있을까? 이러한 질문을 중심으로, 저는 이 이미지를 공유하며 교실에서 중요하게 다루어야 할 두 가지 유형의 데이터를 논의하고 있습니다. 이 작업을 여러분과 함께 나누고 싶습니다.

탐구 문화의 구축을 위한 세 가지 질문

① 우리는 어떻게 학생들을 깊이 이해할 수 있을까요?
② 진정한 탐구가 활발히 이루어질 수 있도록, 어떤 관계와 신뢰의 기반을 구축해야 할까요?
③ 학생들이 심리적으로 안전하다고 느낄 수 있는 학습 문화를 어떻게 조성할 수 있을까요? 그 안에서 학생들이 자유롭게 도전하고, 자신의 취약성을 탐구하며, 실패를 자연스러운 과정으로 받아들이고, 판단과 비난, 감시에서 벗어날 수 있도록 하기 위해서는 무엇이 필요할까요?

이 세 가지 질문을 전 세계의 교사들 및 학생들과 함께 탐구하며, 우리는 학생들과 그리고 서로 간의 관계를 어떻게 형성할 수 있는지에 대한 중요한 통찰을 얻게 됩니다. 이 대화 속에서 제가 지원하는 각 학교는 그들만의 탐구 문화를 발견하게 됩니다. 여기에서 저는 제가 경험한 가장 의미 있는 몇 가지 사례를 공유하고자 합니다. 이 통찰이 여러분의 동료 교사들과 학생들에게 전달되어, 여러분의 학교에서 탐구 문화를 형성하는 데 도움이 되기를 바랍니다.

가르치기 전에 먼저 나를 알아 주세요

최근 저는 호주 퀸즐랜드에 위치한 쿠메라 리버스 공립학교(Coomera Rivers State School)에서 탐구 학습을 지원하는 기회를 가졌습니다. 이 학교는 학생들의 요구, 지역 사회의 변화 그리고 세계의 흐름에 맞춰 끊임없이 발전하는 비전을 가진 곳으로, 매우 인상적인 활동들을 실천하고 있었습니다.

특히 교사들은 매주 강력한 교수법을 개발하고, 동료 학습을 통해 협력하며 함께 성장하는 시간을 갖고 있었습니다. 이 학교는 애플 선정 혁신학교(Apple Distinguished School)로 선정되었으며, 학생들에게 각자의 아이패드(iPad)를 제공하는 BYOD(Bring Your Own Device) 프로그램을 운영하고 있어, 학습의 유연성을 높이고 개별 맞춤형 학습 기회를 제공하는 환경을 조성하고 있었습니다.

그러나 제가 쿠메라 리버스 공립학교에서 가장 깊이 배운 것은 "가르치기 전에 먼저 나를 알아 주세요(Know Me Before You Teach Me)."라는 개념이었습니다. 이 개념에 대해 더 깊이 이해하기 위해, 저는 이 학교의 학습 조정자(learning coordinator)인 카렌 캐스웰(Karen Caswell) 선생님께 설명을 요청했습니다.

"가르치기 전에 먼저 나를 알아 주세요."가 무엇을 의미하나요?

상상해 보세요. 새 학년이 시작된 첫 주, 복사기가 쉴 새 없이 돌아가고 있습니다. 종이마다 진단 평가 결과가 출력됩니다. 맞춤법, 수 감각,

글쓰기, 독해 평가까지.

이제 교실을 떠올려 보세요. 학생들은 조용히 앉아 독립적으로 작업을 하고 있습니다. 교사나 새로운 친구들과의 의미 있는 상호작용은 거의 없습니다. 그날 집으로 돌아간 학생들에게 가족들이 묻습니다. "오늘 학교 어땠어?" "새 선생님은 어떠셨어?" "새 친구들은 좋아?"

우리 교사들은 과밀한 커리큘럼 속에서 매일의 학습이 중요하다고 여겼지만, 학생, 교사 그리고 가정 간에 긍정적인 관계가 형성되지 않으면 학습 효과는 극대화될 수 없다는 점을 깨닫게 되었습니다.

그래서 우리는 학생들에게 첫 주 동안 무엇이 필요했는지 직접 물었습니다. 그리고 그들의 대답은 우리에게 큰 깨달음을 주었습니다. 학생들은 자신의 어려움—학습에서든 생활에서든—을 선생님과 이야기할 시간이 필요하다고 했습니다. 어떤 아이들은 친구 관계에 대한 고민을 나누고 싶어 했고, 어떤 아이들은 부모님의 이혼과 같은 가정 내 변화에 대해 이야기하고 싶어 했습니다. 하지만 학생들은 단순히 고민을 나누고 싶은 것만이 아니었습니다. 그들은 좋은 친구가 되고 싶었고, 자신의 강점을 선생님께 보여 주고 싶었습니다. 새로운 학년을 시작하면서 새로운 선생님과 긍정적인 관계를 형성할 기회를 원하고 있었습니다.

학생들의 이러한 필요를 반영하기 위해, 우리는 "가르치기 전에 먼저 나를 알아 주세요(Know Me Before You Teach Me: KMBYTM)" 프로그램을 개발했습니다.

이 프로그램을 통해, 우리는 새 학년의 첫 주를 학문적 내용보다 학생, 교사 그리고 가정이 관계를 형성하는 데 집중하는 시간으로 만들기 위해 커리큘럼을 조정했습니다. 이 과정은 학교 전체 차원의 이니셔티

브로 운영되었으며, 모든 학급이 함께 참여했습니다.

우리는 학생들이 자연스럽게 빛날 수 있도록, 재미있고 적극적으로 참여할 수 있는 다양한 활동을 설계했습니다. 예를 들어, "나를 글쓰기로 알아보기" 활동에서는 전교적인 글쓰기 프로젝트를 진행하며, '험피 덤피(Humpty Dumpty)[1]'라는 실생활 주제를 활용하여 학생들이 자신의 생각을 자유롭게 표현할 수 있는 기회를 가졌습니다. "나를 독서로 알아보기" 활동에서는 책 탐색 활동을 통해 학생들이 다양한 책을 살펴보고, 자신이 읽고 싶은 책을 선택한 후 이를 도서관에 추가하는 과정에 참여했습니다. 또한 "나를 사람으로 알아보기" 활동에서는 팀워크, 인성, 시민의식을 강조하는 도전 기반 활동을 진행하며, 학생들과 교사들이 함께 협력하고 소통하는 시간을 가졌습니다. 이러한 활동을 통해 학생들은 단순히 학업적인 성취에 초점을 맞추는 것이 아니라, 자신의 다양한 특성과 강점을 발견하고 성장하는 기회를 가질 수 있었습니다.

"가르치기 전에 먼저 나를 알아 주세요"의 이점은 무엇이었나요?

이 활동의 효과는 매우 컸습니다. 활동은 학교 전체가 함께 참여하는 방식으로 운영되었으며, 그 결과 모든 학생이 학교에서의 하루를 즐겁게 보내며 의미 있는 경험을 집으로 가져갈 수 있었습니다. 교사들 역시 학생들과의 교류 속에서 긍정적인 경험을 했습니다. 학생들은 소속감과 주인의식을 가지게 되었으며, 그 결과 학교 생활과 학습 환경에

1) '험피 덤피'는 전래동화 속 캐릭터로, 벽에서 떨어져 깨진 달걀의 모습으로 널리 알려져 있으며, 회복과 문제 해결에 대한 상징적인 이야기로 사용됩니다.

더욱 쉽게 적응할 수 있었습니다. 무엇보다도 가장 중요한 점은 교사와 학생들이 서로를 더욱 깊이 이해하게 되었다는 것입니다. 이는 학생들이 학습에서 어려움을 겪거나 행동 문제가 발생했을 때 더욱 뚜렷하게 나타났습니다. 학생들은 어려운 상황을 극복하려는 의지가 강해졌고, 문제가 발생했을 때 교사와 함께 해결하려는 태도 또한 긍정적으로 변화했습니다. 또한 이 활동은 가정과 학교 간의 열린 의사소통을 촉진하는 계기가 되었습니다. 학부모들은 이메일에 더욱 신속하게 응답하고, 학교에서 걸려 오는 전화에도 적극적으로 응대하며, 행사와 활동에 더욱 적극적으로 참여하는 모습을 보였습니다. 이러한 변화의 근본적인 이유는 교사와 학급에 대한 신뢰가 형성되었기 때문입니다. '가르치기 전에 먼저 나를 알아 주세요' 활동은 단순한 프로그램을 넘어, 학생, 교사 그리고 학부모가 서로를 더 잘 이해하고 협력할 수 있도록 돕는 강력한 연결고리가 되었습니다.

"가르치기 전에 먼저 나를 알아 주세요"를 학교에서 어떻게 더 발전시키고 싶으신가요?

2021년에는 '가르치기 전에 먼저 나를 알아 주세요'의 첫 해 성공을 바탕으로, 학습자들을 더 깊이 이해할 수 있는 기회를 더욱 확대할 예정입니다. 예를 들어, '창작자로서의 나를 알아 주세요(Know Me as a Creator; 학생들이 창의적인 방식으로 자신을 표현하고, 다양한 매체와 도구를 활용하여 자신의 아이디어와 열정을 공유하는 활동)'와 같은 활동을 통해 학생들과의 관계 형성을 지속적으로 이어 갈 계획입니다. 또한 학교 전체가 참여하는 첫 번째 탐구 단원에서는 '정체성과 소속감'에 중점을 둘 예정입니다.

탐구 기반 학습을 활용하여 '구글로 답을 찾을 수 없는 질문'을 탐색하며, 학생들이 자신의 강점을 파악하고, 도전 과제를 극복하기 위한 전략을 개발하며, 개인적인 특성과 긍정적인 관계가 성공에 어떻게 기여하는지를 이해할 수 있도록 돕고자 합니다. 뿐만 아니라 존중, 공감 그리고 다양성이 우리의 정체성과 소속감을 어떻게 강화하는지 배우고, 타인의 정체성과 소속감을 존중하는 태도를 기를 것입니다. 궁극적으로 우리의 비전은 학생들이 깊이 있는 학습을 통해 21세기 시민으로서 협력하고 소통하며, 비판적이고 창의적으로 사고하는 능력을 길러 학교, 지역 사회 그리고 세상에 긍정적인 영향을 미칠 수 있도록 돕는 것입니다.

학생들을 맞이하다

학생들은 새로운 시작을 갈망합니다. 그들은 새롭게 출발할 기회와 교사에게 자신을 증명할 기회를 원합니다. 매일 우리는 학생들에게 친절, 이해, 공정함 그리고 포용을 바탕으로 학습을 시작할 기회를 제공할 수 있습니다. 우리는 유연하게 대처하고, 친근하게 다가가며, 학생들을 지원할 수 있는 힘을 가지고 있습니다. 많은 순간, 나는 교사들이 자비로운 태도로 학생들을 이끄는 모습을 보았습니다. 그 순간마다 그들의 행동이 얼마나 진심 어린지 그리고 학생들을 얼마나 깊이 배려하는지에 감탄하곤 했습니다. 우리는 학생들에게 하루의 첫 번째 상호작용을 통해 새로운 출발을 할 수 있는 기회를 줄 수 있습니다. 그렇다면, 이 기회는 어떤 모습으로 나타날 수 있을까요? 그리고 우리는 이 소중한 기회를 어떻게 최선으로 활용할 수 있을까요?

교실 문 앞에서 학생들을 맞이하기

매주 한 번(가능하다면 더 자주), 교실 문 앞에서 학생들을 맞이하는 시간을 가져 보세요. 문을 열어 주고, 밝게 인사를 건네며, 눈을 맞추세요. 학생들이 학교에 들어서면서 첫 만남을 통해 따뜻하게 환영받고, 신뢰감을 느끼며, 소속감을 경험할 수 있도록 하는 것이 중요합니다. 이러한 순간이 쌓이면 그날의 학습을 위한 긍정적인 출발이 만들어집니다.

학생들이 자신이 받아들여지고 존중받고 있다는 느낌을 받을 때, 이는 학습에 긍정적인 영향을 미칩니다. 그들은 학습할 준비가 되어 있을 뿐만 아니라, 학교에서 어른들이 자신을 인식하고 있다는 사실을 깨닫게 됩니다. 이러한 포용적인 환경을 조성하는 노력은 우리가 교실 문 앞에서 보내는 시간에 대한 충분한 보상이 됩니다.

저는 제 학교에서 이러한 경험이 효과적으로 나타났던 한 사례를 기억합니다. 쉬는 시간에 화장실로 가던 중, 다른 교실에서 갑자기 뛰쳐나오는 한 학생을 보게 되었습니다. 그는 벽을 세게 차고, 주먹을 휘두르며 욕설을 내뱉고, 머리를 거칠게 쥐어뜯고 있었습니다. 다가가면서 그가 데이비드(가명)임을 알게 되었습니다. 우리에게는 영어 수업을 통해 형성된 강한 유대감이 있었습니다. 그 순간 그를 만난 것이 행운이라고 생각했습니다. 저는 그를 진정시키고, 그가 무엇을 느끼고 있는지 들어 주었습니다. 데이비드의 이야기를 들으면서 그가 왜 그렇게 화가 났는지 이해하게 되었고, 학교 상담 교사와 만나 보자고 설득할 수 있었습니다.

상담실로 가는 길에 저는 그가 상담 과정에서 무엇을 기대할 수 있을지 미리 준비할 수 있도록 도왔습니다. 저는 우리 상담 교사가 얼마나 친절하고 지원적인지 설명하며, 자신의 감정을 솔직하게 공유하는 것이 문제 해결에 도움이 될 것이라고 이야기했습니다. 또한 저 역시 가끔 압박감을 느낄 때가 있으며, 그런 감정을 다루는 방법에 대해 이야기하고, 데이비드가 상담 과정에서 긍정적인 경험을 할 수 있도록 심리적 기반을 마련해 주려 했습니다. 하지만 예상치 못한 일이 일어났습니다. 사실, 제가 했던 모든 행동이 필요하지 않았을지도 모릅니다. 상담 교사를 만나는 순간, 데이비드의 태도와 에너지가 완전히 달라졌습니다. 그는 제 동료를 알아보고, 그와 대화를 나누기도 전에 이미 신뢰하며 존경하는 모습을 보였습니다. 어떻게 이런 일이 가능했을까요?

우리 학교에서는 매일 아침, 상담 교사가 학생들이 학교에 들어올 때 문을 열어 줍니다. 그는 학생들을 따뜻하게 맞이하며, 농담을 건네고, 하이파이브를 나누며, 미소와 작은 친절을 베풉니다.

이 루틴을 경험한 학생 중 대다수는 사실 상담 교사와 직접적인 관계가 없거나, 따로 상담을 받아 본 적이 없는 경우가 많습니다. 데이비드 또한 그중 한 명이었습니다. 하지만 매일 아침 쌓인 작은 친절의 순간들이 학생들과의 관계의 씨앗이 되었고, 그것이 결국 특별한 유대감으로 성장했습니다.

데이비드는 상담 교사를 신뢰할 수 있는 사람 그리고 자신의 감정을 솔직하게 이야기할 수 있는 사람으로 자연스럽게 인식하게 되었습니다. 만약 상담 교사가 매일 아침 학교 문을 열어 주는 역할을 하지 않았다면, 데이비드는 그와의 대화에서 그렇게 강한 신뢰를 가지고 접근하지 못했을지도 모릅니다.

슬프게도 많은 학생에게 가장 불안한 순간은 바로 학교 건물에 들어서는 순간입니다.

학생들에게 학교에 들어서는 첫 순간부터 친절과 포용을 경험하게 해 주는 것은 그들이 학습할 준비를 할 수 있도록 돕는 중요한 요소입니다. 이는 학생들의 정서적 안정을 지원할 뿐만 아니라, 그들의 필요를 더 깊이 이해하고 충족할 수 있는 기회를 제공합니다.

특별한 학교 행사에서 학생들을 맞이하기

학교에서 가장 감동적인 순간 중 하나는 교사들이 함께 모여 학교 행사나 특별한 날에 학생들을 맞이하는 장면입니다. 학교의 첫날이든, 마지막 날이든, 학생들의 존재를 축하하고 큰 박수와 환호 그리고 하이파이브 터널(gauntlet of high fives)[2]로 맞이할 때, 관계 중심의 학교 문화가 형성되기 시작합니다.

이 QR 코드를 스캔하면 영상을 볼 수 있습니다.

2) '하이파이브 터널'은 교사와 학생들이 양쪽으로 줄을 서서 지나가는 학생들에게 차례로 하이파이브를 건네는 환영 방식입니다.

미국 오리건주 맥민빌 고등학교(McMinnville High School)에서는 9학년 학생들이 처음으로 등교하는 날, 교직원들이 학교의 중앙 복도에 줄을 서서 그들을 맞이합니다. 이러한 따뜻한 환영이 만들어 낸 결과는 학생들에게 강한 소속감을 심어 준다는 것입니다. 그들은 자신이 특별한 공동체의 일부이며, 자신보다 더 큰 무언가에 속해 있다는 느낌을 받습니다. 또한 학교에 대한 자부심을 갖게 되고, 교사들이 자신을 진심으로 아끼고 있다는 사실을 깨닫게 됩니다.

이러한 포용과 축하의 문화 속에서 학생들은 교실에 들어갈 때 더욱 의미 있는 학습자로서의 역할을 받아들일 준비가 되어 있습니다. 맥민빌 고등학교의 교장, 에이미 패스트 박사(Dr. Amy Fast)께 감사드립니다. 그가 공유해 준 이 영상은 학생들을 함께 축하하는 것의 중요성과 진정한 소속감 및 공동체 의식을 형성하는 데 있어 협력적인 환영 문화가 얼마나 중요한지를 잘 보여 줍니다.

교실 문 앞에서 학생 맞이하기

수업 간 전환 시간은 학생들에게 어려운 도전이 될 수 있습니다. 많은 학교에서는 수업 간 이동을 위해 단 5분만을 제공합니다. 이 짧은 시간 동안 학생들은 화장실을 다녀오고, 간식을 먹고, 사물함을 이용하고, 친구들과 짧은 대화를 나누며, 자신의 감정을 조절하고 상태를 확인해야 합니다. 또한 이 5분은 한 교사의 기대와 교수법에서 다른 교사의 기대와 교수법으로 전환하는 시간이기도 합니다.

특히 탐구 중심의 교실에서는 학생들이 학습에서 더욱 능동적인 역할을 하게 되므로, 이 전환 과정이 더욱 중요해집니다. 학생의 주도성과 진정한 의사 결정이 교실 운영의 핵심이 되는 학습 환경에서는 이 짧은 전환 시간이 더욱 큰 영향을 미칠 수 있습니다.

학교 시스템, 시간표, 종소리 중심의 운영 방식은 학생들에게 비현실적일 정도로 많은 요구를 합니다. 하루 동안 학생의 입장이 되어 그들의 일과를 직접 경험해 보세요. 그들의 수업에 참여하고, 쉬는 시간을 갖고, 그들이 머무는 공간에서 시간을 보내 보세요. 이 과정을 경험하며 성찰 노트를 작성하고, 관찰 내용을 기록하며, 자신이 느낀 감정과 집중력, 에너지 수준을 반추해 보세요. 아마도 우리는 이러한 경험을 통해 상당한 피로감을 느끼게 될 것입니다.

저는 매 수업이 시작될 때 교실 문 앞에서 학생들을 맞이하고, 수업이 끝날 때 배웅하는 것을 실천하기로 결심했습니다. 이 과정이 생각보다 쉽지 않다는 것을 깨달았습니다. 매일 수십 통의 이메일을 확인해야 하고, 각 수업을 위한 막바지 준비를 해야 하며, 예상치 못한 다양한 요구를 처리해야 하는 교사의 현실 속에서 이를 꾸준히 실천하는 것은 쉽지 않습니다. 그럼에도 불구하고, 저는 가능한 한 이 습관을 유지하려 노력하며, 학생들은 이러한 작은 친절을 크게 받아들이고 있습니다.

제가 학생들을 맞이하는 시간을 가장 가치 있게 여기는 이유는 이 짧은 순간이 학생들과 비공식적으로 소통하는 시간이 되기 때문입니다. 학생들의 몸짓과 표정을 읽으며 그들의 감정을 파악하고, 학습에 대한 준비 상태를 가늠할 수 있습니다. 수업이 시작되기도 전에, 저는 학생들의 상태를 고려하여 수업을 어떻게 진행할지에 대한 결정을 내릴 수 있습니다. 동시에, 교실 문 앞에서 학생들을 맞이하는 것은 신뢰, 협력, 소통이 바탕이 된 학습 문화를 조성하는 데 기여합니다. 학생들은 교사가 자신을 진심으로 아끼고 있다는 것을 알 때, 놀라운 일들이 일어납니다.

이 실천이 어떻게 이루어지는지 보고 싶다면, 에듀토피아(Edutopia)에서 제작한 영상 "교실 문에서의 인사로 관계 형성하기(Making Connections with Greetings at the Door)"를 확인해 보세요. 이 영상에서는 학생들과의 첫 만남을 어떻게 의미 있게 활용할 수 있는지에 대한 다양한 팁과 전략을 공유합니다. 감정적 · 신체적 안정감, 문화적 존중과 자율성, 그리고 학생의 학습 준비 상태를 살피는 기회로서 교사의 첫 인사가 갖는 강력하고 지속적인 효과를 확인할 수 있습니다.

이 QR 코드를 스캔하면 영상을 볼 수 있습니다.

천천히 시작하기

학습으로의 전환은 단순히 교실 문을 통과하는 순간 끝나는 것이 아닙니다. 그것은 교실에서 함께 보내는 시간 동안 지속적으로 이루어집니다. 저는 학생들에게 충분한 시간을 주지 않고 곧바로 수업을 시작하는 경우가 거의 없습니다. 학생들이 자리에 앉아 친구들과 자연스럽게 소통하며, 학습을 준비할 시간을 갖는 것이 중요하기 때문입니다. 학습 준비는 다양한 방식으로 이루어질 수 있습니다. 때로는 학생들의 흥미를 자극하고 참여를 유도하며 호기심을 불러일으키는 자극적인 학습의 시작점이 될 수 있습니다. 이러한 자극 요소는 비디오, 인상적인 이미지, 흥미로운 유물, 강렬한 발언, 게스트 연사, 탐구 활동, 심지어 현장 학습까지 매우 다양합니다. 그 가능성은 무한합니다!

저는 학생들에게 자극을 제공할 때, 항상 다음 세 가지 질문을 던집니다. 무엇을 발견했나요? 무엇이 궁금한가요? 무엇을 알고 있나요? 이 사고 루틴은 학생들이 탐구하는 태도로 학습을 시작하도록 돕고, 즉각적인 참여와 질문을 촉진합니다. 또한 학생들에게 이전에 배운 지식을 활용할 기회를 제공하여 학습을 단순히 받아들이는 것이 아니라 능동적으로 방향을 설정하는 과정으로 만듭니다. 이렇게 학습이 더욱 개인화되고, 학생들에게 맞춘 방식으로 진행될 수 있습니다. 만약 자극을 활용하는 방법에 대해 더 깊이 알고 싶다면, 『Inquiry Mindset: Elementary Edition(초등 교사를 위한 탐구 마음가짐)』에서 관련 내용을 참고할 수 있습니다.

또한 천천히 시작하는 또 다른 방법은 성찰 질문(reflection questions)을 활용하는 것입니다. 성찰 질문은 보통 전날의 궁금증, 주요 개념, 우리가 탐구하는 '구글로 답을 찾을 수 없는 질문' 혹은 깊이 있는 개념을 이해하는 과정에서 활용됩니다. 이를 통해 학생들은 자신이 학습을 어떻게 받아들이고 있는지 성찰할 수 있으며, 감정을 표현하는 기회도 얻을 수 있습니다. 이러한 과정은 학생들이 수업과 교사의 기대에 자연스럽게 적응하도록 돕고, 학습 준비 상태를 평가하며 스스로 조절할 수 있는 시간을 제공합니다. 성찰 질문은 단순한 대화 활동으로 진행될 수도 있습니다. 학생들이 짝과 성찰 내용을 공유하도록 한 후, 저는 교실을 돌아다니며 그들의 대화를 체크하고, 학습 상태를 파악하며, 필요한 지원이 무엇인지 확인할 수 있습니다.

성찰 질문은 디지털 방식이나 종이에 기록하여 학생들의 학습 포트폴리오에 추가할 수도 있습니다. 학습 증거를 체계적으로 모으고 사고 과정을 시각화하는 것은 나중에 학생들이 자신의 사고 과정을 돌아보고 의미 있는 성찰을 나누는 데 중요한 역할을 합니다. 이 과정은 학습을 단순한 지식 습득이 아니라, 깊이 있는 이해와 자기 주도적인 탐구로 이끄는 핵심적인 요소가 됩니다.

교실 밖으로 나갔다가 다시 들어오기

교실 밖에서 일어나는 일들도 중요합니다. 때때로 그런 경험이 학습의 시작점을 찾거나 학습과의 연관성을 발견하는 데 도움을 주기도 합니다. 방과 후 활동, 가족 행사나 여행, 주말에 있었던 흥미로운 일들 혹은 단순히 학생들의 교실 밖 삶이 중요하다는 사실을 인정하는 것까지, 학생들은 우리가 그들의 관심사, 호기심, 열정을 신경 쓰고 있다는 것을 알고 싶어 합니다.

최근 저는 수업에서 중요한 변화를 주었습니다. 바로 학교 행사에 적극적으로 참여하는 것입니다. 음악 발표회, 스포츠 경기, 연극 공연, 로봇 경연, 클럽 기금 모금 행사 등 어떤 행사든 최대한 참석하여 학생들을 응원하고 격려하려고 합니다. 저는 제 초등학교 자녀들도 함께 데려가, 그들이 제가 가르치는 고등학교에서 제공되는 다양한 기회에서 영감을 받을 수 있기를 바랍니다.

학생 중 대부분은 제가 농구 경기나 음악 발표회에 참석했다는 사실을 알아채지 못할 수도 있습니다. 그러나 중요한 것은 그 다음날의 변화입니다. 수업 중에 훌륭한 경기나 공연을 한 학생을 만나면, 그들의 멋진 성과를 축하해 줍니다. 학생들은 교사가 단순히 과제나 성적이 아닌, 자신이 열정을 쏟고 있는 활동에 관심을 두고 있다는 점을 크게 감사하게 여깁니다. 그들은 교사가 자신의 재능과 노력을 인정해 주었다는 사실에 기뻐하며, 이러한 작은 관심이 그들의 자신감과 동기 부여에 긍정적인 영향을 줍니다. 이러한 상호작용은 이후 자유 탐구 단원에서 학생들의 관심사, 호기심, 열정을 탐색할 때 매우 유용하게 작용합니다. 학생들이 교실 밖에서 보여 준 모습들을 바탕으로 탐구의 방향을 함께 설정할 수 있기 때문입니다.

교실 밖에서 학생들을 만나고 다시 교실로 돌아오는 과정에는 또 다른 의미가 있습니다. 그것은 학생들에게 제 세계를 더 많이 열어 놓고, 교실 밖에서의 경험과 이야기를 공유하는 것에 더 자신감을 가지게 되었다는 점입니다. 처음에는 제 개인적인 이야기나 관심사, 열정을 학생들에게 공유하는 것이 망설여졌습니다. 저는 '직장 생활'과 '학교 생활'은 분리되어야 한다고 생각했습니다.

또한 학생들이 제 취미나 관심사에 대해 알고 싶어 하지 않을 것이라고 여겼습니다. 하지만 시간이 지나면서, 학생들에게 제 자신을 더 많이 공유하는 것이 관계를 강화하고, 함께 탐구하는 문화를 조성하는 데 중요한 역할을 한다는 것을 깨달았습니다. 학생들과 신뢰를 쌓고 그들의 삶을 존중하는 만큼, 저 역시 저의 경험과 관심사를 공유할 때 학생들과 더 깊이 연결될 수 있었습니다. 결국, 교육은 단순한 지식 전달을 넘어 서로의 이야기를 나누고 의미 있는 관계를 형성하는 과정이기 때문입니다. 저는 학생들과 이야기를 나눌 때 몇 가지 중요한 원칙을 마음에 두고 있습니다.

솔직함을 유지하라

학생들은 가식적인 태도를 금방 알아챕니다. 항상 진실을 바탕으로 소통하는 것이 중요합니다. 교실에서 저의 취약함, 실패에 대한 두려움, 불확실함을 솔직하게 보여 주는 것은 학생들이 저를 학습자로 인식하게 만들고, 결국 신뢰를 형성합니다. 이렇게 하면 학생들도 자신의 취약함, 실패에 대한 두려움, 불확실함을 더 자유롭게 탐구할 수 있는 용기를 얻게 됩니다. 이러한 상호작용을 통해 저는 인내심과 성장 마음가짐을 직접적으로 모델링할 수 있습니다. 학생들은 우리의 경험을 통해 많은 것을 배울 수 있습니다. 우리가 솔직하고 진정성을 담아 자신의 이야기를 공유할 때, 학생들은 자신들의 이야기를 나누는 것에 대한 자신감을 갖게 됩니다.

전문성을 유지하라

저는 언제든 "아니요."라고 말할 권리가 있으며, 제가 편하지 않은 부분까지 굳이 드러낼 필요는 없습니다. 학생들에게 제 삶과 제가 사랑하는 것들을 공유하는 것은 중요하지만, 적절한 선을 지키는 것이 더 중요합니다. 따라서 저는 학생들과의 대화에서 항상 전문성을 유지하며, 교사로서 적절한 경계를 지키는 것을 원칙으로 삼습니다.

열정을 보이라

학생들은 실제로 열정을 행동으로 보여 주는 교사와 함께할 필요가 있습니다. 그들은 열정적으로 가르치는 교사를 보며, 스스로도 커다란 질문과 호기심을 가질 수 있어야 합니다. 제가 교사로서 탐구 기반 교수법을 확장하기 위해 스스로 연구하는 과정 또한 학생들에게 보여 줄 가치가 있습니다. 새로운 것을 시도하고 배우는 것에 대한 저의 열정을 공유하면, 학생들 역시 새로운 도전에 대한 기대감과 의지를 갖게 됩니다.

제가 학생들과 공유하는 열정은 교실 밖의 관심사에서 비롯되기도 합니다. 제가 열정을 가지고 있는 것에 대해 이야기할 때, 그것이 단순한 즐거움이 아니라 꾸준한 연습과 도전의 과정 속에서 형성된 것임을 설명합니다. 열정은 하루아침에 생기는 것이 아닙니다. 오랜 시간 동안 실패와 성취를 반복하며, 때로는 인내심을 가지고 지속할 때 비로소 진정한 열정으로 자리 잡게 됩니다. 처음에는 단순한 질문, 호기심 혹은 관심으로 시작된 것들이 시간이 지나고 꾸준한 노력을 통해 결국 깊이 있는 열정으로 발전한다는 사실을 학생들에게 전달하고 싶습니다.

인간적인 모습을 보이라

수업이 계획대로 흘러가지 않을 때는 솔직하게 인정합니다. 스트레스를 받으면 그 감정을 표현합니다. 어떤 일이 어려울 때는 솔직하게 불확실함을 이야기합니다. 때로는 저도 휴식이 필요하다고 느낄 때가 있습니다. 그럴 때는 학생들에게도 함께 잠시 쉬자고 제안합니다. 저는 매일 열정적인 교사가 되기 위해 노력하지만, 완벽한 교사가 되는 것은 현실적이지 않다는 것을 알고 있습니다.

학습은 결코 단순한 직선형 과정이 아닙니다. 학생들은 교사가 배움 속에서 갈등을 겪고, 어려움을 해결해 나가는 모습을 보며 자신감과 용기를 얻습니다. 실패를 패배로 여기거나 스트레스를 학습의 장애물로 인식하는 대신, 이러한 감정들이 학습 과정에서 언제든 나타날 수 있는 자연스러운 요소임을 깨닫게 됩니다. 학생들은 교사가 이러한 상황을 어떻게 극복하는지 직접 보면서 스스로 해결 방법을 찾아가게 됩니다. 이 과정에서 실패와 스트레스를 극복하는 전략을 익히고, 이를 통해 자신에게 닥친 도전들을 더 이상 위협적인 것이 아니라 극복할 수 있는 과제로 받아들이게 됩니다. 이는 우리 학생들이 보다 탄력적이고 적극적인 학습자로 성장할 수 있도록 돕는 중요한 과정입니다.

이 장을 마무리하며, 학생들에게 깊은 울림을 준 진정성 있는 사례를 하나 공유하고자 합니다. 그것은 바로 빌 헤이더(Bill Hader)의 이야기입니다. 그는 아동 마음 연구소(Child Mind Institute)에서 제작한 "내 어린 시절의 나에게 전하고 싶은 말(What I Would Tell #MyYoungerSelf)" 영상에서 젊은이들에게 솔직한 메시지를 전합니다. 영상에서 그는 자신이 평생 겪어 온 불안 증상과 이를 어떻게 극복해 왔는지에 대해 이야기합니다.

저는 이 짧은 영상을 학생들에게 자주 보여 줍니다. 그 이유는 두 가지입니다. 첫째, 빌 헤이더는 정말 재미있는 사람입니다. 학생들은 그를 TV와 영화에서 익숙하게 봐 왔기 때문에, 그가 자신의 심각한 불안에 대해 이야기하는 순간 놀라면서도 동시에 깊이 몰입하게 됩니다.

이 QR 코드를 스캔하면 영상을 볼 수 있습니다.

둘째, 그는 이 문제를 솔직하면서도 전문적으로

풀어 갑니다. 그가 들려주는 경험은 우리를 이야기 속으로 끌어들이고, 공감하게 만들며, 주제에 더욱 집중할 수 있도록 합니다. 하지만 불안의 심각성에 대해 지나치게 무겁거나 과하게 다루지는 않습니다.

그의 메시지는 희망적입니다. 헤이더가 제시하는 해결책은 명확하고 실천 가능한 방법들입니다. 또한 그는 너무 개인적인 방식으로 접근하지 않으면서도, 친근하고 다정한 태도로 이야기를 전달합니다. 주제를 자연스럽게 풀어 가면서도 부담스럽지 않게 다루는 그의 방식 덕분에, 학생들은 이 영상을 더욱 편안하게 받아들입니다. 기회가 된다면 꼭 한번 보시기를 추천합니다!

#탐구 마음가짐 실행하기

"교사가 수집하는 데이터, 교사가 수집해야 할 데이터(Data We Collect, Data We Should Collect)" 이미지를 활용하여 동료들과 공유하고, 각자가 학생들과 어떻게 관계를 형성하고 있는지에 대해 아이디어를 나누어 보세요. 이 과정에서 서로의 경험을 공유하며, 이러한 방법들이 학생들에게 어떤 영향을 미쳤는지 이야기해 보는 것도 좋습니다. 또한 동료들이 학생들과 관계를 형성하는 다양한 방식 중에서 학교와 문화 차원에서 모두 적용해야 한다고 합의할 수 있는 방법들을 찾아보세요. 학생들과 신뢰를 쌓기 위한 일관된 접근 방식을 적용했을 때 얻을 수 있는 이점을 상상해 보세요. 이러한 노력이 쌓이면 학생들과 가족들이 교사와 학교를 더욱 신뢰하게 되고, 교직원 전체가 함께하는 성장과 변화를 기대할 수 있습니다.

또한 자신의 탐구 실천을 돌아보며, 학생들의 이야기, 열정, 관심사, 목표가 자신의 수업 계획, 평가, 교육 방식에 어떻게 반영될 수 있을지 고민해 보세요. 학생들에 대해 더 깊이 알아갈수록 교사로서 더 효과적인 역할을 수행하게 되었다는 것을 느낄 수 있을 것입니다. 학생들의 관심사와 호기심을 발견하며, 이를 커리큘럼과 어떻게 연결할 수 있을지 생각해 보세요. 그동안의 관찰과 느낌을 기록하며, 학생들과 보내는 시간을 단순한 일상적인 과정이 아니라, 공식적인 탐구 과정으로 만들어 보세요. 학생들을 알아 가는 과정에서, 그들이 서로를 더 깊이 이해하고, 궁극적으로 탐구 문화를 형성할 수 있도록 돕는 방법에 대해 고민해 보세요. 이를 통해 학생들이 더욱 능동적으로 학습에 참여하고, 교실이 함께 성장하는 공동체로 발전하는 모습을 기대할 수 있습니다.

학우 평가와 자기 평가

평가와 관련하여 학생들과 신뢰 관계를 구축하는 데 있어 가장 중요한 가치는 학생들이 심리적으로 안전하다고 느끼고 평가 과정에 더욱 적극적으로 참여할 수 있도록 돕는 것입니다. 학생들에게 자신 있게 그리고 정확하게 자기 평가를 요청하는 것은 그들이 이전의 교육 경험에서는 요구받지 않았던 취약성을 드러내고 위험을 감수하도록 하는 과정입니다. 또한 학생들에게 존중과 정확성을 바탕으로 학우 평가를 요청하는 것은 다른 사람의 학습을 발전시키는 데 있어 비판적이면서도 건설적인 역할을 하도록 요구하는 것입니다. 이는 학생들에게 다소 불편한 경험이 될 수도 있습니다. 하지만 강한 신뢰 관계가 형성되었을 때, 학생들은 자기 평가와 학우 평가를 보다 정확하고 의미 있게 수행할 수 있습니다. 반면, 이러한 신뢰 관계가 없다면 학생들이 수행하는 자기 평가와 학우 평가는 비교 문화에 영향을 받아 왜곡될 가능성이 높습니다. 우리 학생들이 이미 익숙해져 있는 비교 중심의 교육 환경은 진정한 평가의 가치를 흐리게 만들 수 있습니다.

학생 주도성(student agency)을 키우기 위해서는 학생들이 학습 환경에서 안전하다고 느끼는 것이 필수적입니다. 학생들이 위험을 감수하고, 새로운 시도를 하며, 자신의 생각과 학습 과정을 있는 그대로 받아들일 수 있을 때, 진정한 평가와 학습이 이루어질 수 있습니다.

학우 평가와 자기 평가에 대한 더 깊은 이해

제 경험에 따르면, 학우 평가와 자기 평가가 효과적이지 않거나 기대만큼 유용하게 작동하지 않을 때는 다음과 같은 한두 가지 요인에서 문제가 발생하는 경우가 많습니다.

- 학생들이 정확하고 의미 있는 피드백을 주고받을 수 있는 심리적 안전감을 느끼지 못하는 경우
- 학급 내에서 학습, 도전 그리고 시간의 흐름에 따른 성장을 중시하는 문화보다 성과 중심의 문화가 지배적인 경우
- 학생들이 학습을 발전시킬 수 있는 정확하고 명확하며 유용한 피드백을 제공하는 방법을 알지 못하는 경우
- 학습 과정이 충분한 시간과 일관성을 가지고 진행되지 않아, 학우 평가와 자기 평가가 학급의 일상적인 문화로 자리 잡지 못하는 경우

이 책 전반에 걸쳐 단계적으로 구성된 다양한 행동, 과제, 루틴, 프로토콜은 학우 평가와 자기 평가가 이 과정에 참여하는 모든 사람에게 실질적인 도움이 될 수 있도록, 여러분과 학생들에게 효과적인 변화를 만들어 갈 기회를 제공하는 것을 목표로 합니다. 이러한 단계적 지원과 더불어, 학습과 사고 그리고 자기 자신에 대해 탐구하는 지속적인 사고방식을 갖추는 것은 우리에게 함께 평가하는 문화를 극대화할 수 있는 언어와 전문성을 제공합니다. 이를 통해 학생들은 단순히 평가를 받는 것이 아니라, 평가를 주도하고 성장의 과정으로 활용하는 능력을 키우게 됩니다.

학습, 사고 그리고 자기 자신에 대해 탐구하는 지속적인 사고방식과 이를 뒷받침하는 스캐폴딩은 함께 평가하는 과정을 더욱 효과적으로 만들 수 있는 언어와 전문성을 우리에게 제공합니다.

학우 평가와 자기 평가를 평가 나침반(Assessment Compass)의 관점에서 논의하는 것은 학생들에게 학습에 대한 주도권을 부여하는 데 매우 효과적인 접근 방식입니다. 평가 나침반은 정확성(accuracy), 명확성(clarity), 성취(fulfillment), 진정성(authenticity)이라는 네 가지 핵심 요소로 구성되어 있습니다. 이러한 요소들은 평가가 신뢰할 수 있는 실천이 되도록 보장하는 데 중요한 역할을 하며, 이를 위해 지속적인 개선, 논의, 세심한 배려와 관심이 필요합니다.

그림 9-1 학생 평가 나침반

제가 학생들에게 기대하는 목표 중 하나는, 학우 평가와 자기 평가를 매우 정확하게 수행할 수 있도록 성장하여 점차 스스로 평가의 전문가가 되는 것입니다. 이 목표를 학생들과 공유할 때 저는 이렇게 질문합니다. "여러분이 평가 기준을 완벽하게 이해하고, 평가를 정확하고 의미 있게 수행할 수 있어서, 제가 평가 과정에서 할 일이 거의 없어지는 상황이 온다면 정말 멋지지 않을까요?" 처음에는 다소 과한 목표처럼 느껴질 수도 있지만, 연습과 시간이 더해지면 점차 현실이 됩니다. 평가 나침반을 정밀하게 조정하는 과정은 이러한 비전을 실현하는 데 중요한 역할을 합니다. 이제 네 가지 핵심 요소를 더 자세히 살펴보겠습니다.

정확성으로 평가하기

학습의 증거와 예시를 적극적으로 공유하고, 이를 학생들과 공동으로 설계한 평가 기준과 비교하여 평가의 정확성을 더욱 세밀하게 조정해야 합니다. 이를 위해 평가 도구를 함께 설계하여 학생들이 평가받는 기준을 깊이 이해하고, 명확하게 인식하도록 해야 합니다. 교사는 평가와 관련된 대화를 학생들과 함께 이끌고, 이를 촉진하며, 때로는 직접적으로 안내할 수도 있습니다. 이러한 과정 속에서 교사는 평가의 정확성을 지속적으로 추구할 수 있는 기회를 갖게 됩니다. 만약 평가 과정에서 부정확성이 나타난다면, 교사는 이를 명확히 하고 방향을 바로잡아 모든 학생이 목표에 도달할 수 있도록 도와야 합니다. 학생들은 교사의 평가와 정확히 일치하는 결과를 목표로 삼기보다는, 교사의 평가와 가깝게 일치하는 방향으로 성장하는 것을 목표로 해야 합니다. 제 교실에서는 종종 교사 평가, 자기 평가, 학우 평가 간의 점수가 5% 이내의 차이를 보이도록 설정하는 것을 목표로 합니다.

명확성으로 평가하기

학생들은 학습의 모든 이해관계자가 평가의 세부 내용을 명확하게 이해할 수 있도록 평가의 과정과 결과를 분명하게 전달해야 합니다. 이러한 명확성은 학문의 깊이, 세부 사항 그리고 맥락까지 포함해야 합니다. 학생들은 교과에서 사용하는 언어를 이해하고, 이를 활용할 수 있어야 합니다. 이를 통해 목표를 설정하고, 학습의 다음 단계를 계획하며, 성장과 성공을 결정하는 데 사용할 수 있습니다. 교사가 제공할 수 있는 명확한 정보가 많을수록 좋으며, 모호함과 불확실성은 최소화해야 합니다. 학습 목표는 학생들과 투명하게 공유되어야 하며, 학생들이 평가 기준을 함께 설계했기 때문에 이를 스스로 인지하고 있어야 합니다. 또한 평가 피드백은 학생들이 이해할 수 있는 친숙한 언어로 제공되어야 합니다. 평가를 수행하는 사람이 교사이든 학우이든 학생 자신이든 관계없이 모든 학생이 피드백을 명확히 이해하고 활용할 수 있어야 합니다.

성취를 위한 평가하기

평가는 학생들에게 개인적으로 의미 있고, 충족감을 줄 수 있어야 합니다. 학생들은 평가를 통해 자신의 학습을 보여 줄 기회를 가져야 하며, 이를 통해 공정하고 협력적인 방식으로 다른 사람들과 소통하고 참여할 수 있어야 합니다. 평가 과정은 학생들에게 소외감이나 부담감을 주는 것이 아니라, 그들의 강점을 기반으로 성장할 수 있는 기회가 되어야 합니다. 이를 위해 평가 과정은 교사와 학생 간의 협력으로 설계되고 활용되어야 합니다. 또한 학습 공동체의 모든 구성원이 서로의 학습과 성장, 성공을 적극적으로 지원하는 분위기 속에서 이루어져야 합니다. 평가 과정에서 학생들이 스스로 설정한 개인화된 목표를 반영하는 것은 학습의 의미와 성취감을 더욱 강화하는 데 중요한 요소가 됩니다.

진정성을 위한 평가하기

평가는 학생들에게 진정성을 갖고 의미 있는 방식으로 다가가야 합니다. 학생들은 학습 과정이 자신의 삶과 주변 세계에 어떻게 연결되는지 명확하게 이해할 수 있어야 합니다. 이를 위해 평가는 각 학생에게 개인적으로 의미 있는 방식으로 이루어져야 하며, 학습 목표를 학생들의 관심사와 연결하는 것이 중요합니다.

이를 실현하기 위해 학생들은 자신의 목표를 설정하고, 중요한 질문을 성찰하며, 평가 과정에서 자신의 목소리를 낼 수 있는 기회를 가져야 합니다. 시간이 지나면서, 평가 나침반을 정밀하게 조정하는 과정은 학생들의 메타인지적 사고를 더욱 발전시키며, 학습 내용이나 특정 맥락을 넘어 보다 폭넓은 사고로 확장됩니다. 이를 통해 학생들은 다양한 환경과 상황에서도 자기 평가를 수행할 수 있으며, 평가 나침반의 네 가지 핵심 요소(정확성, 명확성, 성취, 진정성)가 학습뿐만 아니라 삶의 여러 측면에서도 적용 가능하다는 사실을 깨닫게 됩니다.

결과적으로 능력, 태도, 사고 습관에 대한 적극적인 탐구는 평가 과정 및 평가 나침반의 핵심 요소들과 긴밀하게 연결되어야 합니다.

협력적 평가 회의

평가의 정확성, 명확성, 성취, 진정성을 기반으로 저는 학생들이 평가 과정에 진정으로 참여할 수 있도록 돕는 효과적인 활동을 공유하고

자 합니다. 이 활동은 협력적 평가 회의를 통해 이루어집니다.

교사와 학생이 학습에 대해 논의하는 것은 탐구 기반 학습의 핵심 요소입니다. 제11장 '학습에 대해 논의하고 협력 실천하기'에서 확인하게 될 텐데, 저는 학생들과 마주 앉아 그들의 학습에 대해 이야기하는 시간을 매우 소중하게 여깁니다. 이 장에서는 학생들이 이러한 협력적 평가 회의를 준비할 수 있도록 지원하는 다양한 과정을 소개합니다. 하지만 본격적인 설명에 앞서, 간단한 사례를 먼저 소개하고자 합니다.

협력적 평가 회의 활동에서는 최대 세 명에서 네 명으로 구성된 소모둠 학생들과 함께 앉습니다. 저는 학생들에게 학습에 대한 개인적인 책임뿐만 아니라 공동의 책임도 있음을 강조합니다. 그런 다음, 모둠에서 한 명의 자원자를 선정하여, 모둠원들 앞에서 저와 함께 학습에 대한 대화를 준비하도록 요청합니다. 저는 학생들에게 핵심 질문 목록을 제공하고, 각자가 이에 대해 개별적으로 준비할 수 있도록 합니다. 이후 자원자와 저는 이 질문을 바탕으로 대화를 나누며, 학습 내용을 함께 검토하고, 질문에 대한 학생들의 증거를 확인하며, 대화 중 추가적으로 발생하는 질문들을 다룹니다. 이 과정에서 학생들에게 충분한 준비 시간을 제공하고, 협력하며 리허설할 기회를 줍니다. 그리고 자원자들에게는 평가 나침반의 주요 방향(정확성, 명확성, 성취, 진정성)을 중심으로 대화가 진행될 것임을 미리 알립니다. 이러한 요소들은 대화 질문에 포함되어 있으며, 학생들은 협력적 평가 회의에서 이 네 가지 요소를 반영해야 한다는 것을 인식합니다.

대화가 진행되는 동안, 모든 모둠 구성원이 적극적으로 경청하고 사고 과정에 참여하도록 유도합니다. 저는 학생들이 스스로에게 질문하도록 합니다. "내가 들은 내용에 동의하는가? 동의하지 않는다면 왜 그런가?" "이 대화가 우리가 설정한 평가 기준과 학습 목표를 반영하고 있는가?" 대화가 마무리되면, 모둠원들은 자원자를 지원하고 모둠 학습을 더욱 발전시키기 위해 자신만의 통찰을 공유합니다. 이를 통해, 각 학생은 자기 평가를 수행하고, 대화 속에서 이루어진 평가가 정확하게 이루어졌는지를 점검할 수 있습니다.

이 활동을 통해 저는 여러 가지 교육적 효과를 기대할 수 있습니다.

① **학생 개별 지원 및 피드백 제공**: 저는 발표자의 이야기를 경청하며 적극적으로 지원하고, 학생의 평가 나침반을 정교하게 조정할 기회를 갖습니다. 학생이 공유하는 내용에 따라 적절한 피드백을 제공하고, 차별화된 지원을 통해 그들의 필요를 충족시킬 수 있습니다.

② **경청 중인 모둠원들에게 사고 과정 모델링 제공**: 자원자를 지원하는 것만큼이나 모둠원 전체를 지원할 수 있습니다. 저는 대화를 중단하고 모둠원들과 특정 개념을 논의하며, 그들이 새로운 연결점을 발견하도록 유도합니다. 이를 통해 협력적 평가 회의가 더욱 협력적인 형태로 자리 잡게 됩니다.

③ **시간과 노력을 극대화하는 평가 방법**: 모든 모둠원과 개별적으로 깊이 있는 대화를 나누지 않더라도, 학생들이 적극적으로 경청하고 참여하며, 교사가 코칭과 모델링을 제공하고, 대화 속에서 연결점을 스스로 만들어 가는 과정을 통해 모든 학생이 자신의 평가 나침반을 세밀하게 조정할 수 있습니다.

④ **평가의 신뢰성과 다각적 접근 가능**: 한 학생의 자기 평가가 모둠원

들이 공유하는 내용과 일치한다면, 이는 단순한 개별 의견이 아닌 다각적인 데이터를 통해 검증된 신뢰성 있는 평가로 반영됩니다. 협력적 평가 회의를 통해 이루어진 피드백과 성찰은 특정한 증거나 일회성 사건이 아니라, 시간이 지나면서 지속적으로 관찰되고 학습 공동체의 여러 구성원이 목격한 학습 증거를 기반으로 합니다.

#탐구 마음가짐 실행하기

소모둠 중에서 자신의 학습에 대해 성찰적이고 열린 대화를 나눌 준비가 다른 학생들보다 더 되어 있다고 느껴지는 학생들이 속한 모둠을 선정해 보세요. 이들은 협력적 평가 회의를 처음 시작할 때 중요한 역할을 하며, 이후 다른 학생들에게도 좋은 모델이 될 수 있습니다. 또한 학생들이 회의를 준비할 수 있도록 사전에 제공할 질문의 유형을 고려하세요. 예를 들어, "이번 학습에서 가장 큰 도전은 무엇이었나요?" "어떤 전략이 학습을 발전시키는 데 가장 효과적이었나요?" "학습 과정에서 성장했다고 느낀 순간은 언제인가요?" 등의 질문은 학생들이 자신의 학습 경험을 깊이 있게 성찰하도록 유도할 수 있습니다. 더불어 학우를 지켜보고 지원하는 모둠원들에게도 적절한 질문과 안내를 제공해야 합니다. "자원자의 이야기에 공감하는 부분이 있나요?" "이 부분을 더 명확하게 설명해 줄 수 있나요?" "공동으로 설정한 평가 기준과 비교했을 때 어떻게 평가할 수 있을까요?" 등의 질문을 활용하면 더욱 깊이 있는 대화를 유도할 수 있습니다. 또한 회의가 진행될 공간도 신중하게 계획해 보세요. 학생들이 편안함을 느끼고 적극적으로 참여할 수 있도록 회의 장소를 선정하고 좌석 배치를 조정하는 등 환경을 조성하는 것이 중요합니다. 특히 첫 번째로 용기를 내어 참여하는 모둠이 사생활 보호와 안전감을 느낄 수 있도록 배려하는 것도 필요합니다. 예를 들어, 조용하고 아늑한 공간을 마련하거나 모둠별로 분리된 좌석 배치를 고려할 수 있습니다. 이처럼 협력적 평가 회의를 성공적으로 운영하기 위해서는 학생들이 준비하고 참여할 수 있도록 충분한 지원을 제공하며, 회의가 원활하게 이루어질 수 있도록 구체적인 계획을 세우는 것이 필수적입니다.

결과보다 과정을 중시하기

매년 제 교실에서 빠짐없이 등장하는 질문이 하나 있습니다. 이는 피할 수 없는 일입니다. 학생들이 사고하고 행동하도록 요구받을 때, 비판적으로 사고하고, 연관성을 만들어 내고, 도전을 받아들이는 순간마다 이 질문이 나옵니다. 또한 학생들이 자신의 이해를 공유하고, 학습의 증거를 수집하며, 능력을 보여 주어야 하는 순간에도 반드시 등장합니다. 그 질문은 바로 “이거 점수에 포함되나요?”입니다.

여러분도 이 질문을 수없이 들어보셨을 것입니다. 아무리 학습의 중요성을 강조하고, 도전과 솔직한 성찰, 성장의 과정을 중시하더라도, 학생들은 학교를 단순히 좋은 성적을 얻기 위한 곳이라고 생각하는 경향에서 쉽게 벗어나지 못합니다. 그렇기 때문에 결과보다 과정을 중시하는 태도를 우리의 행동, 과제, 루틴, 프로토콜에 반영하여 학생들에게 직접 보여 주는 것이 중요합니다. 단순히 말로만 강조하는 것이 아니라 실제로 학생들이 경험하고 체감할 수 있도록 실천해야 합니다.

이 개념을 더 효과적으로 설명하기 위해, 저는 교육 전문가인 가이 클랙스턴(Guy Claxton)에게 도움을 요청했습니다. 저는 여러 차례 가이의 강연을 들을 기회가 있었고, 우리의 공통된 교육 철학을 바탕으로 협력한 경험도 있습니다.

가이는 심리학과 교육 분야에서 30권 이상의 책을 저술한 저자로, 학습 역량 접근법(Learning Power Approach: LPA)을 창안한 교육자입니다. LPA는 학생들이 유능하고 자신감 있는 학습자로 성장할 수 있도록 돕는 교육 방법으로, 학생들이 스스로 학습하는 방법을 배우도록 하고, 교사는 이를 위해 필요한 기술과 지식 그리고 학습 과정을 효과적으로 지도하는 역할을 합니다. 가이는 제가 제4장 "평가에서 대화의 힘"에서 언급한 론 리치하트 및 여러 교육 연구자와 함께 사고의 학교(School of Thinking)에서 활동하고 있습니다(자세한 내용은 추천 도서 목록 참고).

『Inquiry Mindset(탐구 마음가짐)』에서 그는 성장 마음가짐(Growth Mindset)을 탐구하며, 학생들이 교실에 들어설 때 취하는 세 가지 학습 모드에 대해 이야기합니다. 그는 이를 학습 모드(Learning Mode), 성과 모드(Performance Mode), 방어 모드(Defensive Mode)로 구분하며, 학생들이 어떤 모드에서 학습하고 있는지에 따라 그들의 태도와 성장이 어떻게 달라지는지를 설명합니다. 이제 가이의 통찰을 함께 읽어 보세요.

성장 마음가짐을 지지하고 널리 알리는 일부 사람들은 이를 지나치게 절대적인 개념으로 제시하는 경우가 있었습니다. 마치 성장 마음가짐이 머리카락 색깔이나 주근깨처럼 타고난 특성이며, 모든 학습에 항상 영향을 미치는 것처럼 설명한 것입니다. 그러나 저는 성장 마음가짐(그리고 고정 마음가짐)을 더 정교하고 생산적인 관점에서 바라보는 방법을 고민해 왔습니다. 이러한 관점은 제가 캐럴 드웩(Carol Dweck)의 동료인 에두아르도 브리세뇨(Eduardo Briceño)의 훌륭한 TED 강연을 보면서 얻은 통찰에서 비롯되었습니다.

이제 제가 이 개념을 어떻게 이해하고 있는지 말씀드리겠습니다(미리 밝히자면, 이는 에두아르도의 설명 방식과 약간 다를 수 있습니다). 학생들이 교실에 들어올 때, 그들은 무의식적으로 여러 가지 마음가짐 모드(Mindset Mode) 중 하나를 선택합니다. 이들이 선택한 모드는 해당 상황에서 그들의 마음이 작동하는 방식을 결정합니다. 이는 마치 텔레비전 사운드바에서 '드라마 모드' '스포츠 모드' '음악 모드' '다큐멘터리 모드' 등을 선택하는 것과 비슷합니다. 특정 모드를 선택하면 내부적으로 여러 세부적인 조정이 이루어지며, 이에 따라 전체적인 사운드 품질이 달라집니다. 이처럼 학생들 또한 자신을 학습 모드(Learning Mode), 성과 모드(Performance Mode) 또는 방어 모드(Defensive Mode)로 설정할 수 있습니다. 이들이 선택한 모드는 학습 과정에서 마음이 어떻게 반응하는지를 결정하는 중요한 요소가 됩니다.

학습 모드에서는 장기적인 역량 향상이 목표입니다. 학생들은 아직 완벽하지 않은 지식과 기술을 포함한 활동에 참여하며, 이를 개선할 수 있는 기회로 여깁니다. 실수와 실험은 단순히 허용되는 것이 아니라, 필수적인 과정으로 인식됩니다. 학생들은 피드백과 유용한 정보를 적극적으로 받아들이며, 학습이란 자신이 아직 충분히 잘하지 못하는 것을 인정하는 것에서 시작된다는 점을 이해합니다. 이러한 환경에서는 부정행위가 무의미하며, 진정한 학습이 이루어집니다.

성과 모드에서는 가능한 한 완벽한 결과를 내는 것이 목표입니다. 학생들은 이미 숙달된 지식과 기술을 바탕으로 활동하며, 실수나 실험, 노력의 흔적을 최소화하려고 합니다. 핵심 관심사는 자신의 성취가 다른 사람들에게 어떻게 평가될지에 있습니다. 예를 들어, "내가 원하는 점수를 받을 수 있을까?" "칭찬을 받을 수 있을까?"와 같은 생각이 중심을 차지합니다. 이 경우, 부정행위도 들키지 않는다면 합리적인 선택으로 여겨질 수 있습니다.

방어 모드에서는 자존감을 보호하는 것이 최우선 목표입니다. 학생들은 위협을 피하거나 중화시키고, 심리적 피해를 최소화하는 데 집중합니다. 따라서 학습이나 성취가 목표가 아니라 단순히 생존이 핵심이 됩니다. 방어 모드에서는 다양한 회피 전략이 나타납니다. 예를 들어, 싸우기(교사에게 반항하기), 도망치기(집중력을 흐트러뜨리기), 멈추기(의도적으로 참여하지 않기) 같은 반응을 보일 수 있습니다. 학생들은 관심과 에너지를 학습이 아닌 자기 이미지 보호에 집중하며, 자신이 부족해 보일 위험이 있는 상황을 피하려고 합니다.

이 관점에서 도출되는 주요점은 다음과 같습니다.

모든 모드는 필요하고 가치가 있다. 세 가지 모드는 각각 특정한 상황에서 유용하게 작용할 수 있습니다. 중요한 점은 학생이 현재 적절한 모드를 선택하고 있는지입니다. 그러나 학생들은 종종 현재 상황을 객관적으로 평가하기보다는, 과거 경험을 바탕으로 기대를 설정하여 모드를 선택하는 경우가 많습니다.

성과 모드와 방어 모드는 실수를 두려워할 때 자주 선택된다. 학생들은 실수가 사회적으로(예: "친구들이 나를 비웃을 거야.") 또는 교육적으로(예: "내가 필요한 점수를 받지 못할 거야.") 큰 비용을 초래한다고 인식할 때, 성과 모드나 방어 모드를 선택하는 경향이 있습니다. 따라서 교사는 학습 모드와 성과 모드를 명확하게 구분해 신호를 보내야 하며, 학생들이 부적절한 모드에 머무르지 않도록 기존의 고정관념을 깨 나가야 합니다.

교실에서 학생들이 불필요하게 방어 모드를 선택하게 만드는 요소가 없는지 확인해야 한다. 학생들이 학습 모드를 기본값으로 설정하도록 유도하는 것이 가장 바람직합니다. 학습 모드에서 학습이 가장 빠르고 효과적으로 이루어지기 때문입니다. 이것이 바로 우리가 성장 마음가짐이라고 부르는 기본 설정입니다.

성과(또는 위협)가 끝난 후에는 학습 모드로 돌아가야 한다. 학생들이 고정된 마음가짐(Fixed Mindset)에 갇히는 것은 성과 모드나 방어 모드에 익숙해져 습관적으로 정착해 버린 상태를 의미합니다. 이 경우, 학생들이 다시 유연하고 민첩하게 사고할 수 있도록 '교육용 WD-40' 같은 역할을 해 주는 것이 필요합니다.

학생들이 각 모드에서 성공적으로 기능할 수 있도록 가르쳐야 한다. 학생들은 특정한 모드에서 효과적으로 행동하는 방법을 배워야 합니다. 학습 모드에서는 실험적이고 창의적인 태도를 가질 수 있도록 돕고, 성과 모드에서는 철저한 준비와 침착함을 유지할 수 있도록 하며, 방어 모드에서는 위협을 받을 때 자신을 보호하고 감정을 조절하는 방법을 익히게 해야 합니다. 무엇보다 중요한 것은 학생들이 적절한 시점에 적절한 모드를 선택할 수 있는 민첩성과 판단력을 개발할 수 있도록 지원하는 것입니다.

저는 가이의 말솜씨와 복잡한 주제를 명료하고 설득력 있게 풀어내는 능력을 높이 평가합니다. 특히 교실에서 우리가 모두 경험하고 공감할 수 있는 학생들의 학습 태도—즉, 학생들이 왜 특정 방식으로 학습에 반응하는지에 대한 깊은 통찰—를 제공하는 점이 인상적입니다. 또한 모든 학습 모드 간의 균형을 찾아야 한다는 그의 접근 방식은 매우 유용합니다.

그렇다면 어떻게 하면 학생들이 학습 모드에 자연스럽게 진입할 수 있는 환경을 지속적으로 조성할 수 있을까요? 학생들이 학습 과정에서 위험을 감수하고 실험할 수 있을 만큼 편안하고 안전한 환경이라고 느끼게 하려면 어떤 노력이 필요할까요? 또한 학생들이 결과보다 과정을 중시하는 태도를 가질 수 있도록 어떻게 도울 수 있을까요? 함께 깊이 탐구해 봅시다!

학습 증거 정리하기

저는 학생들에게 자신의 사고와 학습을 공정한 방식으로 기록하도록 권장합니다. 이러한 방식은 학생들이 자신의 이해를 표현하고, 역량을 드러내며, 학급 내에서 소속감을 느낄 수 있도록 돕습니다. 학생들이 스스로를 학습자로 이해하고, 교실에서 자신의 강점과 발전이 필요한 부분을 인식하는 것은 매우 중요합니다. 자기 자신에 대한 깊은 이해와 존중은 학습 증거를 체계적으로 정리하는 성공적인 첫걸음이 됩니다.

공동 설계 및 공동 구축(Co-Design and Co-Construct) 장에서 다루었던 핵심 질문 중 하나는 "당신이 학습한 내용을 어떤 방식으로 보여 줄 수 있다면, 어떻게 자신의 지식을 표현하고 싶나요?"였습니다. 이는 학생 주도적인 학습 증거 탐색과 관련하여 다시 고민해 볼 가치가 있는 질문입니다.

시간이 흐르면서 학습 증거를 정리하는 것은 학생 주도 학습과 평가에서 필수적인 과정입니다. 학습 포트폴리오는 학생들이 성찰하고, 자료를 추가하며, 나아가 학우나 교사와 공유하고 설명할 수 있는 기회를 제공합니다. 이렇게 축적된 학습 증거는 평가에 대한 학생 주도성을 키우는 10단계 중 "학습에 대한 협력과 논의"와 "학생 목소리가 반영된 평가 보고서" 단계에서 강력한 지원 역할을 하게 됩니다.

학생들이 정리한 학습 증거는 교사로서 제가 제공하는 피드백, 학우 피드백 그리고 자기 평가 및 성찰 활동을 통해 비판적으로 검토되고 분석됩니다. 시간이 지나면서 학생들은 지속적으로 자신의 학습 증거를 추가하며, 이를 통해 평가 나침반의 정확성, 명확성, 성취, 진정성을 더욱 정교하게 조정하는 법을 배웁니다. 또한 이 과정에서 자신이 보다 공식적인 평가를 받고 싶은 증거를 선별하는 방법도 자연스럽게 익히게 됩니다.

모든 것을 점수화하지 마세요: 평가 항목에 대한 학생 주도성

학습 과정이 진행되면서, 우리는 학생들이 위험을 감수하고 창의적이며 독창적인 학습 모드에서 자신이 정리한 학습 증거 중에서 평가와 점수가 매겨질 가치가 있다고 생각하는 항목을 선택하는 성과 모드로 전환하도록 돕고자 합니다.

이 과정에서 교사는 안내된 성찰 과정을 통해 학생들이 정리한 학습 증거, 공동 설계된 평가 도구 그리고 지속적인 학우 평가와 자기 평가를 반영하여, 학생들이 가장 자랑스러워하는 항목과 증거를 결정할 수 있도록 지원할 수 있습니다.

다음은 학생들이 무엇을 평가받아야 할지 결정하는 데 도움을 주기 위해 제가 사용하는 몇 가지 주요 질문입니다.

- 당신이 정리한 학습 증거 중에서 시간의 흐름에 따라 성장과 발전을 보여 주는 부분은 어디인가요?
- 당신이 가장 자랑스러워하는 학습 증거는 무엇인가요?
- 정리된 모든 학습 증거 중 단 하나의 항목만 평가받아야 한다면 어떤 항목을 선택하고 싶나요?
- 당신이 받은 학점에서 가장 큰 비중을 차지하길 바라는 학습 증거는 무엇인가요? 반대로, 가장 낮은 비중을 차지하길 바라는 학습 증거는 무엇인가요? 왜 그렇게 생각하나요?
- 이번 탐구 단원의 학습 목표를 돌아보았을 때, 각 학습 목표를 가장 잘 뒷받침하는 증거는 무엇인가요?
- 우리가 공동으로 설계한 루브릭을 사용하여 자기 평가를 했을 때, 가장 긍정적인 피드백이나 높은 점수를 받은 학습 증거는 무엇인가요?
- 학습 증거를 학우와 공유하고 그들이 공동 설계한 루브릭을 사용해 평가했을 때, 가장 긍정적인 피드백이나 높은 점수를 받은 학습 증거는 무엇인가요?

이와 같은 안내된 성찰 과정을 거친 후, 학생들이 선택한 학습 증거는 제가 해당 탐구 단원에서 평가해야 할 항목으로 제안됩니다. 이 과정이 자리 잡으면, 학생들로부터 "이거 점수에 포함되나요?"라는 질문을 점점 덜 듣게 됩니다. 우리가 학습 모드에 집중하고 결과보다 과정을 중시하는 학습 환경을 조성하면서, 학생들은 무엇이 평가받고 무엇이 평가받지 않을지에 대해 더 많은 주도성을 갖게 됩니다.

이 과정에서 평가 항목의 결정권을 학생들과 공유하면서, 저는 성취도가 높아질 뿐만 아니라 학생들의 자신감, 자율성 그리고 성취감 또한 크게 증가하는 모습을 목격했습니다.

유연한 마감 기간

제가 학생들에게 학습 과정에 대한 주도성을 제공하는 또 다른 방법은, 흔히 간과되지만 학생들에게 스트레스를 유발하는 평가 요소 중 하나인 마감일을 조정하는 것입니다.

이 활동은 매년 학기 초, 학생들과 함께 나누는 '웰니스(wellness)' 주제에 대한 강력한 대화에서 시작되었습니다. 첫 주 동안 저는 신뢰와 관계를 바탕으로 한 학급 문화를 구축하는 데 집중하며, 수업을 시작하기 전에 충분한 시간을 투자합니다. 우리의 목표는 단순히 학습하는 것이 아니라, 모두가 성공할 수 있는 공평한 학습 환경을 함께 만들어 가는 것입니다. 이를 위해, 저는 학생들에게 학습 공동체가 어떻게 운영될지, 어떤 과정이 필요한지를 진정으로 고민하고 선택할 기회를 제공하고자 합니다.

제 경험에 따르면, 교실에서 일부 의사 결정을 학생들에게 맡기고, 그들이 이를 책임질 수 있도록 돕는 과정은 성과 중심이 아닌 학습 중심의 문화를 조성하는 강력한 첫걸음이 됩니다.

이 대화를 시작할 때, 저는 학생들에게 학생으로서 겪는 걱정거리나 학기 중 느끼는 스트레스에 대해 이야기해 달라고 요청합니다. 이를 통해, 저는 단순히 학생들의 성적에만 관심이 있는 것이 아니라, 그들 한 사람 한 사람의 삶에도 관심을 두고 있음을 알리고 싶습니다. 또한 저는 그들에게 정서적, 정신적 건강이 중요하며, 그것이 학습과 성장에 필수적이라는 점을 전달하고자 합니다.

이 대화는 언제나 활발하게 이루어집니다. 학생들이 학생으로서 느끼는 스트레스에 대해 솔직하고 진정성 있는 이야기를 나누는 모습을 볼 때마다 저는 감사함을 느낍니다. 다음은 학생들이 공유한 대표적인 스트레스 요인들입니다.

- 우리는 해야 할 일이 너무 많아요.
- 어떤 주에는 매일 퀴즈나 시험이 있어요.
- 스트레스가 정말 극에 달해요.
- 가끔 어떤 수업에 낼 과제가 없으면 그 수업을 건너뛰고 다른 수업 과제를 준비해요.
- 저는 항상 점수가 매겨지는 과제를 먼저 해요.
- 항상 뭔가 제출해야 할 게 있는 것 같아요.
- 매일 밤 3시간 이상의 숙제를 할 때가 많아요.
- 선생님들은 우리가 열정을 따르라고 격려하시지만, 결국에는 우리

가 열정을 쏟을 시간조차 빼앗는 과제를 많이 내주세요.

- 학교는 학습보다 해야 할 일들을 관리하는 데 더 집중하는 것 같아요.
- 왜 선생님들은 서로 소통해서 마감일과 시험 일정을 조정하지 않으실까요?

이처럼 강력한 성찰이 공유되고 기록된 후, 저는 학생들에게 이 문제를 해결하기 위해 우리가 함께 무언가를 하겠다고 약속합니다. 그리고 우리는 비록 시스템 자체가 우리를 위해 변화하지 않을지라도, 함께 이 복잡한 구조를 헤쳐 나갈 수 있다고 다짐합니다.

그런 다음, 저는 탁상용 달력을 꺼냅니다. 흔히 한 달의 계획을 한눈에 볼 수 있는, 종이로 된 오래된 달력입니다. 저는 이 달력을 제 책상에서 개인적인 일정 관리에 사용하는 대신 교실 벽에 붙이고, 학생들과 함께 평가와 마감일을 조율하며 시간표를 계획하는 도구로 활용하고자 합니다. 저는 학생들에게 이 과정이 단순한 일정 조정이 아니라 성찰과 계획, 공유를 중심으로 한 지속적인 대화가 될 것이라고 설명합니다. 그리고 학생들에게 작은 스티커를 나누어 주며, 바쁜 날이나 다른 수업에서 퀴즈나 시험이 예정된 날, 과제가 있는 날 혹은 단순히 학업 부담이 많아 스트레스가 예상되는 날에 달력에 표시하도록 요청합니다. 또한 저는 매주 학생들에게 협력 달력을 활용하며 성찰할 것을 상기시키고, 우리 모두가 앞으로 어떤 일이 있을지 미리 인지할 수 있도록 함께 조율할 것임을 약속합니다.

시간이 지나면서, 학생들은 자신의 학업 및 과외 활동에서 나오는 주요 일정과 과제를 이 달력에 꾸준히 추가합니다. 그리고 몇 달이 지나

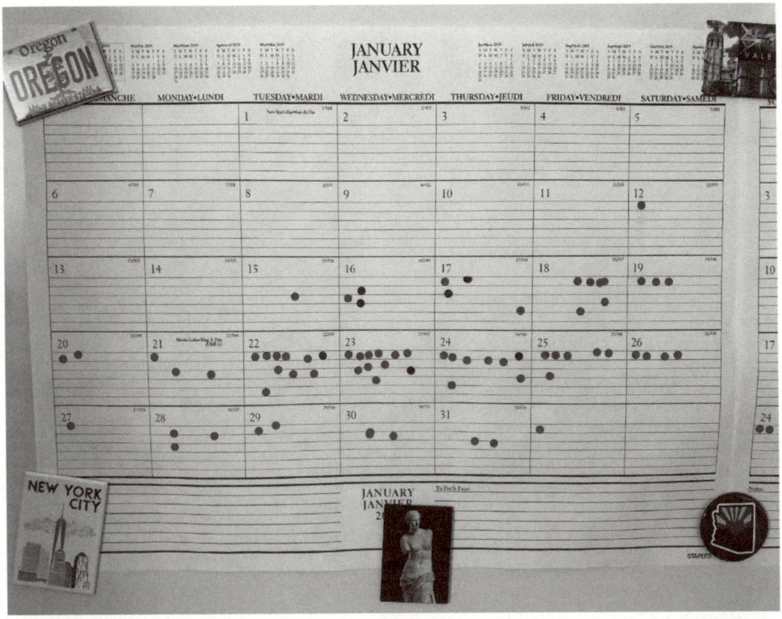
Oregon
OREGON
JANUARY
JANVIER
MONDAY•LUNDI
TUESDAY•MARDI
WEDNESDAY•MERCREDI
THURSDAY•JEUDI
FRIDAY•VENDREDI
SATURDAY•SAMEDI
NEW YORK CITY

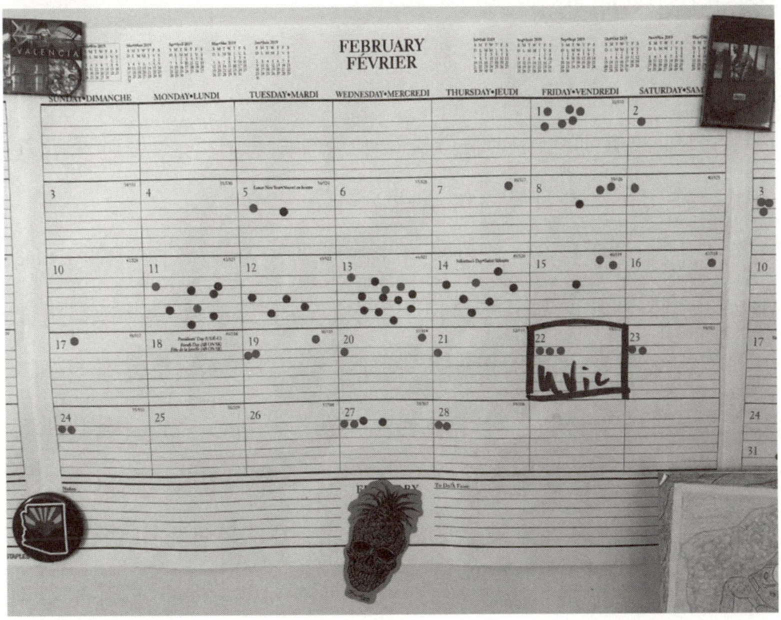
VALENCIA
FEBRUARY
FÉVRIER
SUNDAY•DIMANCHE
MONDAY•LUNDI
TUESDAY•MARDI
WEDNESDAY•MERCREDI
THURSDAY•JEUDI
FRIDAY•VENDREDI

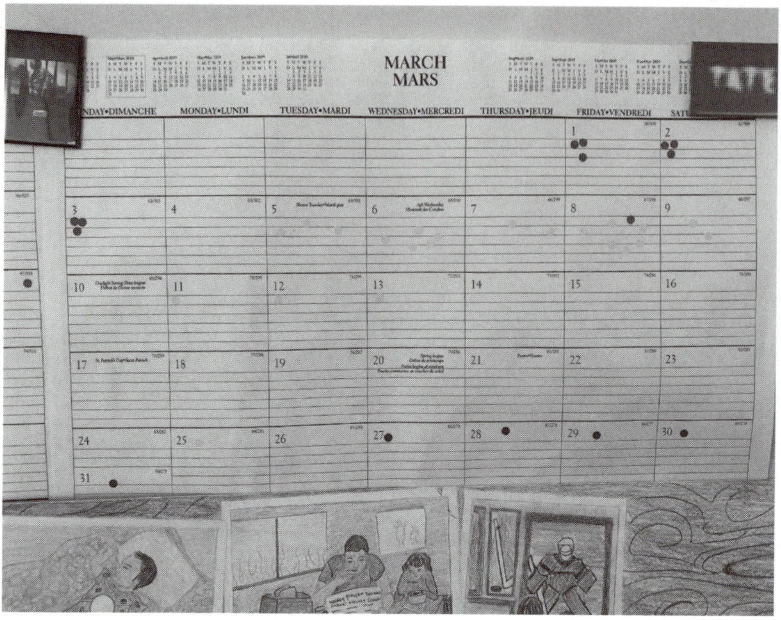

그림 10-1 협력 달력 활용(1~3월)

면, 우리의 교실에는 이렇게 학생들과 함께 만들어 간 공동의 학습 일정이 살아 있는 기록처럼 자리 잡게 됩니다.

시간이 지나면서 저는 학생들이 과도한 부담을 느끼고 있는지 나타나는 징후를 찾기 위해, 달력에서 일정의 밀집도, 추세 그리고 의미 있는 패턴을 분석합니다. 살펴보면, 일정의 밀집도는 학년도의 특정 시점이나 요일에 따라 다르게 나타납니다. 어떤 주는 다른 주보다 더 바쁘고, 어떤 날은 비교적 여유롭습니다. 학생마다 주별 작업량에 따라 도전과 압박을 경험하는 시점이 다르게 나타난다는 것을 확인할 수 있습니다.

이러한 패턴이 형성되기 시작하면, 저는 학생들에게 우리의 과제는 달력에서 드러나는 일정의 밀집도와 스트레스를 고려하여 작업과 평가를 조율하는 것이라고 설명합니다. 그리고 그 결과, 기존의 특정하고 때로는 임의로 정해진 마감일 대신 '유연한 마감 기간(due-date windows)'[1)]이라는 개념을 도입하게 됩니다. 이를 통해 학생들은 더 유연하고 현실적인 일정 속에서 평가와 과제를 계획할 수 있습니다.

유연한 마감 기간이란 무엇인가요? 제가 평가 작업량이나 개인 일정에 맞춰 일괄적으로 마감일을 정하는 대신, 학생들에게 일정 기간(보통 일주일) 동안 과제를 제출할 수 있는 기회를 제공하는 것입니다. 이 기간 동안 학생들은 자신의 학업 일정과 개인적인 스케줄을 고려하여 작업을 계획할 수 있습니다. 이러한 유연성과 자율성 덕분에 학생들은 과제와 학습을 보다 체계적으로 조율할 수 있으며, 그 결과 자신의 필요에 맞게 학습을 진행할 수 있습니다.

이 변화는 매우 혁신적이었으며, 여러 가지 긍정적인 효과를 가져왔습니다.

- **평가 작업량이 관리 가능해집니다.** 모든 학생의 과제가 하루에 몰려 제출되는 대신, 유연한 마감 기간을 통해 과제가 점진적으로 제출되므로 교사는 매일 에너지와 집중력을 유지하며 이를 처리할 수 있습니다. 덕분에 학생들에게 더 명확하고 의미 있는 피드백을 적절한 시기에 제공할 수 있으며, 평가 작업의 부담이 줄어들고 피드백의 질이 향상되어 학생들의 학습에 더욱 긍정적인 영향을 미칩니다.

---

1) '유연한 마감 기간'은 학습자에게 과제를 제출할 수 있는 하나의 고정된 날짜가 아닌 일정한 범위의 기간을 제공함으로써, 자율성과 책임감을 발휘할 수 있도록 하는 마감 정책을 말합니다.

- **학생들이 자신의 학습과 작업 흐름을 주도적으로 관리할 수 있습니다.** 어떤 수업은 퀴즈와 시험이 많고, 어떤 수업은 프로젝트 작업이 주를 이루며, 또 어떤 수업은 발표나 토론이 중심이 될 수 있습니다. 이처럼 다양한 학습 환경 속에서 우리 수업에서 마감일에 대한 자율성을 제공함으로써, 학생들은 자신의 학습 스케줄을 조율하는 능력을 키울 수 있습니다. 이를 통해 학생들은 단순히 한 과목에서의 과제 관리가 아니라, 학업 전반에서 과정 중심의 학습 태도를 기르게 됩니다.
- **모두가 더 나아진 기분을 느낍니다.** 학생들은 반복적으로 우리 수업이 가장 스트레스가 적은 과목이었다고 성찰합니다. 학교에서는 학생들의 스트레스 수준이나 심리 상태에 대한 질문을 종종 하지만, 실제로 그에 대한 실질적인 변화가 이루어지는 경우는 드뭅니다. 하지만 우리 수업에서는 학생들의 스트레스 요인을 듣고 이를 기반으로 수업 방식을 조정하기 때문에, 학습량 조절, 마감일 조정, 작업 관리 그리고 웰빙을 진정성 있게 논의할 수 있습니다.
- **교사와 학생 간의 신뢰 관계가 강화됩니다.** 마감일을 조정할 수 있는 권한을 제공하는 것은 학생들에게 존중받고 있다는 느낌을 주며, 결과적으로 관계를 더욱 긍정적으로 형성하는 데 기여합니다. 또한 만약 학생이 마감일을 지키지 못하더라도, 그 이유를 솔직하게 이야기할 수 있는 환경이 조성됩니다. 학생들은 마감일을 지키지 못했다는 이유로 비난받거나 압박을 느끼는 것이 아니라, 해결책을 함께 찾으며 언제 제출할 계획인지 주도적으로 이야기할 수 있는 기회를 갖게 됩니다. 이로 인해 우리의 관계는 임의로 정해진

평가 정책 때문에 손상되거나 단절되지 않으며, 학생들은 학습을 지속할 수 있도록 더욱 책임감 있는 태도를 가지게 됩니다.

저는 종종 유연한 마감 기간에 주말을 포함하여 학생들이 과제에 더 깊이 몰입하고 시간을 계획할 여유를 가질 수 있도록 합니다. 평일 저녁 시간은 금세 지나가 버리기 마련이며, 학교에서 배운 내용을 심화하고 확장할 시간이 충분하지 않을 수 있습니다. 하지만 주말은 학생들에게 학습을 되돌아보고 성찰하며, 계획을 세울 수 있는 소중한 기회를 제공합니다.

학생 주도성(student agency), 즉 학생이 자신의 학습에 대해 진정한 통제권을 갖는 것은 학습 과정에서의 의사결정권을 포함해야 합니다. 저는 유연한 마감 기간을 특히 좋아합니다. 왜냐하면 학생들이 자신의 관심사, 열정 그리고 학교 밖에서의 삶을 존중하며 스스로 시간 관리에 대한 진정한 결정을 내릴 수 있도록 돕기 때문입니다. 또한 이 접근 방식은 단순히 학업 성취에 초점을 맞추는 것이 아니라, 학생들의 정서적·정신적 웰빙을 최우선으로 고려하는 데 의미가 있습니다.

학생 주도성이란 학생이 자신의 학습에 대해 진정한 통제권을 갖는 것을 의미하며, 이는 학습 과정에서 스스로 의미 있는 의사결정을 내리는 것을 포함해야 합니다.

유연한 마감 기간을 도입하는 또 다른 이점은 스트레스와 불안을 기록하고, 성찰하며, 논의하고 조절할 수 있는 기회를 제공한다는 것입니다. 학년이 진행됨에 따라 협력 달력은 점차 우리의 스트레스를 시각적으로 나타내는 도구로 변합니다. 우리는 일정이 과밀한 시점과 특정한 패턴을 점차적으로 발견하게 되며, 이러한 데이터를 분석하면서 불가피한 스트레스 상황에 어떻게 더 효과적으로 대비할 수 있을지 이해하기 시작합니다.

- 우리는 어떤 수업이나 과목에서 스트레스가 더 자주 발생하는지 주목하고, 주, 월, 학기 또는 학년 중 특정 시점에서 패턴이 나타나는지 관찰합니다. 또한 학생들의 스케줄 속에서 특정 학습 단원의 길이와 지속 기간이 스트레스와 불안에 어떤 영향을 미칠 수 있는지 분석합니다.
- 이 과정에서 학생들의 웰빙을 고려하며, 수면 패턴, 영양, 운동, 기술 사용 그리고 자기 돌봄(TLC)을 통해 에너지를 회복하는 방식을 함께 논의합니다. 이를 통해 이러한 요소들이 학생들의 웰빙에 어떻게 영향을 미칠 수 있는지 학습을 심화합니다.
- 작업량과 스트레스 수준에 대한 지속적인 대화는 자기 조절(self-regulation)과 웰빙을 관리하는 방법을 탐구할 기회를 제공합니다. 이는 단순한 일회성 수업이나 형식적인 대화가 아닙니다. 학생 개개인의 실제 경험과 연결된 맥락에서 자기 조절을 학습하는 과정이며, 마치 학생들이 자신의 학습 과정에 대한 개인화된 탐구를 진행하는 것과 같습니다.

이러한 과정이 거듭될수록 학생들은 학습 과정에 대한 주도성을 바탕으로 구체적인 탐구 기술, 학습 전략 그리고 성공적인 학습에 대한 깊은 이해를 갖출 수 있도록 돕는 개별화된 로드맵을 만들어 갑니다.

#탐구 마음가짐 실행하기

학생들과 결과보다 과정을 중시하는 것에 대한 열린 대화를 계획해 보세요. 학습 모드와 성과 모드가 각각 무엇을 의미하는지 함께 탐구하고, 두 모드의 차이점과 중요성을 이해할 수 있도록 도와주세요.

학생들에게 수업 시간 동안 학습 과정에서 균형을 유지하는 방법을 공유하고, 학습과 성과 사이의 균형을 맞추기 위해 어떤 계획을 세웠는지 설명해 주세요. 또한 지금이 학습 모드인지 성과 모드인지 학생들에게 알릴 때 사용할 신호나 단서를 함께 고민해 보세요.

학생들이 성과를 낼 준비를 할 수 있도록 어떤 지원을 제공할 것인지도 구체적으로 논의하세요. 평가나 중요한 과제가 있을 때, 그들이 자신감을 가지고 능력을 발휘할 수 있도록 돕기 위해 어떤 방법이 효과적일지 생각해 보세요.

마지막으로, 학생들의 학습에 대한 당신의 기대와 목표를 공유하고, 그들의 성장과 개인적인 웰빙을 지원하기 위해 어떤 노력을 기울일 것인지 이야기하세요. 이러한 대화를 통해 학습의 의미와 가치를 더욱 깊이 나누고, 학생들이 스스로의 성장에 주도적으로 참여할 수 있는 협력적인 환경을 조성해 보세요.

제11장

학습에 대해 논의하고 협력 실천하기

제 교직 생활 초창기부터 저는 적시에 제공되는 피드백의 중요성을 믿어 왔습니다. 지금도 그 믿음에는 변함이 없지만, 적시에 제공된 피드백이 의미하는 바와 그것을 제공하는 방식에 대해 이전과는 다른 관점을 가지게 되었습니다. 제가 전하고자 하는 내용을 좀 더 명확하게 설명해 보겠습니다.

한때 저는 '적시 피드백'이란 학생들의 과제를 검토한 후, 피드백을 문서화하여 과제와 함께 제공하고 최대한 빠르게 점수와 함께 돌려주는 것이라고 생각했습니다. 이러한 피드백 과정에는 학생들의 점수를 표 형식 문서로 정리하여 게시하는 것이 포함되었으며, 저는 학생들이 학습 과정을 빠르게 마무리해야 한다고 믿었습니다. 즉, 과제를 완료하고 교사에게 제출한 뒤, 피드백과 점수를 받고, 다음 커리큘럼과 과제로 넘어가는 방식이었습니다. 하지만 교사로서 저는 늘 시간이 부족하다는 느낌과 끝없는 과업에 대한 압박을 받고 있었습니다.

이 과정에서 깊이 있는 학습과 성찰을 통한 성장은 너무나 모호한 목표였고, 실현하기 어려운 결과처럼 느껴졌습니다. 저는 학생들이 수업 중 수행하는 다양한 과제와 평가 속에서 이러한 목표를 자연스럽게 달성하기를 기대했습니다. 하지만 현실적으로 이런 접근 방식은 학생들이 자신을 더 잘 이해하는 데 도움을 주기보다는 오히려 방해가 되고 있었습니다.

그러던 어느 날, 제 평가 방식을 완전히 바꾸게 된 계기가 있었습니다. 이는 학생들 간의 비교 문화를 줄이는 데에도 큰 도움이 되었습니다. 그 이야기를 여러분과 나누고자 합니다.

크리스마스 방학이 끝난 첫 수업 날이었습니다. 아침 종이 막 울렸고, 저는 그날 아침 일찍 학교에 도착해 방학 동안 채점한 결과를 정리한 채점 결과를 인쇄했습니다. 저는 이 채점 결과를 교실 밖 게시판에 게시하는 것이 습관이었습니다. 그 이유는 학생들에게 학업 진행 상황을 투명하게 알리고자 함이었습니다.

하지만 지금 돌아보면, 그날 제가 의도했던 것과는 전혀 다른 메시지가 학생들에게 전달되었다는 사실을 깨닫게 되었습니다. 저는 학생들이 자신의 학습 진척도를 파악하면서 동시에 학교로 돌아온 것을 환영받고, 다시 수업에 대한 기대감을 느끼길 바랐습니다. 학생들의 방학 이야기를 듣고, 잘 지냈는지 물어보고, 그들을 보고 싶었다는 마음을 전하고 싶었습니다.

그러나 학생들이 게시된 채점 결과를 보는 순간, 그들의 뇌는 방어 모드로 전환되는 것처럼 보였습니다. 더욱이 이러한 표 형식의 채점 결과 게시 방식은 제가 피하려 했던 비교 문화를 더욱 강화하고 있었습니다. 학생들은 방학이 끝난 직후부터 점수를 통해 자신의 위치를 규정하고, 동급생들과 성적을 비교하는 덫에 빠지게 된 것입니다.

그 함정을 학생들에게 제공한 사람은 바로 저였습니다. 그것은 제 잘못이었습니다. 학생들에게 새로운 시작의 기회는 거의 주어지지 않았고, 오히려 수업에 들어오는 순간부터 결핍 중심 사고방식(deficit mentality)이 강화되었습니다. 학생들은 교실에 들어서자마자 자신이 부족하다는 생각을 불러일으키는 데이터를 마주한 것입니다. 게다가 성적표를 게시한 방식 또한 학생들에게 불필요한 사회적 압박과 비교 문화를 조장하고 있었습니다. 물론 성적표에는 학생들의 이름 대신 학번이 기재되어 있었지만, 이상한 사회적 반응이 형성되었습니다. 저는 옆 반 동료 교사의 문 앞에 서서 멀리서 학생들을 지켜보았는데, 학생들이 성적표에서 자신의 학번을 찾는 모습과 그에 따른 반응을 보며 충격과 슬픔을 느꼈습니다. 수업이 시작되기 직전 몇 분 동안, 학생들은 성적을 기준으로 세 개의 모둠으로 나뉘었습니다.

첫 번째 모둠은 학급 내에서 성적이 높은 학생들이었습니다. 이들은 성적표를 보자마자 환하게 웃으며 서로 하이파이브를 나누었고, 성취감과 자부심을 표현했습니다. 그들에게 평가 피드백은 자신의 가치를 인정받는 순간이었으며, 평가 방식에서 '승자'처럼 보였습니다.

두 번째 모둠은 조심스럽게 성적표를 확인하는 학생들이었습니다. 첫 번째 모둠과 달리 이들은 눈에 띄게 조심스러운 태도를 보였으며, 성적표를 확인하는 데 있어 미묘한 망설임과 불안을 드러냈습니다. 이들은 혼자 또는 소규모 모둠으로 움직이며 조심스럽게 성적을 확인했고, 일부는 대수롭지 않은 척하려 했지만 표정에는 실망감과 불안감이 역력했습니다. 이들에게 평가 결과는 긍정적인 감정보다는 불안과 부담을 불러일으키는 요소였고, 이들은 평가 방식에서 '패자'처럼 느껴졌습니다.

세 번째 모둠은 성적표를 확인하는 것을 주저하는 학생들이었습니다. 이들은 멀리서 친구들이 성적을 확인하는 모습을 지켜보며 차례를 기다리는 듯한 태도를 보였고, 성적표를 확인하는 것을 눈에 띄게 망설였습니다. 결국 혼자 남았을 때가 되어서야 비로소 조심스럽게 자신의 성적을 확인하려 했습니다. 이들은 이미 평가 체계에서 자신이 어디에 위치하는지를 알고 있었고, 몸짓과 표정은 "나는 기대했던 점수를 받지 못했을 거야." "나는 어차피 낮은 점수를 받을 거야." "이게 내 위치니까 굳이 확인할 필요가 없어."라는 메시지를 전달하는 듯했습니다.

그중 일부 학생들은 아예 무관심하거나 냉소적인 태도를 보였습니다. 이들은 성적표를 확인하려 하지도 않고, 게시판 앞을 그냥 지나치면서 "학교 따위는 별로야."라는 듯한 태도를 유지했습니다. 이 모둠의 학생들은 이미 평가 시스템에서 '패자'로 낙인찍힌 것처럼 보였습니다.

평가는 '승자'와 '패자'를 가르는 수단이 되어서는 안 됩니다. 평가는 학습을 촉진하고 교수법을 발전시키는 도구가 되어야 합니다.

점수를 공개적으로 게시하는 방식은 학생 개개인이 자신의 현재 위치를 파악하고, 다음 단계로 나아가며, 어떻게 개선할 수 있을지에 대한 유용한 정보를 제공하지 못했습니다. 결과 표에 적힌 숫자는 단순한 데이터일 뿐, 피드백이나 개인화된 성장 계획을 위한 단서를 담고 있지 않았습니다.

점수는 학생 개인의 것입니다. 점수는 때때로 학생들의 취약성이 드러나게 만들며, 부끄러움이나 상처를 유발할 수도 있습니다. 이 경험을 통해 저는 학생들이 자신의 학습 상황을 보다 효과적으로 파악하고 발전할 수 있도록 돕는 방법을 고민하게 되었습니다. 이를 위해 학생들이 부끄러움과 비교에서 벗어나 온전히 자신의 학습에 집중할 수 있는 방안을 찾아야 했습니다.

그 결과, 저는 평가 방식을 학생 중심적으로 변화시키며, 간단하면서도 의미 있는 몇 가지 실천을 도입했습니다. 이를 통해 우리 교실에서 학습을 바라보는 방식과 학습에 대해 이야기하는 문화가 완전히 달라졌습니다.

학생과의 대화가 가지는 힘

제가 도입한 변화 중 하나는 수업 시간을 활용해 학생들과 그들의 학습에 대해 상담하는 시간을 마련하는 것이었습니다. 이 시간은 매우 값진 의미를 지니고 있습니다. 학생들의 필요를 더욱 명확히 이해할 수 있을 뿐만 아니라, 그들의 학습을 지원하고 적절한 정보를 제공하는 데 큰 도움이 되기 때문입니다. 상담의 형식은 다양할 수 있습니다. 짧게는 2분 정도의 간단한 점검이나 교실을 나서기 전 작성하는 간단한 메모(exit slip)에서부터, 보다 정식으로 준비된 개별 상담까지, 학생들과의 대화 시간을 통해 저는 그들의 필요에 맞춰 즉각적으로 대응할 수 있습니다.

이러한 1:1 상담 시간을 갖기 전에 저는 항상 그 목적과 의도를 학생들에게 분명히 전달합니다. 저는 반 전체에게 학습에서 성찰이 얼마나 중요한지, 그리고 1:1 대화가 우리 교실의 중요한 특징 중 하나임을 강조합니다. 학생들과 대화하는 시간을 가치 있게 여기며, 개별적으로 그들을 지원하는 것을 소중히 생각한다는 점을 분명히 알립니다. 저는 학생들과의 상담 시간이 우리 모두에게 긍정적인 영향을 미칠 것이라 확신합니다.

학생들은 교사가 자신을 믿는다는 말을 들을 때 크게 성장합니다. 그리고 교사와 학생이 함께 헌신하고 있다는 점에서 가치를 느낍니다. 저는 학생들에게 그들을 믿고 있다는 메시지를 전할 기회를 절대 놓치지 않습니다.

공식적인 상담(formal conferencing)

저는 공식적으로 준비된 상담을 진행할 때, 학급 학생의 대다수와 떨어진 조용한 공간에서 상담하는 학생과 1:1로 대화하는 방식을 선호합니다. 이렇게 하면 학생들이 보다 열린 마음으로 학습에 대해 솔직하게 이야기할 수 있습니다. 이러한 방식은 평가로 인한 비교 문화를 해소하는 데 도움이 될 뿐만 아니라, 학습 공동체로서 우리가 구축한 신뢰와 강한 관계를 더욱 강화하는 효과를 가져옵니다.

또한 학생들의 불안을 줄이고 상담에 대한 준비를 돕기 위해 사전에 대화 주제를 제공하는 것이 효과적입니다. 이를 통해 학생들은 자신의 생각을 정리하고, 나누고 싶은 내용을 미리 준비할 수 있습니다. 대화 주제는 과제 관리에 초점을 맞출 수도 있고, 학생들이 탐구 과정에서 직면한 어려움을 조명하거나, 학습 내용과 지식을 보다 깊이 탐구하는 데 중점을 둘 수도 있습니다. 저는 학생들에게 제안된 주제 중에서 선택할 기회를 제공하거나, 자신만의 주제를 준비해 이야기할 수 있도록 선택권을 부여합니다.

다음은 대화 주제의 예시입니다.

- 탐구 과정에서 어떤 어려움을 겪었나요?
- 탐구를 위해 사용한 자료들이 신뢰할 만하고 진본임을 어떻게 판단했나요?
- 어떤 학습 증거를 수집했으며, 그 증거가 어떻게 도움이 되었나요?
- 탐구가 시작된 이후 당신의 지식은 어떻게 변화했나요?
- 탐구 이전에 가지고 있던 오개념을 발견한 적이 있나요? 그 오개념을 어떻게 깨달았으며, 무엇이 당신의 생각을 바꾸는 계기가 되었나요?
- 현재 과제를 성공적으로 수행하기 위해 필요한 과정을 따라가고 있나요?
- 탐구 과정에서 성공을 돕기 위해 어떤 전략을 사용하고 있나요?
- 탐구 과정에서 "아하!" 하고 깨달았던 순간이 있었나요?
- 최근 며칠 또는 몇 주 동안 가장 자랑스러웠던 순간은 무엇이며, 그 이유는 무엇인가요?
- 선생님에게 묻고 싶은 질문이 있나요?

- 선생님이 어떻게 도와주면 더 좋을까요?
- 과제를 수행할 충분한 시간이 주어졌나요? 과제를 완수하는 데 필요한 지원을 충분히 받고 있나요?
- 탐구에서 성공을 보장하기 위해 우리가 달리해야 할 점이 있다면 무엇일까요?

이러한 대화 주제를 통해 학생들은 자신이 배우고 있는 것, 직면한 도전 그리고 성장의 증거를 스스로 탐구하며 교사와 협력할 수 있습니다.

제 경험상 학생들은 이러한 질문에 긍정적인 반응을 보입니다. 그들은 자신이 대화의 주도권을 쥐고, 상담(콘퍼런스)에서 무엇을 말할지 선택할 수 있다는 점을 즐깁니다. 또한 자신들이 필요한 지원에 대해 자유롭게 이야기할 수 있다는 점에서 신뢰와 안전함을 느낍니다. 평가에 대한 자율성을 부여하는 것은 많은 학생들에게 어려울 수 있지만, 물리적으로 다른 사람들과 떨어져 있는 안전한 공간에서 상담을 진행하며, 그들의 경험을 존중하고 수용하는 태도를 보이는 것은 이 상담을 잘 활용하는 데 필수적입니다. 학생들이 자신의 생각, 직면한 어려움, 앞으로 나아갈 전략에 대해 1:1로 이야기할 수 있는 시간을 갖는 것은 언제나 긍정적으로 받아들여지며, 이런 상담은 학생들이 더 안전함을 느끼도록 만듭니다.

또한 학생들과의 공감의 끈을 형성하는 데 도움이 되는 몇 가지 반응을 사용합니다. 학습 중에 자주 발생하는 스트레스와 불안은 교사가 진심 어린 반응으로 다가가야 할 필요가 있습니다. 교사는 학생들에게 따뜻하게 다가가며 우리가 함께 감정을 다루고 극복할 수 있다는 것을 보여 주는 것이 중요합니다. 저는 학생들이 스트레스나 불안을 느낄 때, 그들의 감정을 어떻게 다루느냐가 학생들의 감정에 큰 영향을 미친다는 것을 알게 되었습니다. 또한 제가 그들의 감정을 어떻게 해석하느냐가 그들의 감정 해석에도 영향을 준다는 것을 깨달았습니다. 저는 이 분야에서 부드럽고 유연하며 반응적인 대화 방식을 개선해 나가고 있습니다.

다음은 제가 이 목표를 달성하는 데 도움이 된 반응들입니다. 여러분도 참고해 보세요. 학생이 탐구 과정에서 압도감을 느낄 때, 저는 이렇게 말할 수 있습니다.

- **"이런 감정을 느끼는 것은 너무나 자연스러운 일이에요."** 제가 나이가 들면서 겪는 어려움에 대처할 때, 상황을 어떻게 처리하느냐에 따라 제 회복력이 달라집니다. 이 모습은 학생들에게 중요한 모델이 될 수 있습니다. 이 말은 학생들이 경험하는 감정이 보편적이라는 점을 알려 주며, 이로 인해 우리는 더 넓은 지원망과 수용의 자세에 접근할 수 있게 됩니다.
- **여기서 무엇이 도움이 될까요?** 이 질문은 함께 문제를 해결하자는 중요한 초대입니다. 저는 오랜 기간 동안 비슷한 경험을 여러 번 겪으며, 학생들에게 어려움을 극복할 수 있는 전략을 제공하는 데 익숙해졌습니다. 학생들의 목소리로 시작하여 그들이 성찰하고 가능한 해결책을 찾도록 유도함으로써, 우리는 학생들에게 과도하게 개입하거나 지시하는 '헬리콥터 교수'를 피하고, 학생 주도성을 키워 주는 방향으로 나아갑니다.

- **앞으로의 계획은 무엇인가요?** 저는 상담을 마칠 때 학생들이 자신들의 아이디어와 필요를 바탕으로 행동할 수 있도록 격려합니다. 이 질문은 두 가지 중요한 효과를 가져옵니다. 첫째, 우리가 함께 논의한 내용을 성찰하고, 함께 발견한 것들을 개인적으로 정리할 수 있게 합니다. 둘째, 학생의 다음 단계가 무엇이 될지 상담에서 얻은 전략과 인식을 바탕으로 미래를 바라보게 만듭니다. 가능성에 집중하는 것은 학생에게 큰 자신감을 줍니다.

저는 상담이 끝날 때마다 학생들이 자신감을 얻은 모습을 자주 봅니다. 어깨를 펴고, 시선은 위로 향하며, 미래에 대한 의욕이 넘칩니다. 이런 상담을 마친 후에는 학생들에 대해 더 깊이 이해하게 되고, 우리가 함께한 시간에 대해 더 큰 가치를 느낍니다. 이런 상담은 우리가 함께하는 가장 인간적인 상호작용 중 하나입니다. 이 시간은 우리의 다음 단계를 결정짓고, 탐구에 있어 우리가 어떤 계획을 세워야 할지에 대한 중요한 통찰을 제공합니다.

학생들과의 상담은 탐구 수업에서 가장 중요한 상호작용 중 하나를 제공합니다.

이 상담의 시간을 어떻게 배정할지 고려하는 것은 중요한 계획 사항입니다. 저는 일반적으로 각 학생에게 10분씩 시간을 제공하고, 필요한 만큼 상담을 진행합니다. 일부 학생들은 예정된 시간보다 적은 시간이 필요하고, 일부 학생들은 더 많은 시간이 필요할 수 있습니다. 학생마다 필요한 시간이 다르기 때문에 유연하게 대응할 수 있는 여유를 두는 것이 중요합니다. 이렇게 하면 모든 학생이 충분한 시간을 얻고, 자신이 듣고 지원받고 있다는 느낌을 받으며 앞으로 나아갈 방향을 명확히 알 수 있습니다.

저는 학생과 1:1로 상담을 진행하는 동안, 나머지 학생들은 제가 제공한 질문지를 사용해 상담 준비를 합니다. 일부 학생들은 짝을 이루어 상담이 어떻게 진행될지 연습하며, 교사와 학생 역할을 번갈아 맡아 보기도 합니다. 이렇게 하는 것은 교사, 경청자(listener), 지원자(supporter)의 입장에서 생각해 볼 수 있는 기회를 제공합니다. 말하자면 '입장을 바꾸어 보는' 과정은 학생들에게 서로 전략과 조언을 나눌 수 있는 기회를 줍니다. 다른 학생들은 조용히 상담을 준비하며, 함께할 시간에 대해 논의할 증거를 모으기도 합니다. 저와 상담을 마친 학생들은 그동안 상담에서 정한 다음 단계에 대해 작업을 시작합니다. 제가 상담을 진행하는 동안 학생들이 수업에 집중하지 않는 경우는 거의 없습니다.

캐스 머독(Kath Murdoch)은 탐구 수업에서 학생들과의 상담의 역할과 중요성에 대해 다음과 같이 설명합니다.

탐구 수업에서 평가를 위한 다양한 접근 방식 중, 저는 학생들과의 개별 상담을 가장 중요한 방법으로 꼽습니다. 물론 교사는 학생들과 자주 대화하지만, 진정한 상담은 대화에 목적과 집중을 더하여 간단한 체크인이나 비공식적인 대화 이상의 깊이를 제공합니다. 상담은 교사와 학생이 준비된 상태로 임하는 계획적이고 목적 있는 일과입니다. 비록 상담이 매우 짧을 수 있지만(효과적인 상담은 5분 정도도 충분할 수 있습니

다), 명확한 구조와 기대가 설정되면 교사와 학생 모두에게 큰 도움이 됩니다.

1980년대 도널드 그레이브스(Donald Graves)의 연구에서 시작되어 최근에는 칼 앤더슨(Carl Anderson)과 데비 밀러(Debbie Miller)를 포함한 여러 문해 교육자에 의해 계속 발전된 이 방법은 주로 쓰기와 읽기 워크숍에서 사용되어 왔습니다. 그러나 이 기법은 어떤 학습 상황에도 적용될 수 있으며, 탐구 교육의 원칙과 잘 맞아떨어집니다.

효과적인 상담은 학생들의 사고를 깊이 이해하는 데 큰 도움이 되며, 모둠으로 작업할 때보다 더 집중하여 경청할 수 있게 해 줍니다. 이러한 상호작용은 우리가 속도를 늦추고 주의 깊게 듣도록 도와주며, 그 결과 신속하고 적절한 피드백과 목표를 향한 교육을 제공합니다. 좋은 상담은 우리가 학생에게 온전히 집중하고, 그 순간에 반응을 보이며, 중요한 메시지를 전달하는 것입니다. "나는 너를 중요하게 생각하고, 너의 생각과 학습을 존중하며, 너를 돕기 위해 여기 있다."라는 메시지를 전달하는 것이죠. 정기적인 상담을 우리의 교육 방법에 포함하는 것은 관계를 키우는 데 도움을 주며, 학생들이 질문이나 불확실함, 어려움을 나누는 데 있어 안전함을 느끼게 해 줍니다. 이는 학생들의 사고에 대한 더 깊은 이해를 가능하게 만듭니다.

효과적인 상담을 위해서는 탐구적인 사고방식이 필요합니다. 우리는 호기심과 열린 마음으로 대화에 접근하며, 학생이 자신의 학습 현황을 이야기할 수 있도록 유도하는 질문을 사용합니다. "네가 지금 하고 있는 것에 대해 말해 줄 수 있니?" "가장 만족하는 부분은 뭐야?" "어떤 점이 어려워?" "그것에 대해 좀 더 말해 줄래?"이런 질문이 될 수 있습니다. 이때 중요한 것은 듣는 것입니다. 학생 한 명 한 명과 진지하게 시간을 보내며 대화할 때, 시험이나 과제에서는 드러나지 않는 중요한 점들을 알게 됩니다. 학생들이 공유하는 내용, 몸짓, 목소리의 톤, 표정 그리고 상담에 가져오는 자료들 모두 우리가 학생의 생각과 이야기를 더 깊이 이해할 수 있는 강력한 기회를 제공합니다.

효과적인 상담은 우리가 학생이 제시하는 내용을 완전히 집중해서 듣고, 동시에 그들이 드러내는 것과 그에 따른 다음 단계에 대한 함의를 파악하는 것을 요구합니다. 무엇보다 회의는 학생에게 힘을 실어 주는 과정이어야 합니다. 교사는 학생이 다시 생각하거나, 도전하거나, 방향을 바꿀 수 있도록 유도하는 질문을 던지면서 '깨달음의 순간'을 만들어 가는 방법을 배워야 합니다. 교사는 이 과정에서 제안이나 설명을 할 수 있지만, 중요한 점은 교사가 제공하는 핵심적인 조언을 하나나 두 가지로 제한하는 것입니다. 이렇게 하면 상담이 집중적이고 짧게 유지되며, 학생이 주도권을 갖고 스스로 학습을 이끌어 갈 수 있도록 지원하는 형태로 진행됩니다.

개별 학생과 정기적으로 집중적인 상담을 하는 것은 교실의 빠듯한 속도와 맞지 않는 것처럼 보일 수 있습니다. 이는 확실히 명확한 루틴과 시스템을 필요로 하며, 상담 중인 학생과 독립적으로 학습을 계속하는 학생 모두를 관리해야 합니다. 하지만 그만큼 가치 있는 노력입니다. 잘 정리된 기록과 확고한 의도, 열린 탐구의 마음가짐과 함께라면, 상담은 학습을 위한 평가뿐만 아니라 학습으로서의 평가에도 아주 아름다운 도구가 됩니다.

2분 성찰(Two-Minute Checks)

짧고 간단한 성찰 활동은 학생들이 무엇을 생각하고 있는지 빠르게 파악할 수 있는 좋은 방법입니다. 이를 미니 상담이라고 생각하면 됩니다. 의자들을 이용해 두 개의 큰 원—하나는 안쪽에, 하나는 바깥쪽에—을 만듭니다. 그래서 서로 마주 보고 앉을 수 있도록 합니다. 저는 성찰 질문을 제시하고, 학생들에게 발표자와 경청자의 역할을 맡기며, 2분 동안 서로 이야기를 나누도록 합니다. 저는 원 바깥에 앉거나 방을 돌아다니며 대화를 듣고 있습니다.

시간이 지나면 학생들에게 손으로 얼마나 더 시간이 필요한지 보여 달라고 요청합니다. 저는 학생들이 의미 있는 대화를 나눌 수 있도록 시간을 유연하게 제공합니다. 그 후 잠시 멈추고, 학생들에게 도움이 되었다고 생각하는 조언을 공유하고 싶은지 묻습니다. 저는 또한 다른 학생들에게 유용할 것 같다고 생각되는 내용을 덧붙일 수도 있습니다.

이 활동을 진행하는 동안 저는 학생들이 나누는 내용을 적극적으로 관찰하고 듣습니다. 그들의 대화에서 얻을 수 있는 증거를 최대한 파악하려고 노력하며, 이 관찰을 바탕으로 다음 단계와 계획을 함께 세웁니다.

상담을 계획할 때 고려해야 할 사항들은 다음과 같습니다.

- 언제 더 준비된 논의가 필요할까?
- 모든 학생이 상담을 해야 할까?
- 학생들이 상담을 잘 준비할 수 있도록 어떻게 도와줄 수 있을까?

수업 중 대화 잠시 멈추기

저는 종종 수업을 잠시 멈추고 "대화를 잠시 멈추자."라는 말을 합니다. 학생들은 이제 이 말에 익숙해졌고, 그에 맞춰 반응합니다. 대화를 잠시 멈추는 것은 학생과의 대화에 의도적으로 반응하는 방식입니다.

가장 강력한 멘토링과 학생 주도적 문제 해결은 예상치 못한 순간에 일어납니다. 종종 그것은 수업 중 학생들이 학습에 깊이 몰두할 수 있도록 시간과 공간을 제공할 때, 비공식적인 상호작용이나 대화 중에 발생합니다. 수업을 진행하며 학생들을 지원하려 여러 번 교실을 돌아다닌 후, 제가 자리에 앉을 때마다 학생들이 다가와 도움을 요청하는 경우가 많습니다. 저는 학생들이 학우들 앞에서는 충분히 편안하게 다루지 못한 문제나 질문을, 학우들로부터 떨어진 테이블이나 책상에 앉아서 공유하는 것에서 안전함을 느낀다고 생각합니다. 이런 순간은 제가 '대화를 잠시 멈추는' 전략을 사용할 때입니다. 이 전략을 통해 저는 학생이 다른 사람들의 방해 없이 자신이 겪고 있는 어려움이나 질문을 자유롭게 표현할 수 있도록 돕습니다.

학생의 필요를 듣고 그들이 학습에서 겪고 있는 도전이나 장애물을 해결하는 데 도움을 주면서, 우리의 작은 비공식적인 대화가 다른 학생들에게도 도움이 될 수 있다는 것을 알게 됩니다. 그 학생에게 우리 대화의 내용을 다른 학생들과 나누어도 괜찮겠냐고 물어봅니다. 그들이 동의하면, 우리는 서로의 취약함을 다른 사람들과 공유하는 것입니다. 이는 우리가 쌓아 온 강한 관계와 신뢰 덕분에 가능한 일입니다. 그 후, 저는 수업을 잠시 멈추고 학생들의 주의를 끌며 "대화를 잠시 멈추자."라고 발표합니다.

이 발표는 학생들에게 지금부터 나눌 대화에 집중하고, 그 대화에서 어떻게 배울 수 있을지 생각해 보라는 신호입니다. 학생들의 주의를 끈 후, 저는 그 학생과 우리 대화를 다시 되짚어 보며, 우리가 논의한 내용과 도달한 결론을 재현합니다. 우리는 함께 문제 해결과 성찰의 강력한 대화를 모델링하며, 그 후의 행동 계획을 나눕니다.

저와 대화 내용을 공유하기로 자원한 학생은 문제를 함께 해결하고 나서 이제 그 문제를 해결할 계획을 가지고 있으므로, 대중 앞에서 자신감을 가지고 역할을 수행합니다. 학생들이 자신감과 자부심을 보여줄 때, 다른 학생들도 자신이 겪고 있는 문제를 공유하기 위해 다가오는 모습을 볼 수 있습니다. 또한 우리가 재연을 통해 나누는 전략이나 해결책은 다른 학생들의 학습에 큰 도움이 됩니다. 한 학생이 어려움을 겪고 있다면, 다른 학생들도 비슷한 문제를 겪고 있을 가능성이 큽니다. 학생들의 목소리를 높이고 그들의 경험을 존중하는 것은 공감을 불러일으키고, 학습자들에게 회복력과 성장 마음가짐을 위한 도구를 제공합니다.

협력 제대로 하기

오늘날 탐구 중심의 교실에서 우리가 키워야 할 가장 중요한 역량 중 하나는 바로 협력입니다. 함께 일하고, 다른 사람들과 조율하는 데 필요한 깊이와 세밀함을 이해하는 것은 매우 중요한 기술입니다. '오늘날 직장에서 성공하기 위해 필요한 기술'에 관한 기사나, 관리직이나 리더십을 맡고 있는 사람에게 물어보면, 협력의 중요성에 대해 강하게 이야기하는 것을 들을 수 있습니다. 우리 교사의 지원, 지도, 코칭을 통해 학생들은 협력에서 오는 큰 힘을 잘 활용할 수 있습니다. 학교에서 협력이 제대로 이루어지면 놀라운 결과를 가져올 수 있습니다.

- 다른 사람들이 기여하는 내용을 적극적으로 듣고 이해하는 능력
- 자신의 강점과 각 팀원이 공동의 목표를 향해 무엇을 가져오는지 인식하는 능력
- 리더가 되면서 동시에 다른 사람의 안내를 따를 수 있는 능력
- 다른 사람의 입장에서 생각하고 진정으로 공감하는 능력
- 함께 일하면서 경험하는 순수한 즐거움, 즉 학우들과의 우정을 형성하는 즐거움

이러한 분명하고 풍부한 이점에도 불구하고, 매년 저는 모둠 작업에 대해 적극적으로 참여하지 않는 학생들을 만납니다. 제 경험에 따르면, 협력에 대한 불안감은 협력적 환경에서 학습을 평가하는 방식과 관련이 있습니다. 우리가 알다시피 평가가 불안, 스트레스 그리고 자신에

대한 부정적이고 잘못된 이해를 초래할 수 있습니다. 모둠 작업을 할 때, 학생에게 불공정한 점수가 주어질 가능성이 꽤 높습니다. 저는 평가와 협력에 대해 항상 스스로에게 이렇게 말합니다. "나는 행동을 평가하지 않도록 해야 한다." 학생이 수줍거나 내성적이라면, 그 학생의 협력 강도에 대한 점수가 불공정할 수 있습니다. 네, 절대적으로 그렇습니다.

이로 인해 어려운 평가 문제가 생깁니다. "어떻게 협력에 대해 가르칠 수 있으면서도, 그것이 학생의 건강이나 수업 점수에 부정적인 영향을 미치지 않게 할 수 있을까요?" "어떻게 학생들이 더 강력한 협력자가 되도록 위험을 감수할 수 있는 환경을 만들 수 있을까요?" "어떻게 제 교실에서 모든 학생을 존중할 수 있을까요? 외향적이고 리더십을 발휘하는 학생들뿐만 아니라 수줍고 내성적인 학생들도 존중할 수 있을까요?"

이 질문들을 염두에 두고, 저는 학생들이 자신감을 얻고 다른 사람과 작업할 때 성공할 수 있는 기술과 이해를 키울 수 있도록 협력을 단계적으로 지도하려고 합니다. 저는 여러 가지 방법으로 이를 실천합니다. 몇 가지 방법을 더 자세히 살펴보겠습니다.

좌석 배치 계획 버리기

제가 교실에서 신뢰와 협력을 촉진하는 방법 중 하나는 학생들이 함께 앉을 사람을 선택할 수 있게 하는 것입니다. 저는 오래전에 좌석 배치 계획을 버리고 학생들이 선택하도록 했습니다. 이는 학생들에게 의사결정에 대한 자율성을 주는 또 다른 방법입니다. 자율성을 만들어 주고, 책임감을 키울 수 있습니다.

학습은 사회적인 요소가 있을 때 재미있고 몰입감 있게 이루어집니다. 그래서 저는 학생들이 교실에서 사회적인 경험을 할 수 있기를 바랍니다. 협력, 팀워크, 대화 또는 토론을 통해 학습은 사회적 구성주의를 바탕으로 이루어질 때 더욱 잘 발전합니다.

저는 수줍고 내성적인 학생들이 다른 내성적인 학생들과 앉고 싶어 하는 것을 이해합니다. 왜일까요? 그들은 공통된 경험을 공유하기 때문입니다. 그들은 서로에게 공감을 느낍니다. 그들은 모둠 멤버들이 무엇을 느끼고 있는지 알 수 있는데, 그들 자신도 종종 같은 감정을 느끼기 때문입니다. 이런 공통된 경험을 통해 신뢰가 형성되며, 모둠 구성원들이 협력할 때 정직해지고 서로를 도울 수 있게 됩니다. 다른 모둠 구성에서는 이런 점이 어려운 경우가 많습니다.

저는 영어를 배우는 학생(English Language Learners: ELL)이 다른 ELL 학생들과 함께 앉을 때도 같은 마음입니다. ELL 학생들이 수업에서 성공하기 위해 사용하는 기술과 전략은 첫 언어와 상관없이 비슷한 경우가 많습니다. 예를 들어, 구글 번역을 사용하거나, 그림 사전을 참고하거나, 자신의 첫 언어로 글을 쓰고 나서 그것을 영어로 번역하는 방법을 사용할 수 있습니다. 저는 학생들이 누구와 앉을지 선택할 수 있는 권한을 주는 것이, 그들이 개인화된 방식으로 성공할 수 있도록 돕는 것이라고 생각합니다.

좌석 배치에 대한 선택권을 주는 것은 또한 학습에서 개별화를 더 효과적으로 할 수 있게 해 줍니다. 저는 쉽게 교실을 돌아다니며 모둠별로 학생들이 어떻게 공유하고, 토론하고, 함께 작업하는지 관찰할 수 있습니다. 그 과정에서 그들의 필요를 더 잘 충족시킬 수 있는 방법을 고민합니다. 이런 즉각적인 반응은 학생들이 협력하는 데 있어 편안하고 자신감을 느끼도록 개인화된 지원을 제공합니다. 예를 들어, ELL 학생들이 있는 모둠은 비슷한 지원 전략이 필요할 수 있습니다. 저는 그들과 함께 탐구 활동을 하면서 토론하고 학습을 이어 나갈 수 있습니다.

협력은 또한 우리의 공간 디자인에 의해 지원됩니다. 수업은 일반적으로 교실을 세 개씩 짧은 줄로 배치하는 것으로 시작합니다. 모든 책상은 교실의 화이트보드와 프로젝터 화면을 향하고 있습니다. 그러나 저는 종종 학생들에게 "서로 마주 보게 하세요."라고 요청합니다. 이는 학생들이 책상을 모둠 안으로 돌려 세 명이 하나의 작은 모둠을 이루도록 함으로써 협업에 이상적인 구조를 만들기 위한 요청입니다.

협력에서 개인적인 의미 발견하기

학생들이 협력할 준비를 하고 협력하는 시간을 의미 있고 성공적으로 만들기 위해, 우리는 협력자의 강력한 특성에 대해 깊이 생각해 봐야 합니다. "협력자는 무엇을 하나요? 강력한 모둠 작업은 어떤 모습인가요? 팀워크에서 어떤 기술이 도움이 되나요?"와 같은 질문을 고려해 보세요. 이 질문들을 학생들과 함께 논의하고, 그 생각을 화이트보드나 구글 문서에서 집단적으로 정리해 보세요. 이는 제3장에서 다룬 "공동 설계 및 공동 구축"의 좋은 예입니다.

다음은 제 교실에서 학생들과 나눈 대화의 예입니다.

우리는 다음과 같은 협력자가 되어야 한다고 믿습니다.

- 적극적으로 듣는 사람
- 집중하는 사람
- 친절하고 관대한 사람
- 준비된 사람
- 호기심 많은 사람
- 적응력이 있는 사람
- 조직적인 사람
- 친근한 사람
- 강한 직업 윤리를 가진 사람
- 감사할 줄 아는 사람
- 공감 능력이 있는 사람
- 팀을 중심으로 하는 사람: "나보다는 우리가 먼저"
- 관계를 잘 맺을 수 있는 사람
- 관계를 구축하고 그 가치를 아는 사람
- 외교적인 사람
- 자기 조절 능력이 있는 사람

학생들이 더 나은 협력자가 될 수 있도록 하기 위해, 우리는 먼저 성찰을 시작합니다. 우리가 이미 확인한 특성과 협력을 위한 강력한 기술 목록을 참고하여, 학생들에게 자신이 얼마나 좋은 협력자인지 성찰하도록 요청합니다. 간단한 4점 척도(3=정말 잘한다; 2=가끔 한다; 1=이 부분을 개선해야 한다; 0=전혀 없다)를 사용하여, 각 학생은 강한 협력자의 기술 목록에서 자신만의 점수를 기록합니다.

학생의 성찰은 다음과 같을 수 있습니다.

- 적극적으로 듣기–3
- 집중력–3
- 친절하고 관대함–2
- 준비성–1
- 호기심–1
- 적응력–2
- 조직적–1
- 친근함–3
- 강한 근면성–1
- 감사함–3
- 공감능력–3
- 팀을 중심으로 하기: "나보다는 우리가 먼저"–2
- 연결을 만들기–2
- 관계 구축 및 가치 부여–3
- 외교적–3
- 자기 조절 가능–3

학생들이 협력 기술에 대한 개인 점검 목록을 작성한 후, 저는 그들이 가장 강력하다고 느끼는 모둠 기술 두 가지와 향후 몇 주 동안 개선하고 싶은 두 가지 분야를 식별하도록 요청합니다. 그런 다음 우리는 이러한 구체적인 특성을 바탕으로 모둠을 구성합니다. 학생들에게 서로의 강점과 목표가 균형을 이루는 모둠을 찾도록 유도합니다. 예를 들어, 조직화 기술에서 모두 낮은 점수를 받은 학생으로만 구성된 모둠은 만들 수 없습니다. 이 기술에서 낮은 점수를 받은 학생은 높은 점수를 받은 학생을 찾아 짝이 되어야 합니다. 그런 다음 학생들이 이 정보를 바탕으로 스스로 균형을 맞춘 모둠을 만들도록 유도합니다.

그 후의 토론과 공유는 모둠 구성을 학생들에게 개인적인 목표와 진정으로 협력자로서 개선하려는 욕구와 맞는 수준에서 그들에게 관련 있는 방식으로 개인화합니다. 학생들은 이 모둠 선택 과정이 교사가 임의로 결정하는 것이 아니라 학생에게 책임을 부여하는 방식이기 때문에 더 관련 있다고 말합니다. 학생들은 '무엇을 배웠는가(내용 기준)'가 아니라, '어떤 역량을 키우고 있는가(역량 기준)'에 기반해 자신의 목표를 정하고, 그 목표에 맞는 기술을 스스로 갈고닦는 과정에 큰 가치를 둡니다.

많은 학교, 교육청 그리고 조직은 협력을 커리큘럼의 일환으로 가르치고 평가해야 한다고 명시하고 있습니다. 이는 새로운 일이 아닙니다. ISTE 기준[1], 국제 바칼로레아(초등학교 프로그램, 중등학교 프로그램, 디플로마 프로그램), 21세기 기술, 대학·직업·시민 생활(C3) 사회 과학 표준

1) 'ISTE(International Society for Technology in Education)'는 전 세계적으로 인정받는 교육 기술 관련 비영리 단체입니다. ISTE는 교육 현장에서 기술을 의미 있게, 책임 있게, 효과적으로 활용할 수 있도록 학생, 교사, 교육 리더 등을 위한 기준(standards)을 개발했습니다.

프레임워크 그리고 차세대 과학 표준은 모두 협력의 중요성을 강조하는 커리큘럼과 프레임워크의 예입니다. 아마도 여러분의 커리큘럼에서도 협력의 중요성이 강조되고 있을 것입니다. 저는 탐구 수업에서 학생들에게 어떻게 협력을 탐구하는 것이 각자에게 개인적으로 의미 있고 중요한 경험이 될 수 있을지 고민합니다.

이 활동은 협력을 중심으로, 개인적인 의미와 우리가 설정한 커리큘럼 목표를 탐구하는 균형을 어떻게 이룰 수 있는지 설명합니다. 모둠이 형성되고, 각자의 강점과 목표가 확인되면, 우리는 더 큰 공동체 의식과 향상된 개인적인 의미를 가지고 협력과 탐구를 시작합니다. 앞으로 몇 주 동안 학습을 진행하면서, 저는 학생들이 이 목표를 염두에 두고 개인적으로 성공적인 결과를 이루도록 돕기 위해 여러 가지 방법을 실천할 것입니다.

첫째, 우리는 탐구 과정 중에 잠시 멈추고 성찰을 통해 학생들이 목표를 달성해 가고 있는 상황을 이해할 수 있도록 돕습니다. 학생들에게 그들이 최근에 협력에서 목표 기술을 사용했다고 느꼈던 상황을 설명하거나, 지난 주를 돌아보며 목표를 달성하는 데 사용한 전략을 성찰하도록 요청합니다. 학습 중 잠시 멈추고 성찰하는 기회는 개인화된 성장을 위한 중요한 과정입니다. 이를 위해 학생들에게 짝과 이야기하는 시간, 성찰을 일기 형식으로 기록하게 하거나 저와 1:1 상담을 진행하는 방식으로 성찰의 기회를 제공합니다. 학생들은 성찰을 통해 성장을 확인하고 다음 단계를 계획할 수 있는 기회를 소중하게 여깁니다.

둘째, 저는 학생들이 설정한 목표에 대해 미니 수업을 진행하여 학생들이 성공하는 데 필요한 지식, 전략 및 자원을 제공합니다. 이 미니 수업은 정말 재미있습니다! 보통 10분에서 15분 정도 진행되며, 같은 목표를 가진 소모둠 학생들을 대상으로 합니다. 예를 들어, 저는 자신의 목표로 '조직력 향상'을 선택한 학생들을 지목할 수도 있습니다. 원탁에서 우리는 짧은 TED 강연을 보고 토론하거나, 인포그래픽을 분석하거나 기사를 읽고, 조직화라는 주제에 대해 서로의 성찰을 공유할 수 있습니다. 제가 개인적으로 사용하는 몇 가지 조직화 전략이나 다른 학생들이 사용하는 방법을 소개할 수도 있습니다. 또한 이 작은 모둠에게 동료들이 어떻게 자신을 조직하는지 지켜보며 협력에서 배운 점을 공유해 보라고 요청할 수 있습니다. 학생들은 이 미니 수업을 매우 중요하고, 흥미롭고 유익하다고 좋아합니다. 저도 이 수업을 즐깁니다. 모둠이 작고, 수업이 짧으며, 학생 성장에 즉각적인 영향을 미친다는 것을 알기 때문입니다.

마지막으로, 저는 항상 평가 과정의 일환으로 학생의 성찰과 자기 평가를 포함합니다. 탐구 단원 전체에서 학생의 목소리가 계획, 조직, 평가 과정에 포함되어 있으므로, 이 역시 여기에 포함되어야 합니다. 학생들은 목표에 대해 최종 성찰할 기회를 중요하게 생각합니다. 또한 자신의 목표를 얼마나 잘 달성했는지 자기 평가할 수 있는 기회를 감사히 여깁니다. 따라서 각 학생의 협력의 강도는 정해진 루브릭이나 평가 기준에 묶여 있지 않습니다. 대신 그것은 학생 스스로의 성찰과 협력 경험을 통해 쌓입니다. 이 개인화는 학생들에게 매우 강력한 힘을 줍니다. 자기 평가에서 자신감과 진정성을 키우는 데 도움이 되며, 학생들에게 평가 과정에 대한 주도권과 책임감을 심어 줍니다.

#탐구 마음가짐 실행하기

학생들과 1:1로 학습에 대해 대화하는 것은 매우 가치 있는 투자입니다. 학생들이 자신의 학습에 대해 상담을 하며 대화하는 것도 마찬가지로 강력합니다. 학생들과 1:1 상담을 할 때 예상되는 장애물이나 절차적 어려움은 무엇일까요? 학생들이 짝이나 소모둠으로 함께 상담할 때, 어떤 장애물이나 절차적 어려움이 있을 수 있을까요? 이러한 기회를 실행하기 전에 이러한 점을 미리 염두에 두면 나누는 것이 자연스럽고, 방해받지 않으며, 성공적으로 이루어질 것입니다.

제12장

성적표에서 학생 목소리의 힘

평가 과정의 마지막 단계는 학생의 목소리를 학교의 공식 평가 및 성적 보고 과정에 더 많이 반영하는 것입니다. 특히 성적표에 관련하여 그렇습니다. 이 책에서 설명한 단계들, 학생들의 행동과 결정, 구조화 과정 그리고 학생 주도성을 바탕으로 정확하고 자신감 있는 평가 전문가를 키우는 사고방식이 우리가 이 기회를 활용할 수 있는 상황으로 이끌었습니다.

이제 우리는 학생들과 함께 앉아 그들의 학습에 대해 상담하고, 그들이 만든 작품과 모은 증거를 살펴보며, 함께 진정한 학생의 목소리가 담긴 성적표를 작성할 수 있습니다.

학생들과 함께 공동으로 작성한 성적표는 학생 주도성을 의미 있고 진정성 있게 완성하는 데 도움을 줍니다.

학생들과 함께 공동으로 작성한 성적표는 학생 주도성을 의미 있고 진정성 있게 완성하는 데 도움을 줍니다. 저는 수년간 이런 형태의 평가 상담을 해 왔고, 그것은 학생들, 학부모들 그리고 저 자신에게 훨씬 더 의미 있고 유익한 보고 경험을 제공해 왔습니다. 이 과정은 제게 시간과 노력을 절약해 주었고, 학생들이 활동 후 다가오는 학기에서 성장과 성공을 위한 더 명확한 방향을 얻은 것을 목격했습니다.

학생 참여형 성적표 작성 과정을 풀어 보기에 앞서, 이 책에서 설명한 평가 과정(평가 연속선)을 따라가면서 학생들이 얻은 몇 가지 이점을 살펴봅시다.

- **여러분은 이제 학습의 무거운 짐을 공동으로 설계하고 나누는 데 익숙합니다.** 학생들은 이제 교실에서 일부 책임을 맡는 데 익숙해졌습니다. 그들은 프로세스와 결과를 형성함에 있어서 자신의 목소리를 드러내는 데 편안함을 느낍니다. 여러분은 오랫동안 학습 파트너였고, 이제 이 강력한 파트너십은 상담으로 확장됩니다.
- **여러분은 이제 사고 루틴과 성찰을 활용하는 데 익숙합니다.** 학생들은 이제 자신의 사고에 대해 비판적으로 사고하는 데 익숙해졌습니다. 그들은 여러분이 이러한 기술을 코칭하고 모델링해 준 덕분에 학습 전반에서 분석하고 연결하는 방법을 알고 있습니다. 이제 이 성찰과 사고 루틴이 이 상담을 형성하는 데 중요한 역할을 합니다.
- **여러분은 개인화된 목표를 설정하고 그 목표를 향해 나아갈 계획을 세우는 데 익숙합니다.** 학생들은 이러한 목표에 대해 성찰하고, 그것에 대해 글을 쓰며, 성장과 그들이 겪은 어려움, 그리고 1년 동안

학습의 증거를 문서화하고 정리하는 데 익숙해졌습니다. 이 과정은 이번 상담에서 논의를 이끌 것입니다.

- **여러분은 학습을 형성함에 있어 질문을 사용하는 데 익숙합니다.** 학생들은 개념적인 수준에서 질문을 탐구했습니다. 그들은 여러분의 안내 질문에 응답하면서 성장했고, 이 질문들은 학생들이 자신의 학습에 대한 주도권을 갖게 만들었습니다. 이제 이 안내 질문들이 상담을 형성할 것입니다.
- **여러분은 학습을 깊이 파고들고 다음 단계를 계획하는 데 피드백을 사용하는 데 익숙합니다.** 학생들은 학습을 다음 단계로 나아가는 과정으로 보고, 그 과정에서 피드백이 필요하다는 것을 중요하게 생각합니다. 학생들은 학습이 점수나 성적, 퍼센트에 있는 것이 아니라는 것을 이해합니다. 학습은 그 과정에 있고, 피드백은 그 과정을 이끄는 역할을 합니다. 연중 내내 받은 피드백은 이제 이 상담을 형성할 것입니다.
- **여러분은 교실 안에서 형성된 신뢰, 정직함 그리고 솔직한 나눔이 관계를 통해 길러져 왔다는 것에 익숙합니다.** 학생들은 여러분의 지도, 코칭, 모델링을 통해 평가 기술을 갈고닦았습니다. 그들은 이제 정확하고 세부적이며 자신감을 가지고 자기 평가를 할 수 있습니다. 그들의 평가 나침반은 정렬되어 있으며, 이 상담을 이끌 준비가 되어 있습니다.
- **여러분은 결과보다 과정에 대해 논의하는 데 익숙합니다.** 학생들은 함께한 시간 동안 학습의 증거를 모아 왔습니다. 그들은 자신의 학습에서 자랑스러운 부분(자랑할 만한 항목)뿐만 아니라 그들이 겪은 어려움에 대한 증거를 정리해 왔습니다. 그들은 학습의 좋고 나쁘

고 힘든 부분을 모두 준비해 두었으며, 이를 바탕으로 이 상담에서 학습에 대해 논의할 것입니다.

- **여러분은 학습에 대해 상담하는 데 익숙합니다.** 학생들은 여러분과 함께 앉아 그들의 사고를 이야기하고, 여러분의 피드백과 학우들의 피드백을 성찰하며, 안내 질문을 풀어 보고, 말을 평가 방법으로 사용하는 데 익숙해졌습니다. 이제 말하기와 상담은 모든 것을 하나로 묶을 것입니다.

학생들이 이 평가 과정에서 얻은 이점들을 성찰하며, 학생들이 이 대화에 준비가 되었을 때, 진행해 주세요. 학생들이 평가에 대한 (학생) 주도성을 정확하고 의미 있게 이해하며 자신감을 가지고 받아들였다면, 여러분과 학생들은 이 풍부한 기회를 준비한 것입니다.

평가의 정확성과 (학생) 주도성에 완전히 준비되지 않은 학생들에게는 여러분이 더 적극적인 역할을 맡는 것이 중요합니다. 만약 그렇다면, 이 학생들에게 이 의미 깊은 상담의 경험을 빼앗지 마세요. 오히려 상담의 무거운 짐을 좀 더 떠안고, 더 많이 지도하고, 이끌고, 나누어 주세요. 어떤 학생들이 지금 당장은 준비되지 않았다고 해서 그들이 언젠가는 준비되지 않을 것이라는 의미는 아닙니다. 여러분이 심은 씨앗은 결국 자라게 될 것입니다. 임의적인 성적표 제출 일정은 학생들이 주도성을 가지는 성공이나, 여러분이 평가에 대한 더 많은 주도성을 주기 위해 스캐폴딩(scaffolding; 단계적 지원)을 잘한 성공을 측정하지 못합니다.

이제 학생들과 함께 성적표를 작성하는 과정에 대해 설명해 드리겠습니다.

성적 기간이 끝날 때, 저는 학생들이 우리 수업의 학습 목표에 대해 성찰할 수 있도록 온라인 설문지를 만듭니다. 저는 이 학습 목표들을 커리큘럼 문서에서 그대로 복사하여 붙여 넣고, 몇 가지는 학생들이 더 쉽게 이해할 수 있도록 수정합니다.

다음은 온라인 설문지에서 제시된 예시들입니다.

- 나는 글쓰기를 위해 다양한 목적과 출처에서 정보를 얻을 수 있다.
- 나는 텍스트 안팎의 아이디어를 탐구하기 위해 비판적, 창의적, 성찰적으로 생각할 수 있다.
- 나는 다양한 관점에서 아이디어와 견해를 존중하며 교환하여 공통된 이해를 구축하고 사고를 확장할 수 있다.
- 나는 다양한 공식적 및 비공식적인 상황에서 다양한 목적을 위해 말하기와 듣기 능력을 발휘할 수 있다.
- 나는 디지털 시민권의 복잡성을 인식할 수 있다.
- 내 학습의 강력한 증거 중 하나를 공유할 수 있다.

그 후 저는 학생들에게 성적표 작성 과정을 제시합니다. 학생들에게 그들이 1년 동안 습득한 평가 기술을 이 대화에서 사용하게 될 것이라고 공유하고, 저와의 평가 상담을 위해 다음을 준비하도록 안내합니다. 학생들에게 주는 지시는 다음과 같습니다.

- 자기 평가 온라인 설문지를 작성하세요.
- 우리 과정의 몇 가지 주요 역량에 대해 성찰해 보세요(공동 설계 및

공동 구축 장에서 확인할 수 있습니다).

- 다음의 안내 질문에 대해 논의할 준비를 하세요. 나는 어떤 학습자로 성장하고 있나요? 나 자신에 대해 어떤 점을 새롭게 알아가고 있나요? 앞으로 어떤 부분을 더 발전시키고 싶나요?
- 자신이 학습에 대해 갖고 있는 강점과 발전해야 할 점을 식별하세요.
- 다가오는 학기 동안의 미래 학습 목표에 집중하세요. 이 목표를 달성하기 위해 사용할 전략을 첨부하세요.
- 사고 루틴을 사용하여 몇 가지 학습 목표를 논의하세요(예: 제4장 '평가에서 대화의 힘'에 설명된 "나는 예전에는 이렇게 생각했지만, 지금은 이렇게 생각한다" 루틴을 활용).
- 이번 학기 동안의 자신의 모든 작업물을 되돌아보며, 그 과정과 결과를 가장 잘 반영한다고 생각되는 성적을 스스로 정해 보세요.
- 평가 상담을 준비하는 시간을 가지세요.

저는 제11장 '학습에 대해 논의하고 협력 실천하기'의 공식 상담 절차를 따릅니다. 복습하자면,

- 상담은 학생들이 동료들로부터 떨어져서 개별적으로 진행되며, 사적 영역 보호와 정직, 신뢰를 보장합니다.
- 성찰 질문을 통해 학생들에게 방향을 제시하고, 상담에서 이야기할 주요 사항들을 제공합니다.
- 학생과 교사 간의 공감, 이해, 지원을 돕기 위해 준비된 몇 가지 반응을 사용하는 것이 매우 유용합니다.

- 각 학생당 10분 정도의 시간을 계획하되, 필요한 만큼 유연하게 조정하며 상담을 진행하세요. 어떤 학생은 짧은 시간이면 충분하지만, 어떤 학생은 더 많은 시간이 필요할 수도 있습니다. 유연하게 대응할 수 있도록 준비하세요.
- 학생들이 자신의 차례를 기다리는 동안 몇 가지 활동을 할 수 있습니다. 상담 준비를 위해 성찰 질문을 사용하거나, 짝을 지어 상담이 어떻게 진행될지 연습하거나, 조용히 함께 다룰 증거를 모으는 작업을 할 수 있습니다. 상담을 마친 학생들은 함께 논의한 다음 단계를 진행할 수 있습니다.

저는 각 상담을 시작할 때 학생들에게 자기 평가와 준비한 성찰 질문에 대해 이야기해 달라고 요청합니다. 학생들에게 다가오는 학기나 마무리되는 수업에 대한 미래 학습 목표와 그 목표를 달성하는 데 도움이 될 전략을 공유하도록 부탁합니다. 저는 노트북 컴퓨터를 사용해 학생들의 성찰 내용을 성적표 의견란에 직접 입력합니다. 이 내용은 우리 학교 교육청에서 사용하는 평가 시스템에 즉시 반영됩니다. 이 작업은 학생들이 말하는 동안 이루어집니다. 저는 학생들에게 말한 내용을 반복하거나 아이디어에 대해 더 자세히 설명해 달라고 요청할 수 있습니다. 그 말을 통해 우리가 더 의미 있게 풀어 갈 수 있는 기회를 발견하고, 더 강력하고 진정성 있는, 도움이 되는 성적표를 작성할 수 있습니다. 그런 다음, 저는 그 교사 의견을 학생들에게 읽어 주고 그들의 승인을 받습니다. 수정이 필요하면 함께 수정하고, 승인이 나면 다음 단계로 넘어갑니다.

이 과정은 반복될수록 모든 참여자에게 긍정적이고 의미 있는 경험이 됩니다. 학생들은 성적표에 쓰일 단어—곧 부모님께서 읽게 될 단어—를 들을 때 빛나는 모습을 보입니다. 예시를 보겠습니다.

잭슨(Jackson)은 작은 모둠에서 협업을 잘하는 학생으로, 친구들과 역할을 균형 있게 나누며 과제하는 것을 좋아합니다. 그가 스스로 강점으로 꼽은 부분은 다른 사람과의 의사소통 능력입니다. 잭슨은 항상 매켄지(MacKenzie) 선생님과 학우들에게 질문하며 내용을 명확히 하려 하고, 피드백을 주고받으며 자신의 관점을 넓히고 발전시키는 것을 즐깁니다.

또 다른 강점은 성실한 학습 태도입니다. 잭슨은 주어진 일에 집중하며 정해진 시간 안에 과제를 성실히 수행합니다. 앞으로의 학습 목표는 에세이 글쓰기 능력 향상이며, 이를 위해 학우와 함께 글을 수정하고 다듬는 활동이 효과적인 전략이 될 수 있습니다.

우리는 상담을 마무리할 때 그동안의 작업을 함께 검토하고, 그에 맞는 성적을 함께 결정합니다. 학생들은 자신이 공유하고 논의하고 싶은 과제와 자료를 가져옵니다.

저는 학생들에게 그들이 가장 자랑스러워하는 학습 결과물부터 시작하라고 요청합니다. 이 작품은 수업에서 그들의 강점과 잠재력을 잘 보여 주는 것일 것입니다. 그다음에는 학습 과정에서 시간에 따라 성장한 증거를 이야기해 달라고 요청합니다. 이는 더 깊은 이해가 형성되었음을 보여 주는 것, 기술의 완성이 이루어진 것 또는 학생들이 겪은 일련의 어려움과 이를 극복한 과정이 될 수 있습니다. 이는 그들이 모은 증거 중에서 더 어려웠던 부분이나 도전적인 측면에 해당합니다.

1년 동안 저는 유용한 형성적 피드백을 제공하는 과정을 통해 성적을 기록해 왔습니다. 이 성적들은 다양한 종합 평가 결과를 반영하며, 학생들이 학습을 어떻게 공유할지 선택할 수 있도록 한 학생들의 목소리와 선택을 포함합니다. 우리는 함께 공동 설계를 하고 주도권을 활용하며 이 과정을 진행해 왔습니다. 이제 학생들은 이 성적의 모음, 그들이 수집한 학습 증거 그리고 1년 동안의 하이라이트와 성장을 이야기할 수 있는 시점에 이르렀습니다. 그들은 자신이 가장 자랑스러워하는 것과 우리가 함께 보낸 시간 동안의 개인적인 성장을 말할 수 있습니다. 이러한 대화는 특정 과제가 다른 과제보다 더 중요하거나 비인간적인 무게를 두는 것을 무효화하는 데 도움을 줍니다. 우리는 단순히 성적 시스템에 숫자를 입력해 평균을 내는 것이 아니라, 그들의 작업을 함께 논의할 수 있는 위치에 있습니다. 제 성적부에는 평균 점수가 있지만, 우리의 상담 과정을 통해 우리는 함께 동의한 성적을 도출합니다.

이 대화가 도움이 될 평가 상황을 예로 들어 보겠습니다. 몇 주에 걸쳐, 저는 제 성적부에 다섯 개의 종합 평가를 기록하고 입력했습니다. 이 모든 평가의 가치는 동일하며, 비중도 같습니다.

학생 1 점수	학생 2 점수
과제 1: 8/10 과제 2: 9/10 과제 3: 8.5/10 과제 4: 9/10 과제 5: 10/10 평균: 44.5/50 백분율: 89%	과제 1: 3/10 과제 2: 5/10 과제 3: 7/10 과제 4: 8.5/10 과제 5: 9/10 평균: 32.5/50 백분율: 65%

다음과 같은 질문들을 고려해 보세요.

- 평가 과정에서 즉시 성공한 학생은 누구인가요?
- 평가 과정에서 꾸준히 성공을 거둔 학생은 누구인가요?
- 평가 과정에서 가장 많은 성장과 회복력을 보여 준 학생은 누구인가요?
- 피드백에 반응하여 시간이 지남에 따라 진전을 이룬 학생은 누구인가요?

학생 2의 학습 전체 이야기는 데이터만으로는 다 설명되지 않습니다. 저는 데이터를 단순히 평균 내어 최종 성적을 결정하는 것이 공정하거나 정의롭지 않다고 생각합니다. 그들의 학습 증거, 성장의 선별된 샘플들, 그들이 겪은 도전 그리고 학생의 이야기와 경험을 통해 우리는 그들의 학습 과정을 더 명확하고 정확하게 파악할 수 있습니다. 바로 이러한 유용한 정보를 표출하고 학습을 안내하며 공식적인 평가 과정을 형성하는 데 도움을 주는 것이 바로 평가 상담입니다.

저는 학생들이 공유한 자기 평가와 그들이 선택한 성적이 제 평가와 일치하는 경우를 계속해서 보았습니다. 우리가 평가 파트너가 되고 학생들이 자신만의 평가 전문가로 성장함에 따라, 이러한 상담은 그들의 학습에 대한 정확성 및 주인의식을 드러내며, 이를 공식 상담에서 활용할 수 있는 방식으로 나타납니다. 이것은 정말 강력합니다!

가끔 저는 학생들이 자신이 받은 성적이 더 낮다고 느껴 자기 평가를 과소평가하는 경우를 마주칩니다. 학생들은 종종 자신의 성장과 학습의 중요한 부분을 과소평가하는 경향이 있습니다. 이러한 대화가 발생할 때마다, 저는 학생들에게 그들의 작업과 제가 목격한 성장, 그리고 그들이 수집한 증거를 바탕으로 더 높은 성적이 정당하다고 믿는다는 것을 알려 줄 수 있는 좋은 기회가 됩니다. 제3장 '공동 설계 및 공동 구축'에서 언급한 평가 도구를 기억하시겠지만, 저는 종종 예시 자료를 사용하여 평가의 정확성을 높입니다. 만약 학생이 이 상담(콘퍼런스)에서 자신의 학습을 과소평가한다면, 저는 대화 중에 몇 가지 예시 자료를 참조합니다. 우리는 심지어 학생 학습 샘플을 함께 풀어 보며 앞으로 나아갈 방향을 제시할 수 있습니다.

제가 성적을 과대평가한 학생을 만나는 일은 거의 없습니다. 만약 그런 일이 발생하면, 앞에서 설명한 과정대로 진행합니다.

- 학생들의 작업을 함께 검토합니다.
- 제가 목격한 성장을 공유합니다.
- 학생들이 수집한 증거를 검토합니다.
- 예시 자료를 사용하여 평가 대화를 이끕니다.

이 과정에서 제가 학생들에게서 그리고 제 관점에서 경험한 추가적인 이점은 다음과 같습니다.

- 학생들은 자기 평가가 실제로 성적에 영향을 미친다는 사실을 인식하고, 그 과정이 단순한 활동이 아니라는 것을 이해합니다. 학생들은 우리가 최종적으로 합의한 성적을 더 깊이 이해하게 됩니다.

- 학생들은 자신이 받은 성적에 대해 명확성을 느끼고, 우리가 단순히 숫자나 백분율을 평가 소프트웨어로 계산하는 대신 학습에 대해 대화를 나눴다는 점을 감사하게 생각합니다. 이로 인해 그들은 자신들의 성적에 대한 주인의식을 느낍니다.
- 학생들은 자신이 학습한 내용을 더 잘 이해하게 되었고, 앞으로 어떻게 개선할 수 있을지에 대해 더 명확하게 알게 되었다고 느낍니다. 그들은 무엇이 부족하다고 지적받는 것보다, 개인적인 학습 목표를 설정하는 것을 더 선호합니다.
- 자기 평가를 과소평가한 학생들은 제가 그들의 성적이 더 높아야 한다고 믿는다고 이야기할 때 자신감과 가치를 느꼈습니다.
- 학생들은 상담을 주도하며 자신들이 원하는 학습에 대한 구체적인 세부사항을 공유하고, 그것이 평가에 반영되는 것을 환영합니다. 학생들은 이 과정이 제가 그들을 더 잘 이해할 수 있도록 해 준다고 느낍니다.

저는 지난 몇 년간 이 과정을 학생들과 함께 사용하면서 학생들이 보인 반응과 그들의 성장을 매우 만족스럽게 느꼈습니다. 제 학생들은 지나치게 높은 성적을 요구하거나, 과도하게 평가하거나, 원하는 성적을 강하게 주장하지 않습니다. 그들은 스스로 성적을 정하지 않습니다. 상담은 그들의 작업 결과물에 대한 대화로, 우리 함께한 시간 동안의 평가(형성 평가와 종합 평가)를 살펴보고, 학생들은 자신이 받았어야 한다고 생각하는 성적을 말합니다. 우리는 이 자기 평가를 바탕으로 함께 성적을 결정합니다.

#탐구 마음가짐 실행하기

이 장의 시작에서 저는 평가 연속선의 이전의 아홉 가지 단계를 살펴보고, 여러분에게 학생들이 성적표를 공동으로 정확하고 의미 있게, 자신감을 가지고 작성할 수 있는 능력에 대해 성찰하도록 요청했습니다. 이 과정을 학생들과 시작하기 전에, 각 학생에 대해 잠시 성찰해 보세요. 상담에 준비가 된 학생들에게는 그들의 경험을 어떻게 향상시킬 수 있을지, 그리고 그것이 각 학생에게 어떻게 충실하고 의미 있는 시간이 될 수 있을지 생각해 보세요. 아직 상담 준비가 덜 된 학생들에게는 그들의 필요를 더 잘 충족시킬 수 있는 어떤 지원을 제공할 수 있을지 고민해 보세요. 학습에 대해 이야기하는 과정에서 그들을 지원하기 위해 어떤 안내 질문을 할 수 있을까요? 이 학생들과의 상담에서 어떤 학습 증거를 표출하고 싶으신가요?

제 3 부

제13장

학교 전체의 평가 정렬 및 역량 강화

교육에서 탐구, 교육과정 계획 혹은 우리의 경우 평가와 같은 어떤 종류의 실행이든 성공적인 실행을 방해하는 공통적인 장애 요인은 학교 전체에서 일관된 접근법과 실천이 부족하다는 점입니다. 모든 이해관계자가 비슷한 언어를 사용해 교수와 학습에 대해 이야기하는 것은 매우 중요합니다. 하지만 이러한 언어를 실제로 실천으로 옮겨 어느 정도의 일관성을 유지하며 행동, 반응 그리고 결정이 예측 가능하도록 만드는 것은 굉장히 어렵습니다.

예를 하나 들어 보겠습니다.

제가 학교 내에서 평가의 공정성이 확보되고 있는지를 판단할 때 사용하는 한 가지 기준은, 학생들이 누구에게 배우든 비슷한 수준의 성공 가능성을 가지고 있는지를 살펴보는 것입니다. 같은 과정을 가르치는 교사가 다르더라도, 학생들은 일정 수준 이상으로 동일한 기술을 배우고, 같은 책과 기술에 접근할 수 있으며, 유사한 글쓰기 유형을 탐색하고, 비슷한 지원을 받으며, 형성 평가와 총괄 평가 방식 또한 유사하게 경험할 수 있어야 합니다.

제가 지원하는 학교의 복도를 걸으며 교실 안을 들여다볼 때, 저는 학생들이 비슷한 수준의 성공 가능성을 가지고 있는지 그리고 다음 학습 단계에 잘 대비하고 있는지를 관찰합니다. 만약 교실 간에 일관되지 않은 모습이 보인다면, 저는 탐구자의 시선을 갖고, 그 불평등이 발생하는 원인이 무엇인지 깊이 들여다보기 시작합니다.

평가에서 불평등이 발생하는 경우, 저는 종종 학생들과 평가에 대해 소통하는 방식, 그리고 평가를 어떻게 우선순위에 두고, 비중을 정하며, 범주화하느냐에서 일관성이 부족하다는 점을 발견하곤 합니다.

대표적인 예로, 같은 학년에서 동일한 과정을 가르치는 교사들 사이에서도 숙제를 바라보는 관점이 서로 다르다는 점을 들 수 있습니다. 어떤 교사들은 숙제에 대해 엄격한 마감일과 지각 시 감점을 적용하는 반면, 다른 교사들은 숙제를 늦게 제출해도 감점 없이 받아 줍니다. 또 어떤 교사들은 숙제의 완성도나 정확성, 정성이 어떠했는지에 상관없이 단지 노력했거나 제출했다는 이유만으로 점수를 부여하기도 합니다.

이러한 일관성의 부족은 우리 학생들에게 분명한 문제를 일으킵니다. 분명히 말하자면, 저는 숙제의 가치와 학교 밖에서의 추가 학습이 학생의 학습과 성취에 긍정적인 영향을 줄 수 있다는 점을 중요하게 생각합니다.

하지만 저는 숙제가 평가 도구로 사용되거나, 학업 성취의 지표로 간주되거나, 학생의 성적에 영향을 미치는 요소가 되어서는 안 된다고 생각합니다.

한편으로는, 일부 학생들은 자신이 헌신하고 있는 방과후 활동이나 관심사, 열정적인 취미에 많은 시간을 들이고 있어, 숙제를 할 수 있는 여유가 부족합니다.

다른 한편으로는, 숙제보다 훨씬 더 절실한 현실적인 문제들을 안고 살아가는 학생들도 있습니다. 가난, 중독, 학대, 트라우마 등 어떤 상황에 처해 있든, 많은 학생들은 과제나 시험, 숙제보다는 사랑받는 것과 생존하는 것에 집중하며 살아가고 있습니다.

학생들이 학교 밖에서 시간을 보내는 방식은 매우 다양하고 그 배경도 크게 다릅니다. 어떤 가정에서는 부모가 아이와 함께 앉아 숙제를 도와주지만, 어떤 학생은 집이 없는 상황에 처해 있기도 합니다. 이런 현실 속에서 숙제가 성적에 반영되도록 점수를 매기는 것은, 우리가 지양하고자 하는 평가의 불평등을 오히려 강화하는 일이 됩니다.

따라서 같은 학교, 같은 학년, 심지어 동일한 교육과정을 가르치는 교사들조차 숙제의 가치와 평가 방식에 대해 서로 다르게 접근할 때, 그 피해는 고스란히 학생들에게 돌아갑니다.

엄격한 마감일과 감점을 적용하는 경우든, 지각 제출을 감점 없이 받아 주는 경우든 혹은 노력이나 완료 여부만으로 점수를 주는 경우든, 이처럼 평가 방식이 일관되지 않으면 학생들은 혼란과 혼돈을 겪게 되고, 때로는 자기 정체성에 대한 혼란까지 초래하게 됩니다.

학생들은 평가의 언어를 이해하고 자신의 학습에 적용하기 위해 최선을 다하고 있습니다. 성찰, 형성 피드백, 총괄 평가, 숙제, 시험, 점수와 성적의 차이, 과정과 결과 같은 용어들은 모두 우리가 학생들에게 소개하는 평가 관련 전문 용어입니다. 우리는 학생들이 이러한 언어에 익숙해지고, 그것을 자기 학습에 적용하게 되기를 바랍니다.

이러한 언어의 힘을 학생들에게 제공함으로써, 학생들이 학습에 대한 주도권을 갖고, 그 과정을 통해 자신과 자신의 학습을 더 깊이 이해할 수 있기를 기대하는 것입니다.

학교 내에서 학년 간 평가 방식이 정렬되어 있지 않다면, 학생들은 혼란과 불확실성, 심지어 불안감을 느끼게 됩니다. 학생들은 자신이 함께하는 교사에 따라 자기 자신을 다르게 인식하게 되며, 수업마다 전혀 다른 경험을 하게 됩니다. 어떤 교실에서는 자신감 있고, 학습을 주도하며, 존중받고 있다고 느끼지만, 다른 교실에서는 길을 잃은 듯하고, 무능력하게 느끼며, 자신의 노력이 인정받지 못한다고 느낄 수 있습니다.

"저는 글을 잘 못 써요." "저는 수학형 인간이 아니에요." "저는 창의적이지 않아요."와 같은 표현들은, 학생들이 특정 교실에서의 학습 경험이나 어려움을 이야기할 때 자주 꺼내는 말입니다.

학생들은 점차 자신을 특정한 방식으로 보기 시작하는데, 이는 종종 우리의 평가 방식, 평가에 대한 결정 그리고 평가에 담긴 가치관의 직접적인 결과이기도 합니다.

저는 학습을 사랑하지만 평가를 싫어하는 많은 학생과 일해 왔습니다. 학생들은 수업을 즐기고, 친구들과의 시간을 즐기며, 배우고 있는 내용도 즐깁니다. 하지만 평가가 등장하고 점수, 등급, 숫자가 중요한 역할을 하기 시작하면, 일부 학생들은 학습에 대한 흥미를 잃고 단절됩니다.

저는 평가로 인해 심각한 부정적 스트레스 반응을 겪는 학생들이 수업에 아예 나오지 않는 경우도 보았습니다. 그들은 문제를 해결하는 유일한 방법이 아예 피하는 것이라고 믿습니다.

저는 자기 조절 학습과 사회정서 학습의 열렬한 지지자이며, 이러한 기술들이 학교에서 가르쳐지고 학생들에게서 육성되어야 한다고 믿습니다. 그러나 불공정한 평가 실천이 존재하는 상황에서, 혼란과 혼돈, 스트레스를 조성한 교사가 그 책임을 학생들에게 전가하는 것은 부당합니다.

여전히 남는 질문은 이것입니다. 우리 학교 전체에서 보다 공정한 평가 실천을 어떻게 만들어 갈 수 있을까? 그리고 모든 학생이 동등한 성공의 기회를 가질 수 있도록 평가의 정렬(alignment)을 어떻게 계획할 수 있을까?

탐구 문화를 성장시키고 평가의 공정성을 확보하기 위해, 모든 이해관계자가 교수와 학습에 대해 비슷한 언어를 사용하여 대화하는 것이 매우 중요합니다.

이 대화를 학교와 동료들에게 도입하기 위해, 작은 시작에서 출발하여 더 큰 변화를 향해 나아갈 것을 제안합니다. 교직원들과 함께 평가에 대해 논의하며, 현재 평가 작업에서 정렬이 이루어지고 있는 부분과 모든 학생의 공정성과 주도성을 보장하기 위해 신념과 평가 실천을 변화시켜야 할 부분을 식별해 보세요. 이를 염두에 두고, 다음과 같은 활동으로 시작할 것을 권장합니다.

비전을 제시하기

평가의 전반적인 모습을 정의하고 학교, 교직원 그리고 궁극적으로 학생들이 무엇을 가치 있게 여기고, 우선순위를 두며, 노력할 것인지 시간을 들여 탐구하세요. 교직원들이 소규모의 교직원 모둠이나 팀으로 나누어 작업하도록 제안합니다. 각 교사 팀은 학교 전체의 평가 정렬과 공정성을 창출하기 위한 일련의 주요 질문들을 중심으로 토론을 진행하게 됩니다. 팀은 이러한 아이디어를 탐구하는 동안 자신들의 생각을 기록하도록 요청받으며, 이 기록은 다른 모둠들과 공유될 것입니다. 이러한 기록은 모든 교사가 물러서서 패턴, 공통된 아이디어 그리고 방향성을 찾을 수 있도록 전시될 것입니다.

이 과정과 교사들이 도출한 정보는 학교의 학생들을 위한 평가 정렬과 공정성의 기초를 형성합니다. 교사들이 공유하고 기록한 내용을 검토하며 공통된 신념과 전략을 도출하고, 평가 계획을 하나로 묶는 아이디어를 형성하는 것은 무엇보다 중요합니다. 이 논의에서 도출된 핵심 아이디어와 공통된 신념은 이후 교직원들과 개별 교사들이 시작할 작업의 중심에 있어야 합니다.

다음 질문 중 일부 또는 모두를 통해 논의를 시작하세요.

- 자신의 평가 실천을 반영해 보세요. 놓아 버리고 싶은 것은 무엇인가요? 더 의도적으로 실천에 도입하고 싶은 것은 무엇인가요?
- 평가 실천을 어떻게 계획과 학생들과의 시간에 활용하고 있나요? 이 과정에 학생들을 얼마나 참여시키고 있나요? 학생들을 이 과정

에 더 많이 참여시키기 위해 어떻게 할 수 있을까요? 평가가 어떻게 당신의 교수 방법을 알려 주고, 교수 방법이 평가를 형성하며, 학생의 목소리가 전체 과정을 어떻게 고양시키나요?

- 학습 목표를 학생들에게 어떻게 가시적으로 제시하나요? 학생들은 학습 목표를 얼마나 잘 알고 있나요? 만약 제가 당신의 학생들과 학습 목표에 대해 이야기한다면, 학생들은 당신만큼 명확하게 이야기할 수 있을까요?
- 본질적으로 교사는 교실에서 학습에 대한 피드백의 전문가입니다. 피드백 실천에서 일부 통제권을 어떻게 내려 놓을 수 있을까요? 학생들이 서로에게 더 정확하고 자신감 있게 피드백을 줄 수 있도록 어떻게 도울 수 있을까요?
- 학생의 목소리가 학부모에게 학습을 보고하는 과정에서 얼마나 반영되고 있나요? 학부모 보고 과정에 학생의 목소리를 더 많이 포함시키려면 어떻게 할 수 있을까요?
- 교실에서 성공적인 학습이 어떤 모습인지 전달할 수 있다고 얼마나 확신하시나요? 성공적인 학습이 교실에서 어떤 모습인지 설명해 보세요.
- 종종 교사는 각 학생의 학습 상황, 다음 단계 그리고 그 방향으로 나아가는 방법을 알고 있습니다. 하지만 각 학생은 자신의 학습 상황을 얼마나 잘 알고 있을까요? 학생들에게 이 질문을 하면 어떤 대답을 할까요?
- 학생들이 배우길 바라는 것과 실제로 배우는 것 사이의 정렬이 이루어지고 있음을 어떻게 알 수 있나요?

- 학생들이 학습을 성찰하고, 개인 목표를 설정하며, 이 학습 목표들에 대해 협의하는 과정을 어떻게 지원하고 있나요?

이 활동에서 수집된 정보와 이어지는 풍부한 토론 및 공유는 교직원과 학습 문화를 위한 이 책의 내용을 더 의미 있게 탐구할 수 있는 토대를 마련합니다. 몇몇 교사만이 원칙, 가치, 행동, 과제를 채택하는 데 그치지 않고, 이러한 주요 질문들은 교사들의 성찰을 유도하고 평가 혁신에 대한 더 넓은 열망을 일으키며, 학생 중심 평가 실천의 가능성을 탐구하겠다는 적극적인 의지를 강화합니다. 이 학생 중심 평가 실천은 학생 주도성과 탐구를 통해 학습자를 고양하고, 교사에게 정보를 제공하며, 학교 내 탐구 문화를 창조합니다.

이 장은 책의 마지막 부분에 위치하지만, 이 활동은 학교 평가 여정의 진정한 출발점입니다. 이제 처음으로 돌아가 제가 공유한 원칙, 가치, 행동, 과제를 통해 독서 모임이나 협력적 탐구를 진행해 보세요. 함께 작업하세요. 학생들을 이 과정에 참여시키고 가능성을 함께 모색하세요. 높은 이상과 아이디어를 목표로 설정하세요. 학생들 그리고 교사인 당신 모두 그럴 만한 가치가 있습니다.

#탐구 마음가짐 실행하기

이 활동을 기록하여 앞으로 몇 주 또는 몇 달 후에 다시 검토할 수 있도록 하세요. 차트지, 구글 문서(Google Docs), 패들렛(Padlet), 구글 슬라이드(Google Slides) 등 어떤 도구를 사용하든, 동료들 간의 논의를 기록하는 것이 중요합니다. 이러한 기록물은 평가 여정의 시작점을 나타낼 것입니다. 이 기록물을 어떻게 구성할지, 교직원들에게 가장 의미 있고 직관적이며 참여를 유도할 수 있는 형식이 무엇인지, 그리고 쉽게 저장하고 참고할 수 있는 기록물이 될 수 있도록 고려해 보세요.

반응적인 교수법으로서의 탐구: 방향 전환의 힘

탐구 코치이자 컨설턴트로서 저는 종종 교실에서 교사들이 학생들과 함께 수업하는 모습을 관찰하곤 합니다. 일반적으로 저는 그들의 교실로 초대받아 수업안을 전달받고, 수업을 관찰한 뒤 피드백을 제공해 달라는 요청을 받습니다. 교사들이 자신이 사랑하는 일을 열정적으로 실천하는 모습을 지켜보는 것은 언제나 특별한 경험이며, 저는 이 과정에서 늘 큰 기쁨을 느낍니다.

이 일을 수없이 반복하며, 탐구에서 교사가 보여 주는 가장 강력한 행동 중 하나는 그들의 반응성이라는 것을 이해하게 되었습니다. 분명히 탐구는 강력한 계획, 의도성, 교육과정에 대한 깊은 이해, 그리고 학생들에게 무엇을 원하는지에 대한 명확한 비전을 필요로 합니다. 이는 사실입니다. 하지만 탐구는 교사가 학습을 너무 많이 통제하고 학생들의 호기심, 관심, 열정을 먼저 활용하지 않으며 이에 맞춰 계획을 세우지 않으면 부족함을 느낄 수 있습니다. 교사가 탐구 단원을 공동 설계하고,

수업을 통해 학습자가 교육과정을 경험하도록 이끌 수 있는 유일한 능력은 바로 그들이 반응적인 교육자가 되려는 의지입니다. 저는 이 반응성을 '방향 전환의 힘'이라고 부릅니다. 방향 전환의 힘은 교사가 학생의 호기심을 듣고, 학생의 궁금증을 인식하며, 수업 계획이나 학습 경로에서 벗어나 그 관심사를 더 의미 있게 탐구하려 할 때 나타날 수 있습니다.

방향 전환의 힘은 교사가 훌륭한 아이디어를 가지고 있을 때도 발생할 수 있습니다. 이 아이디어는 학생들의 참여와 호기심을 유도하려는 것이지만, 학생들과 대화하고, 학습을 관찰하고, 학생들의 궁금증과 질문을 살피면서, 이 통찰력을 바탕으로 예상치 못한 다른 방향으로 전환할 수 있습니다.

방향 전환의 힘은 학생의 필요가 나타날 때도 발생할 수 있습니다. 이때 탐구 교사는 학생들의 필요를 충족시키기 위해 다른 접근법이나 의도적인 지원, 진심 어린 보살핌이 필요하다고 인식하고, 그에 맞춰 방향을 전환합니다.

방향 전환의 힘은 우리가 학생들을 더 잘 알게 되고, 학생들과 관계를 쌓아 가며, 그들이 누구인지, 무엇을 믿고, 무엇을 소중히 여기는지를 배우면서 나타납니다. 또한 우리가 스스로 우리의 편견을 풀어내고, 우리의 정체성, 신념, 가치관이 왜 그리고 어떻게 가르칠지를 형성하는지 이해하는 과정에서 발생합니다.

탐구 기반 학습은 반응적이고, 민첩하며, 미묘한 특성을 가진 교수법으로, 학생들이 학습에 대한 주도권을 가지게 합니다.

이제 반응성의 개념에 대해 깊이 있게 다뤄 보겠습니다. 읽으면서 여러분의 수업에 대해 성찰해 보시기 바랍니다. 학생들과 함께 일할 때 얼마나 반응적인지 고려해 보세요. 탐구에서 방향을 전환하는 것이 무엇인지 체현하는 방법을 찾으세요. 여러분이 떠올리는 기억, 살아온 경험, 나누고 싶은 이야기는 모두 여러분이 방향을 전환할 수 있는 능력을 보여 줍니다.

자, 이제 시작해 봅시다!

학생들의 호기심에 반응하기

우리 학생들과 진정성 있고 개인화된 탐구를 탐색하려면 먼저 그들의 호기심을 파악해야 합니다.

- 학생들은 무엇을 배우고 싶어 할까요?
- 수업 외에는 무엇에 관심이 있을까요?
- 집에서 읽고, 보고, 하고 있는 것 중 우리가 학교에서 함께 탐구할 수 있는 것은 무엇일까요?
- 어떻게 하면 교과 과정을 학생들에게 생동감 있게 전달할 수 있을까요?
- 학생들이 교과 과정에서 맥락과 개인적인 중요성을 발견하도록 어떻게 도울 수 있을까요?

이 질문들의 답을 풀어 가며, 우리는 학생들의 호기심에 더 잘 반응할 수 있는 방법을 발견하게 됩니다. 어른들이 어떻게 호기심을 억누르는지, 그것을 특별한 것으로 성장시킬 수 있는지를 보여 줄 저의 두 가지 경험을 공유하고자 합니다.

저는 미국에서 가장 오래되고 큰 미술관 중 하나인 시카고 미술관을 방문했습니다. 1880년대에 건축된 이 멋진 건물은 정말 아름답습니다. 30만 점 이상의 예술 작품과 30개 이상의 특별 전시가 진행되는 이 미술관에는 그랜트 우드의 아메리칸 고딕, 피카소의 늙은 기타리스트 그리고 인상적인 앤디 워홀 컬렉션이 포함되어 있습니다. 건물 밖의 웅장한 계단에 다가서는 순간부터 시카고 미술관을 떠날 때까지 그곳은 놀라운 경험을 선사합니다. 전시물들은 여러분을 끌어들입니다. 전시된 다양한 작품과 컬렉션을 보고 있으면 저절로 경외감을 느끼게 됩니다.

제가 방문한 날, 대부분 초등학생이었던 몇 개의 학교 모둠이 미술관에 견학을 왔습니다. 그들이 예술에 흥미를 갖게 될 것이고, 그 흥미가 성인이 될 때까지 이어질 수 있을 거라고 생각했습니다. 언젠가 그들도 자신이 가 본 적 없는 도시에서 박물관을 탐방하게 될 것이고, 그들의 예술에 대한 호기심은 시카고 미술관에서 시작되었을지도 모릅니다. 그 특별한 경험을 함께 한다는 것이 정말 의미 있었습니다.

미술관을 둘러보던 중, 저는 특히 한 학교 모둠과 자주 마주쳤습니다. 그들의 탐방 시간이 저와 비슷했기 때문이죠. 그들이 전시를 보면서 나누는 대화를 들을 수 있었습니다. "우와!" "멋지다!"라는 반응, 뛰어다니는 발소리, 손가락으로 가리키는 모습, 조용히 생각에 잠기는 모습. 어린 학생들은 각자 현대적인 성당 같은 전시 공간에서 예술을 탐험하며 즐거워하고 있었습니다. 그중 하나의 전시가 저에게 강한 인상을 남겼습니다. 그런데 그건 좋은 방식은 아니었습니다.

그 전시는 매혹적인 인터랙티브 전시로, 1960년대 프랑스 알프스의 스키 리조트에서 사용되었던 가구와 소품들을 보여 주는 시리즈였습니다. 이 전시물은 한 프랑스 건축가의 작품으로, 그는 당시 스키 문화가 유행하던 시기에 조립식 캡슐형 생활 공간을 설계하여 롯지나 샬레에 쉽게 설치할 수 있도록 했습니다. 일부 캡슐은 시카고 미술관으로 옮겨져, 방문객들이 그 안을 돌아보며 표면을 만지고, 60여 년 전 알프스 리조트에서의 생활을 체험할 수 있게 했습니다. 그 색상, 질감, 냄새 그리고 감각들은 관람객을 또 다른 시간과 장소로 데려다 주었습니다.

그날 내내 함께 있던 그 학교 모둠이 또 다시 저와 함께 전시를 관람하게 되었습니다. 이 특별전시에서 그들의 반응이 어떻게 나올지 궁금했습니다. 그들이 전시를 발견하고 나서, 그들의 눈빛은 더욱 커졌습니다. 그들은 뛰어가며 놀라움과 호기심을 드러냈고, 그들의 열정은 너무나도 분명했습니다. 아이들은 정말로 경이로움에 가득 찬 표정으로 전시의 입구로 달려가며, 탐험하고 참여하며 즐기려 했습니다.

그 모둠이 첫 번째 전시 공간에 다가가자, 전시 입구에서 관람객의 질문을 받고 예술 작품을 보호하는 일을 하던 갤러리 직원 한 명이 자리에서 나와 학생들을 멈추게 했습니다. 그 직원은 두 팔을 벌려 손바닥을 앞쪽으로 향하며, 학생들에게 멈추고 진정하라고 엄격하게 지시했습니다. "잠깐! 잠깐! 조심하세요!" 그의 모습은 예술과 창의성의 애호가라기보다는 보안 요원처럼 보였습니다. 직원은 학생들에게 갤러리 안을 서두르지 말고, 아무것도 만지지 말며, 손을 주머니에 넣고 다른 관람객들을 방해하지 않도록 조용히 하라고 말했습니다.

저는 깜짝 놀랐습니다. 정말 기회를 놓친 셈이었죠!

순식간에 그는 학생들의 호기심을 완전히 억누르고 말았습니다. 학생들의 태도와 에너지는 즉시 바뀌었습니다. 그들은 전시물을 만지고 탐험하고 싶어 했지만, 매번 그들은 자신이 잘못한 것이 아닌지 직원의 얼굴을 불안하게 쳐다보며 멈췄습니다. 교사로서 저는 그들의 학습이 이미 변했음을 직감했습니다. 그들이 경험할 수 있었던 놀라운 순간들과 상호작용의 기회가 과도하게 통제되어 숨이 막힌 채 지나간 것이었죠.

학생의 몰입과 호기심에 우리가 어떻게 반응하느냐는 매우 중요합니다. 산만하고, 시끄럽고, 지시를 따르지 않으며, 심지어 무례하다고 여겨졌던 행동은 사실 개인적인 관련성, 흥미 그리고 호기심의 표현일 수 있습니다.

우리는 이러한 가능성을 알아차려야 하며, 그 에너지를 배움의 방향으로 전환할 수 있어야 합니다.

시카고 미술관에서의 제 경험은 제가 여러분과 공유하려는 다음 경험과는 완전히 대조적입니다.

최근에 제 가족은 저와 함께 호주로 여행을 갔습니다. 저는 호주에서 학교와 교사들이 탐구 학습을 도입하는 것을 지원하라는 초청을 받았고, 제 가족은 호주를 탐험하고 즐기기 위해 함께 했습니다. 우리는 호주 동물원에서 하루를 보내기로 정했는데, 그곳은 '악어 사냥꾼' 스티브 어윈(Steve Irwin)의 고향입니다. 저는 어릴 때 그의 TV 프로그램과 용감한 동물 보존 활동 그리고 모험적인 정신에 매료되었습니다. 그는 저에게도 영웅이었고, 그가 불행히도 일찍 세상을 떠난 사건은 저에게 큰 영향을 미쳤습니다. 이제 몇 년이 지나, 저는 제 아들들에게 스티브 어윈의 유산을 공유하는 것을 기대하고 있었습니다.

저희 아이들이 얼마나 신이 났는지 말로 표현할 수 없을 정도였습니다. 그들은 동물원을 매우 좋아하고, 호주의 최고 동물원을 탐험할 생각에 들떠 있었습니다. 저희는 표를 사려고 기다리며 들뜬 기분을 감추지 못했습니다. 몇 분 후, 저희는 안내를 받았고, 함께 동물원에서의 경로를 계획하며 1,000에이커가 넘는 야생 동물과 자연을 탐험하기 시작했습니다.

동물원의 첫 번째 코너를 돌았을 때, 우리는 약 6미터 정도 떨어진 곳에서 두 명의 동물원 직원이 동물들을 안고 있는 모습을 보았습니다. 그중 한 명은 귀여운 코알라를 안고 있었고, 그것은 우리가 호주에 있을 때 꼭 보고 싶었던 동물 중 하나였습니다.

다른 직원은 팔에 도마뱀을 올려 놓고 있었고, 그 긴 꼬리는 바닥으로 늘어져 있었습니다. 저의 두 아들은 동물원 직원과 동물들에게 달려갔습니다. 이는 시카고 미술관에서 본 반응과 놀라울 정도로 비슷했습니다. 그러나 여기 호주 동물원에서 어른들의 반응은 완전히 달랐습니다.

제 아이들의 관심과 열정을 보고, 두 명의 동물원 직원은 동시에 무릎을 꿇고, 한쪽 팔을 들어 올리며 제 아들들을 향해 친절하게 손짓으로 초대했습니다. 그들의 몸짓은 '가까이 와서, 보고, 우리와 함께해 보세요. 동물들과 함께 경험해 보세요.'라고 말하고 있었습니다.

직원들은 제 아들에게 질문을 했습니다. "이 동물들이 무엇인지 아세요? 이 동물들에 대해 좀 더 알고 싶나요? 조심히 만져 볼까요? 하나를 들고 싶나요? 궁금한 점이 있나요?" 그들은 아주 짧은 순간에 제 아들의 참여를 인식하고 그들의 호기심을 이끌어 냈습니다. 동물원에 들어선 첫 6미터도 채 지나지 않아, 우리는 모두 이날이 특별할 것임을 알았습니다. 왜냐하면 우리의 호기심이 존중받고 환영받았기 때문입니다.

학생들의 호기심에 어떻게 반응하느냐가 학습의 기초를 마련합니다. 이는 교실의 모든 사람에게 관련성을 인식하고 존중하는 과정입니다. 학생들이 이후 학습, 상호작용 그리고 이해를 쌓아 갈 수 있는 '배경'이 되며, 학습의 '학습의 연결고리' 역할을 합니다. 우리가 학생들의 호기심을 환영하고, 그것을 수업과 단원 설계에 녹여 낼 때, 학생들의 관심과 관련성을 출발점으로 삼고 목표를 설정한다면, 우리의 교육과정은 학생들에게 생동감을 불어넣습니다.

탐구 학습은 학생들의 호기심, 참여, 관심 그리고 경이감을 초대합니다.

학생들의 호기심에 어떻게 반응하느냐가 학습의 기초를 마련합니다.

어떤 모습일까요

매년 저는 학생들에게 '당신의 호기심, 관심사, 열정 그리고 재능은 무엇인가요?'라는 제목의 간단하지만 강력한 온라인 설문지를 작성하도록 요청합니다. 저는 학생들에게 그들이 무엇에 흥미를 느끼고, 어떤 관심사와 열정을 가지고 있는지, 그리고 그들을 더 잘 이해하고 개인화된 탐구를 진행할 수 있도록 필요한 정보를 나누어 달라고 부탁합니다. 저는 이 과정을 온라인 설문지로 진행하는데, 이렇게 하면 학생들이 공유한 내용을 쉽게 확인할 수 있기 때문입니다.

저는 학생들에게 다음과 같은 질문을 합니다.

- 잠시 시간을 내어 자신이 궁금해하거나 관심이 있거나 열정을 느끼는 것에 대해 생각해 보세요. 무엇이 떠오르나요?
- 어렸을 때, 당신은 미래에 무엇이 되고 싶다고 생각했나요?
- 무엇을 개선하는 데 시간을 투자했으며, 그것을 좋아하고 집중하여 했나요?
- 학교 밖에서 무엇을 하며 시간을 보내나요?
- 10년 후, 사랑하는 일을 하며 생계를 유지할 수 있다면, 당신은 무엇을 하고 있을까요?
- 당신의 호기심, 관심사, 열정을 더 잘 이해하는 데 도움이 될 만한 링크, 이미지, 자료 또는 다른 유용한 자료를 공유해 주세요.
- 당신이 전달하고자 하는 내용을 더 잘 이해할 수 있도록 공유할 파일이 있다면, 여기에 업로드해 주세요.

학생들이 공유하는 주제와 열정에 매번 놀랍니다. 운동, 예술, 음악, 정치, 지속 가능성, 의학 및 건강 관리, 인도주의 등 다양한 관심사가 나옵니다. 그 결과들은 항상 다양하고, 제가 함께 일하는 사람들이 누구인지에 대해 매우 흥미롭고 중요한 정보를 제공합니다.

학생들의 호기심에 반응하는 것은 수업이나 단원을 지나치게 계획하지 않고, 학생들로부터 충분한 정보를 얻어 계획과 다음 단계를 결정하는 것입니다. 학생들의 호기심에 반응하는 것은 학생들의 목소리와 궁금증, 호기심이 우리가 배울 내용을 직접적으로 형성할 수 있도록 충분한 흥미를 유발하는 것입니다. 학생들의 호기심에 반응하는 것은 비공식적인 상호작용과 대화를 통해 데이터를 수집하고, 그 데이터가 각 학생의 학습 과정과 경험을 형성하는 데 도움이 되도록 하는 것입니다.

학생들의 질문에 반응하기

저는 모든 탐구 단원을 '구글로 답을 찾을 수 없는 질문'으로 구성합니다. 때로는 이 질문을 학생들이 구조화된, 교사가 주도하는 탐구 활동을 통해 탐색할 수 있도록 만듭니다. 다른 때에는 학생들이 탐색할 수 있도록 몇 가지 질문을 제공하여 선택의 기회를 줍니다. 이것은 여전히 교사가 주도하는 탐구지만, 다소 통제된 형태입니다. 안내된 탐구에서는 학생들에게 그들의 탐구를 구성할 큰 아이디어나 개념을 제공합니다. 이 큰 아이디어는 학생들이 스스로 만드는 개인화된 질문들의 중심이 됩니다.

마지막으로, 자유 탐구에서는 학생들이 스스로 선택한 개념이나 큰 아이디어를 다룹니다. 이 아이디어는 우리 교육과정에 포함되어 있거나 교육과정에 맞게 재구성할 수 있는 것입니다. 자유 탐구에서도, 안내된 탐구와 마찬가지로 학생들은 자신만의 큰 질문을 만들어 그들의 이해를 깊게 합니다.

보시다시피, 질문은 탐구 수업의 기초입니다. 그것이 교사의 질문이든, 학생의 질문이든, 탐구 학습은 질문에서 시작됩니다. 이는 교사가 탐구적 접근법을 채택하면서 만들 수 있는 가장 큰 변화입니다. 학습은 질문으로 시작해야 한다는 것입니다.

탐구의 유형—구조화된 탐구, 통제된 탐구, 안내된 탐구, 자유 탐구—에 상관없이 저는 항상 학생들과 함께 그들의 탐구에 대한 질문을 생성하는 시간을 보냅니다. 이는 우리가 자극을 주고 학생들의 호기심을 자극한 후에 자주 이루어집니다. 강력한 자극은 질문으로 이어지며, 제가 설계한 자극은 우리 교육과정과 연결되어 있습니다. 따라서 학생들이 가진 참여, 호기심, 질문은 모두 학습 목표와 본질적으로 연결됩니다.

저는 이후 학생들이 만든 질문을 사용하여 다음 단계를 안내합니다. 이는 학생들이 자신의 질문을 탐구하고 답을 찾는 첫 번째 연구 단계가 됩니다.

이 과정은 여러 가지 방법으로 이루어질 수 있습니다.

- 학생들이 성찰하고 이전 지식을 활용합니다. 학생들은 자신에게 이렇게 물어볼 수 있습니다. 이 질문에 대해 내가 아는 것은 무엇인가요?
- 학생들이 친구나 부모, 어른 또는 선생님에게 이 질문에 대해 아는 것을 묻습니다.
- 학생들이 온라인에서 질문을 탐구하며 조사를 합니다.
- 학생들이 도서관에 가서 질문과 관련된 다양한 자료들을 살펴봅니다. 학생들은 책을 빌릴 수도 있습니다.
- 학생들이 시리(Siri), 알렉사(Alexa) 또는 구글 홈(Google Home)에 질문을 합니다.

그 후 우리는 우리의 발견을 공유하고, 새로운 이해가 우리의 다음 단계를 어떻게 이끌어 갈 수 있을지 탐구합니다. 이 시점에서 저는 우리 교육과정을 성찰하며, 우리의 사고를 지원할 수 있는 용어, 전문 용어 또는 개념을 고려합니다. 이 과정은 특정 내용과 아이디어를 가르치는 기회로 이어지며, 다시 학생들이 만든 질문으로 돌아가게 됩니다.

이 과정은 우리가 교육과정을 탐구하고, 질문자로서 탐험하며, 학습에 적극적으로 참여하고, 우리의 다음 단계와 탐구 방향에 대해 목소리를 낼 수 있도록 합니다. 학생들에게 어떤 질문이 있는지 묻고, 그 질문을 함께 탐구하는 것은 우리가 탐구를 계획하고 구조화하는 데 도움을 줍니다.

학습에서 질문은 학생들이 교육과정을 탐구하고, 질문자로서 탐험하며, 학습에 적극적으로 참여하고, 우리의 다음 단계와 탐구 방향에 대해 목소리를 낼 수 있게 합니다.

어떤 모습일까요

저는 사회 교사들과 협력하여 주제 중심의 탐구 단원을 설계하는 일을 자주 합니다. 이 단원은 주요 개념이나 큰 아이디어를 기반으로 하되, 학생들이 관련된 개인적 관심사나 호기심을 탐구할 수 있도록 자율성을 제공합니다. 우리가 자주 사용하는 개념 중 하나는 '갈등'입니다. 20세기 역사를 연대순으로 가르치는 전통적인 방식과 달리, 이 탐구 단원에서는 학생들이 개념적 관점을 통해 20세기 역사를 탐구합니다. 이러한 개념적 관점을 통해 저는 교사들에게 교과 과정에서 단 하나의 갈등 사례를 선택하도록 권장합니다. 이 사례는 학생들의 호기심을 자극하고, 몰입도를 높이며, '갈등'이라는 큰 아이디어와 관련된 주요 개념을 명확히 이해할 수 있는 사례여야 합니다.

'주요 개념'이란 모든 갈등에서 공통으로 발견되는 통합적인 요소를 의미합니다. 주요 개념은 큰 아이디어의 핵심 요소로, 사례 간의 연결을 돕고, 사례 연구를 통합할 수 있게 해 줍니다. 이는 개념 간의 종합적 이해를 가능하게 합니다.

갈등의 주요 개념의 예로는 다음 중 하나를 들 수 있습니다.

- 정치적, 경제적 또는 사회적 불평등
- 극심한 빈곤
- 경제 침체
- 열악한 정부 서비스
- 높은 실업률
- 환경 파괴
- 개인별 경제적 인센티브
- 민족 또는 종교와 관련된 문화적 차원

이 주요 개념들은 교사가 주도하는 사례 연구를 통해 탐구되며, 학생들이 스스로 선택한 갈등을 탐구할 때 하나의 틀이 됩니다. 예를 들어, 교사가 제1차 세계대전을 사례로 삼아 갈등이라는 개념을 분석하고 주요 개념에 대한 이해를 심화할 수 있습니다. 이런 맥락은 개념적 관점을 통해 갈등을 이해하는 출발점이 됩니다. 이 주요 개념의 틀을 활용하면 학생들은 제2차 세계대전, 냉전, 한국전쟁, 베트남전쟁 등 자신이 선택한 사례를 중심으로 갈등을 깊이 있게 탐구할 수 있습니다.

교사가 선택한 개념과 교사 주도 사례 연구는 학생들이 자신의 질문을 탐구하며 성공적으로 학습할 수 있는 기술과 이해를 제공합니다. 주요 개념을 모델링하고 탐구하는 과정을 통해 학생들은 이 틀을 적용하여 자신의 질문에 답을 찾고, 자신만의 학습 경로를 설계할 수 있습니다. 교사가 학생들의 질문에 반응할 수 있는 탐구 방식 중 하나가 바로 안내형 탐구입니다.

의미 있는 사례를 하나 소개하겠습니다. 저는 한 역사 교사가 학생들과 함께 '갈등'이라는 개념을 중심으로 한 안내형 탐구 단원을 공동 설계하는 과정을 관찰한 적이 있습니다. 이 탐구 단원에서 교사는 제2차 세계대전이라는 갈등 사례를 중심으로 탐구 과정을 모델링하고 지도했습니다.

학생들이 스스로 사례를 선택하고, 갈등 개념에 대한 이해를 보여 주는 단계에 이르렀을 때, 비슷한 문화적 배경과 가족사를 가진 두 학생에게서 흥미로운 반응이 나타났습니다. 한 명의 학생은 한국계로, 한국전쟁과 깊은 문화적, 가족적 연관이 있었습니다. 이 학생은 한국전쟁을 자신의 사례 연구 주제로 선택했습니다. 왜 이 사례를 선택했는지 묻자, 학생은 가족 구성원들이 이 전쟁에 참여했으며, 일부는 생존했고 일부는 희생되었다고 답했습니다. 학생은 연구와 학습 과정에서 참고할 수 있는 가족의 유품들을 사용할 수 있었고, 전쟁을 겪은 가족 구성원으로부터 직접적인 증언도 들을 수 있었습니다. 이 사례를 선택한 것은 이 학생에게 매우 의미가 있었고, 학생은 개인적인 이유와 학습에 대한 기대를 열정적으로 이야기했습니다.

또 다른 학생도 한국계로, 한국전쟁과 관련된 문화적, 가족적 연관이 깊었습니다. 하지만 이 학생은 한국전쟁을 연구 주제로 선택하지 않았습니다. 이 사례 연구는 개인적으로 관심이 없다고 분명히 밝혔습니다. 교사가 왜 이 학생이 가족과의 진정성 있는 연관에도 불구하고 한국전쟁을 선택하지 않았는지 조심스럽게 묻자, 이 학생은 앞선 학생과는 전혀 다른 관점을 공유했습니다. 이 학생 또한 가족 중에 전쟁에 참여했거나 희생되었거나 생존한 분들이 있었습니다. 하지만 이 갈등은 이 학생에게 너무 가깝게 다가왔습니다. 한국전쟁을 더 깊이 탐구한다는 생각만으로도 심리적으로 힘들었고, 자신과 가족에게 불필요한 상처나 트라우마를 다시 떠올리게 할까 봐 두려웠다고 했습니다.

> 학생들에게 교육과정 내에서 선택권을 부여하는 것은 단순히 그들의 관심사와 호기심을 중심에 두는 것만이 아닙니다. 이는 그들의 문화를 중심에 두는 일이기도 합니다.

이렇게 함으로써 우리는 우리의 역할을 내려놓고, 무의식적으로 가질 수 있는 편견이나 선입견에서 벗어나 학생들이 학습 설계에 적극적으로 참여하도록 돕습니다. 이를 통해 교실에 있는 모든 사람의 문화적 인식과 이해를 높일 수 있습니다. 우리는 탐구와 발견의 관점을 통해 교육과정과 학습 개념을 제시하며, 학생 중심의 반응적인 탐구 과정을 실현합니다.

학생들의 질문에 반응한다는 것은 항상 우리의 질문으로 학습을 주도하지 않는 것을 의미합니다. 대신, 탐구를 지도하는 교사는 학생의 질문이 각 개인에게 맞춤화된 탐구를 이끌 수 있도록 권한을 부여해야 합니다.

학생들의 질문에 반응한다는 것은 강력한 질문자의 기술을 학생들에게 제공하는 것을 포함합니다. 이는 폐쇄형 질문과 개방형 질문의 차이를 이해하고, 두 가지 질문 유형이 모두 탐구에서 중요한 역할을 한다는 점을 아는 것입니다. 또한 학생들의 질문이 교실에서 의미 있는 역할을 할 수 있도록 공간, 수용 그리고 지원을 제공하는 것을 의미합니다.

학생들의 필요에 반응하기

제 생각에 오늘날 교육자들이 직면한 가장 큰 도전은 다양하고 독특한 학생들의 필요를 얼마나 잘 충족시킬 수 있는가에 달려 있습니다. 제 경력 내내 이 과제가 저의 전문성 개발을 이끌었고, 매일 학생들과 그들의 가족과 상호작용하는 방식을 형성했습니다. 탐구 학습은 제가 무엇을 가르쳐야 하는지, 어떻게 가르칠 수 있는지, 그리고 학생들이 학습에 주도권을 가질 수 있도록 어떻게 참여시킬 수 있는지 사이에서 강력한 균형을 발견하도록 도와주었습니다.

제가 발견한 성공의 일부와 그로 인해 학생들이 얻는 자신감은 학생들의 필요를 파악하는 것과 직접적으로 연결되어 있습니다. 학생들이 직면하는 어려움, 학습에 존재하는 장애물, 느낄 수 있는 망설임, 그리고 그들이 경험할 수 있는 심리적 자극 요소는 제가 학생들에게 충만하고 의미 있는 학습 경험을 제공하는 방법을 알려 줍니다.

학생들의 필요를 더 잘 충족시킬 수 있다는 사실을 인정하기 위해 그들을 더 잘 알아야 한다는 것은 아닙니다. 우리가 직면하는 도전은 학생들을 얼마나 더 잘 알게 되어야 우리가 그들과 함께 이러한 도전을 극복할 수 있을지에 관한 것입니다. 저는 학생들과의 상호작용을 끊임없이 개선하고, 각 학생의 필요를 파악할 수 있는 탐구 경험을 설계하는 데 제 경력을 쏟아 왔습니다.

탐구 과정에서 가장 강력한 단계 중 하나는 성찰입니다. 탐구 과정 전반에 걸쳐, 저는 학생들에게 학습 과정을 돌아보고 성공했다고 느낀 부분과 스스로에게 도전이 되었던 부분을 확인하도록 요청합니다. 성찰은 학생들이 자신의 학습에서 이러한 중요한 요소들을 스스로 찾아볼 수 있는 기회를 제공하며, 교사는 이 성찰 과정을 지원하는 역할을 합니다.

전통적으로 교사는 학생들에게 무엇을 잘하고 무엇을 잘하지 못하는지, 강점과 개선이 필요한 부분을 평가하여 알려 줍니다. 하지만 이는 학생들에게 낙담을 줄 수 있고, 평가에 대한 거부감을 초래할 수 있습니다. 학생들은 학습에 흥미를 잃고, 교실에서 수동적인 태도를 보이게 됩니다. 결국, 교사가 말해 주는 내용을 기다리고, 교사의 평가를 기다리고, 교사의 권위를 기다리는 데 익숙해집니다. 어느 순간, 학생들의 정체성은 그들 자신의 것이 아니게 됩니다. 그들의 자아는 다른 사람이 자신에 대해 말하는 것, 자신을 어떻게 보고 평가하는지에 의해 좌우됩니다.

전통적인 평가 방식의 가슴 아픈 진실은 심각한 결과를 초래할 수 있다는 점입니다. 학생들은 인간이 학습하는 자연스러운 과정을 잃어버리게 됩니다. 우리는 관찰하고, 계획하고, 시도하고, 성찰하고, 수정하며, 다시 도전합니다. 우리는 이렇게 지식을 쌓아 갑니다. 학습은 움직임과 행동, 깊은 사고가 수반되는 동사입니다. 학생들이 성찰의 기회를 제공받지 못하고, 평가 과정에서 자신의 목소리를 낼 수 없게 되면, 학교 밖 세상을 살아가는 데 필요한 핵심 기술들을 잃어버리게 됩니다.

어떻게 실행될 수 있을까요

성찰은 다양한 형태로 이루어질 수 있습니다. 저는 탐구 단원의 시작에서 학생들의 필요에 반응하기 위해 특히 효과적인 성찰 활동을 사용합니다.

어떤 과제, 협업 활동 또는 탐구 단원을 시작하기 전에, 저는 학생들에게 학습자 진단 활동에 참여하도록 요청합니다. 이 과정에서 학생들에게 탐구에 대해 어떤 감정을 느끼는지, 학습에 어떤 강점을 가져오는지, 그리고 탐구 과정 중 어떤 부분이 자신에게 도전이 될 수 있는지를 성찰하도록 독려합니다. 이때 저는 다음과 같은 질문을 합니다.

- 무엇을 잘한다고 생각하나요?
- 이번 활동, 탐구 과정의 이번 단계 또는 이 탐구 유형에서 당신이 의지할 수 있는 강점은 무엇인가요?
- 어떤 점에서 도움이 필요할 것 같나요?

- 어떤 점에서 다른 학우들을 도울 수 있나요?
- 이 필요 영역에서 누구에게 도움을 받을 수 있나요? 또는 누구를 도울 수 있나요?
- 현재 자신의 학습에 대해 어떤 감정을 느끼고 있나요?
- 지금 느끼는 큰 감정이나 제가 알아야 할 감정이 있다면 알려 줄 수 있나요?

저는 학생 탐구 유형 스케치 노트를 활용하여 학생들이 더 깊이 성찰하고, 공유 과정에서 강조하고 싶은 구체적인 부분을 파악할 수 있도록 돕습니다. 탐구 유형이 전환될 때마다 학생들에게 다음과 같은 질문을 자주 던집니다.

- 시간이 지남에 따라 어떤 역량이 향상되었다고 느끼나요?
- 계속해서 개발해야 한다고 생각되는 역량은 무엇인가요?
- 학습에 대한 주도권을 더 많이 가지는 것에 대해 어떻게 느끼나요?

이 스케치 노트를 교실에 인쇄하여 게시하고, 학습 과정 내내 참조할 수 있도록 합니다. 또한 이 노트를 교과 과정 계획서에 첨부하여 학부모가 학습 과정을 이해할 수 있도록 하고, 학생들이 성찰 활동 중 사용할 수 있도록 제공합니다.

학생들이 스스로 파악한 강점과 도전 과제는 제가 그들의 필요를 가장 잘 충족시키기 위해 활용할 수 있는 매우 유용한 정보를 제공합니다. 저는 학습 과정에서 학생들이 이러한 강점을 최대한 활용할 수 있도록 독려합니다. 학생들에게 자신이 잘하는 것과 가장 강력한 도구가 무엇인지 계속해서 되돌아볼 수 있음을 상기시킵니다. 이를 통해 자신감을 얻고 성공의 경험을 쌓을 수 있도록 돕습니다.

저는 학생들에게 반복적이고 일관되게 그들이 능력이 있고, 스스로 강점으로 인식한 기술과 이해를 가지고 있다는 점을 상기시켜 주는 것이 성공을 위한 기반을 마련한다고 생각합니다. 이러한 상기는 학생들이 학습에 대해 긍정적인 시각을 가지도록 돕고, 스스로 학습을 조절하며 성장 마인드를 보여 줄 수 있도록 합니다. 학습은 “나는 할 수 있다.”라는 느낌이 들고, “나는 할 수 없다.”라는 느낌에서 벗어나게 합니다.

또한 학생들에게 탐구 과정에서 향상시키고 강화하고자 하는 역량

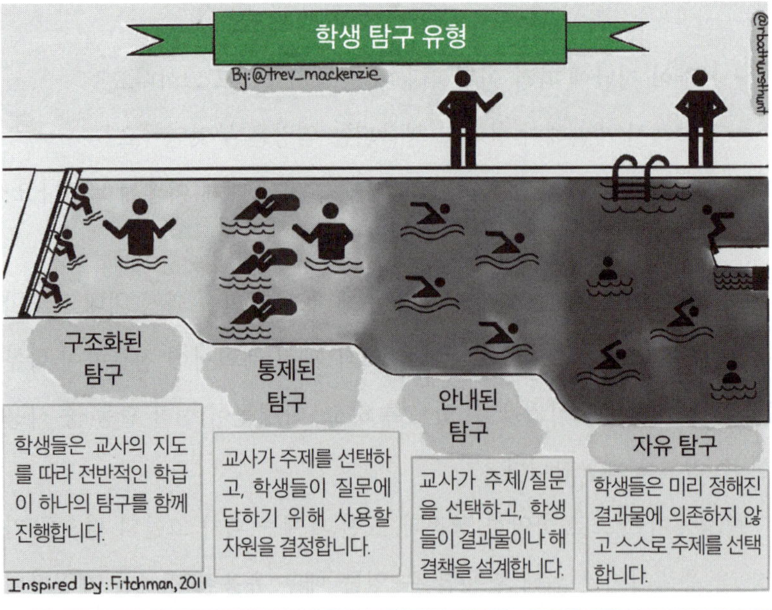

그림 14-1 학생 탐구 유형

이나 분야를 하나만 선택하도록 요청합니다. 단 하나의 역량만 선택하게 하는 이유는 여러 목표를 설정할 경우, 학생들이 자신의 강점을 인식하면서 얻은 자신감을 약화시킬 수 있기 때문입니다. 학습에 대한 긍정적인 시각은 여러 목표를 달성하지 못할 것이라는 부담감 아래 사라질 수 있습니다. 목표는 달성 가능하고 의미 있어야 합니다. 학생들의 초점을 단일 목표로 좁히는 것은 이를 보장하는 데 도움이 합니다.

우리 학생들은 모두 각자의 강점을 가지고 있습니다. 교사로서 우리는 학생들을 서로 비교하는 관점에서 벗어나, 모든 학생이 능력이 있고, 가능성을 지니며, 성공할 수 있다는 믿음을 가져야 합니다. 학생들에게 성찰의 기술을 길러 주어야 합니다. 이를 통해 메타인지 능력을 키우고 학습에 대한 주체성을 강화할 수 있습니다.

우리는 학생들의 강점과 어려움을 다양한 방식으로 기록합니다. 학생들이 탐구 과정에서 일지를 쓰면서 성찰하고 독립적으로 의사 결정을 내리는 증거로 남기기도 합니다. 또 때로는 성찰을 계획 템플릿에 기록하게 하여 탐구 과정과 강점을 활용하는 방법, 도전에 직면했을 때 사용할 해결책과 전략을 구체적으로 계획하도록 돕습니다.

때로는 학생들이 성찰 내용을 학우들과 공유하도록 요청합니다. 이 활동을 통해 개방성, 신뢰, 공감, 유대감, 서로의 학습을 돕는 상호 책임감으로 이루어진 학습 공동체가 형성됩니다. 학생들에게 접착 메모지에 자신의 성찰을 적어 교실 앞 화이트보드에 붙이도록 합니다. 강점은 '내가 사람들에게 알리고 싶은 나의 강점'이라는 칸에, 어려움은 '내가 사람들에게 알리고 싶은 나의 어려움'이라는 칸에 붙입니다. 이후 학생들과 함께 보드를 관찰하며, 공통된 점이나 비슷한 경향을 살펴봅니다. 서로의 효과적인 전략을 논의하고, 나도 활용할 수 있을 만한 방법을 찾아봅니다.

학생들의 필요에 민감하게 반응한다는 것은 학생들이 스스로를 더 잘 이해하도록 돕는 것을 의미합니다. 학생들이 학습의 강점과 어려움을 파악하도록 도와줌으로써, 적절한 행동을 취할 수 있도록 지원할 수 있습니다. 학생들의 필요에 반응한다는 것은 그들의 학습에 대해 성찰하도록 요청하고, 그들이 어떻게 느끼는지, 자신을 어떻게 평가하고 있는지 지속적으로 관찰하고 주목하는 것입니다. 또한 학생 개개인에게 맞춤형 전략을 제공하고, 목표를 향해 나아가는 과정을 스스로 점검하도록 돕는 것입니다. 평가 과정에서 학생들에게 목소리를 낼 기회를 주고, 진정성 있는 의사 결정과 성찰을 통해 학습에 주체적으로 참여할 수 있도록 하는 것 또한 학생들의 필요에 반응하는 것입니다.

학생 정체성에 민감한 반응하기

학생들의 연령이나 학년과 상관없이, 저는 매년 첫 수업을 '자신에 대한 탐구'로 시작합니다. 이 단원의 목표는 여러 가지이며, 모두 성공적이고 의미 있는 학년을 보내기 위해 중요합니다.

첫째, 탐구의 모범을 보이고, 학생들이 탐구의 첫걸음을 시작하도록 돕는 것입니다. 많은 학생에게 이 단원은 탐구를 처음 경험하는 기회가 될 것입니다. 그래서 단원을 천천히 진행하며, 각 탐구 단원의 구성 요소를 교실에서 함께 해체하고 이해하는 데 집중합니다. 탐구에서 질문의 역할을 이해하고, 생각을 여는 자극(provocations)에 대한 반응 방식을 익히며, 이 모든 것이 학습에서 어떤 목적을 가지는지 이해하도록 돕습니다. 이러한 과정을 통해 더 성공적으로 탐구를 시작할 수 있습니다. 또한 관련 있는 조사 기술을 연마하고 학생들의 호기심과 관심사를 탐색하면서, 이를 통해 단원의 설계와 학습 목표를 형성합니다. 처음에 진행되는 구조화된 단원(first structured unit)은 한 해 동안 우리가 어떤 방식으로 다양한 학생 탐구를 진행할지 방향을 잡아 주는 역할을 합니다. 학생들이 학습에 주체적으로 참여하며 자신의 목소리와 아이디어가 학습 과정에 직접적인 영향을 미친다는 것을 경험하게 될수록, 이 첫 단원과 교사가 제공하는 시범 활동이 학생들이 자신감을 가지고 성공적인 학습을 이어갈 수 있도록 돕습니다.

둘째, 저는 학생들을 더 잘 알고 싶습니다. 학생들이 자신의 호기심, 관심사, 목표, 열정을 수업에서 자유롭게 공유하길 바랍니다. 그들의 정체성이 우리의 학습을 형성하고 단원 계획을 이끄는 데 중요한 역할을 하길 원합니다. 학생들이 무엇을 소중히 여기고, 어떤 신념을 가지며, 세상을 어떻게 바라보는지 알고 싶습니다. 각 학생과 강력한 관계를 구축하고 싶습니다. 우리의 시간을 신뢰를 바탕으로 쌓아 가고 싶습니다. 이러한 신뢰는 우리가 서로의 약점을 드러내고, 도전하며, 학습 과정 내내 서로를 지원할 수 있도록 해 줄 것입니다. 학습은 모든 학생에게 개인적으로 의미 있고 만족스러운 경험이 되어야 합니다. '자신에 대한 탐구'를 통해, 저는 학생들과 이 모든 면을 논의할 기회를 갖게 됩니다. 이를 통해 학생들의 다양한 면모를 깊이 이해하며 함께 학습을 만들어 갈 수 있습니다.

마지막으로, 저는 학생들이 자신을 더 잘 이해하길 바랍니다. 교실이 학생들의 현재 모습과 그들이 되고자 하는 모습을 존중하는 공간이라는 것을 느끼길 바랍니다. 학생들이 자신의 학습을 성찰하며 강점과 어려움을 파악하길 원합니다. 그들의 가치관과 신념을 공유하길 바랍니다. 또한 자신이 가진 편견과 선입견을 인식할 수 있기를 바랍니다.

우리 사회가 얼마나 다양한 방식으로 우리를 형성하는지, 문화가 우리에게 어떤 영향을 미치는지 깨닫기를 원합니다. 심지어 우리가 알지 못하는 사이에도, 우리 자신이 통제할 수 없는 많은 요소에 의해 정체성이 형성된다는 사실을 이해하길 바랍니다.

학생들이 학습에 대한 진정한 주체성을 경험하고, 그 과정을 통해 교실에서 자신감을 키우길 바랍니다. 그리고 함께한 시간이 끝날 때, 오랜만에 느껴 보는 학습의 즐거움을 가지고 떠나길 바랍니다.

저는 학생들이 학습에 대해 진정한 주체성을 경험하길 바랍니다. 이 과정을 통해 교실에서 자신감을 쌓고, 오랜만에 느껴 보는 학습의 즐거움을 가지고 우리의 시간을 마무리하길 바랍니다.

이 활동은 어떻게 보일까요

체계적인 자기 탐구를 이끄는 중심적이고 깊이 있는 질문은 "나는 누구이며, 무엇이 나의 정체성을 형성하는가?"입니다(자세한 내용은 p. 129, 제6장 '올바른 질문하기'의 학습자의 정체성 질문을 참고하세요). 이 질문은 겉보기에 다소 포괄적이고 구체적이지 않아 보일 수 있지만, 학생들이 자신을 깊이 있고 개인화된 방식으로 탐구할 수 있도록 방향성과 깊이를 제공합니다.

저는 이 질문을 교실에서 가장 잘 보이는 공간에 게시합니다. 보통 프로젝트 화면 위에 게시하는데, 이는 학생들이 학습 중 언제든 이 질문을 보며 아이디어를 공유하거나 자료를 분석하고, 연결점을 찾고 사고를 발전시킬 수 있도록 돕습니다. 이 질문은 우리가 해체할 자료를 선택하고, 토론을 이끌며, 학습을 구성하고 탐구의 방향을 제시하는 데 중심이 됩니다.

질문을 게시한 후, 우리는 질문에 대한 생각을 나누고 반응을 공유합니다. 기존에 가지고 있던 지식을 살펴보고, 사고를 기록하며, 초기 신념을 작성합니다. 저는 학생들이 탐구 초기에 자신의 사고를 기록한 증거를 남기길 바랍니다. 이렇게 하면 학습 과정에서 연구를 진행하고 새로운 이해를 구성한 후, 초기 생각과 비교하며 성찰할 수 있기 때문입니다.

우리는 조사를 진행하며 새로운 이해를 형성했습니다. 이제 학생들과 함께 그들의 생각이 어떻게 바뀌었는지, 그리고 이러한 변화를 가져온 경험, 읽은 내용 혹은 새롭게 배운 점이 무엇인지 탐구해 보고 싶습니다.

이 탐구의 시점에서 저는 나의 정체성을 풀어내는 과정을 글로 생각하며 말하기(write-aloud)[1] 활동을 통해 시범 보이는 것을 즐깁니다. 저

---

1) '글로 생각하며 말하기'는 교사가 학생들 앞에서 글을 쓰는 과정을 직접 시연하면서, 자신의 생각 과정을 소리 내어 말로 표현하는 수업 전략입니다. 이는 학생들에게 글쓰기란 어떤 사고와 선택의 흐름을 거치는지를 명확하게 보여 주는 데 목적이 있습니다(예: "음, 문장을 어떻게 시작하면 좋을까? '나는…'보다는 좀 더 강한 표현이 좋겠지. 아! '지난 주말에 가장 기억에 남는 순간은…'으로 시작해 보자.").

는 이 활동을 특히 좋아합니다. 화이트보드 앞에 서서 학생들에게 제시할 질문을 주제로 삼아 제 생각을 글로 옮기며, 글을 쓰는 동안 제 사고 과정을 말로 설명합니다. 때로는 실수도 하고, 수정하면서 사고와 계획 과정을 자연스럽게 보여 줍니다. 이를 통해 학생들이 저를 더 잘 이해할 수 있는 기회를 제공합니다.

이 전략은 제가 깊이 존경하는 교육자이자 작가인 애드리엔 기어(Adrienne Gear)에게 배운 것입니다. 애드리엔은 이 글로 생각하며 말하기를 교실에서 활용하는 방법에 대한 통찰을 우리에게 공유해 주었습니다. 한 번 참고해 보세요.

저는 종종 좋아하는 작가(여럿 있습니다!)가 다음 소설이나 그림책을 집필하는 과정에 함께 앉아 있을 수 있다면 어떨지 상상해 보곤 합니다. 단순히 그들의 글쓰기를 관찰하는 것뿐만 아니라, 그들의 머릿속에 들어가 생각을 단어로 변환하는 내면의 목소리를 듣는 경험을 해 보고 싶습니다. 글쓰기가 펼쳐지는 이 마법 같은 과정을 지켜보는 것은 정말 특별한 경험일 것입니다.

하지만 대부분의 작가는 침묵 속에서 깊이 생각에 잠겨 글을 씁니다. 그들은 단어를 마치 점토처럼 빚으며, 단어 선택과 감각적 묘사를 통해 시각적 이미지를 만들어 냅니다. 그렇다면 우리가 학생들에게 글쓰기 과정에서 어떤 생각이 오가는지 엿볼 수 있는 기회를 제공할 수 있다면 어떨까요?

글로 생각하며 말하기 또는 모델 글쓰기는 교사가 "생각하며 말하기(thinking aloud)" 전략을 사용해, 학생들 앞에서 글을 쓰며 자신의 사고 과정을 공유하는 방법입니다. 이를 통해 글쓰기 과정을 학생들이 더 명확하고 구체적으로 이해할 수 있도록 돕습니다. 글쓰기 주제는 다양할 수 있지만, 핵심은 교사가 글을 쓰는 동안 자신의 사고 과정을 학생들에게 보여 주는 것입니다. 이를 통해 교사는 글쓰기 과정의 각 단계를 명확하게 시범 보이며, 자신의 글을 활용해 핵심적인 글쓰기 기술과 개념을 가르칠 수 있습니다.

커닝햄(Cunningham)과 앨링턴(Allington)은 교사의 글쓰기 시범이 학생들의 글쓰기 성공에서 핵심적인 요소라고 강조합니다. 마치 소리 내어 읽기(read-aloud), 공동 읽기(shared reading), 안내된 읽기(guided reading)와 같은 전략이 효과적인 읽기 프로그램의 필수 요소인 것처럼, 글로 생각하며 말하기도 학생들이 독립적인 글쓰기로 나아가도록 돕는 중요한 역할을 합니다. 이 활동은 글쓰기를 처음 배우는 학생들에게는 기초를 다지는 데 도움이 되고, 글쓰기에 숙련된 학생들에게도 효과적으로 활용할 수 있는 전략입니다. 레지 루트만(Regie Routman)은 이렇게 말합니다. "글로 생각하며 말하기는 모든 학년 수준에서 학생들의 관심을 끌고 글쓰기의 다양한 측면을 시범 보이는 강력한 모델링 기법입니다."

글로 생각하며 말하기 전략은 글쓰기를 배우는 학생들에게 많은 이점을 제공합니다. 이 활동을 통해 교사가 글을 쓰는 과정을 시범으로 보여 줄 때, 수업의 중요한 학습 순간들이 더욱 부각됩니다. 학생들은 교사가 글을 쓰며 생각을 말로 표현하고, 실수를 하고, 고쳐 가며, 단어 선택을 고민하며 멈추고 성찰하는 모습을 볼 수 있습니다. 이 과정은 마치 교사의 글쓰기 과정을 들여다볼 수 있는 창과도 같습니다.

물론 글로 생각하며 말하기를 하다 보면 어려움도 있습니다. 학생들의 모든 시선과 귀가 저를 향하고 있는 순간, 제가 쓰고 있는 글이 엉뚱하거나 앞뒤가 맞지 않다는 걸 깨달았던 적이 한두 번이 아닙니다!

글로 생각하며 말하기를 할 때는 어느 정도 준비를 해 두는 것이 도움이 됩니다. 그렇다고 해서 미리 글을 써 두고, 학생들 앞에서 그것을 단어 하나 틀리지 않고 그대로 옮겨 적으라는 의미는 아닙니다. 즉흥적으로 글을 구성하는 요소가 반드시 포함되어야 합니다. 하지만 최소한 시범을 보이고자 하는 목표 글쓰기 기술은 미리 염두에 두는 것이 좋습니다.

"나는 누구인가?"라는 질문을 주제로, 저는 제 정체성에 대해 글을 쓰고 이야기하며, 저를 이루는 다양한 층위를 하나씩 풀어 갑니다. 학생들이 몰랐던 제 이야기를 드러내고, 교사로서의 가치관을 보여 주는 세부 사항들을 공유합니다. 또한 학생들이 같은 주제로 성찰 글을 쓸 때 정직함, 솔직함 그리고 자기 분석의 자세를 가질 수 있도록 제가 바

라는 모습을 직접 보여 줍니다. 저는 '교차성(intersectionality)[2]'이라는 개념을 바탕으로 제가 인식하든 못하든 간에 제 삶에서 편견, 선입견 그리고 특권 의식을 형성해 온 모든 요소를 이해하려는 의식적인 노력에 대해 글을 씁니다.

이 활동은 매우 강력한 경험이 됩니다.

그 후, 학생들에게도 조용히 노트에 자신의 생각을 써 보도록 요청합니다(글로 생각하며 말하기로 시범을 보이는 방식은 아닙니다). 저는 학생들에게 글을 쓸 때 솔직하고, 정직하며, 자신을 드러내는 데 두려워하지 말라고 격려합니다. 또한 성찰 글쓰기가 안전한 공간이며, 그 글이 공개적으로 공유되지 않을 것이라고 알려 줍니다. 저는 학생들에게 펜과 종이 위에 믿음을 두라고 제안합니다. 학생들이 글을 쓰면서 자신만의 정체성을 풀어내고, 자신에게 영향을 미친 문화, 그리고 자신을 형성한 힘과 가치관, 신념에 대해 깊이 성찰하기 시작합니다.

그 후, 저는 학생들의 호기심을 자극하고 관심을 더 끌어낼 수 있는 일련의 생각을 여는 자극(provocations)을 제시할 수 있습니다. 이러한 자극을 통해 학생들이 자신의 정체성과 그것을 형성하는 여러 요인에 대해 더 깊이 생각하게 하고 싶습니다. 저는 그들의 사고를 확장하고, 자신을 이해하는 관점을 넓히도록 돕고자 합니다.

제가 제시하는 생각을 여는 자극 중 하나는 사회적 네트워크 과학과 우리가 알게 모르게 주변 사람들의 영향을 받는 방식에 대한 기사입니다. 데이비드 버커스(David Burkus)는 자신의 책 『Friend of a Friend:

---

2) '교차성'은 개인이 겪는 차별이나 불평등이 단일한 정체성 요소(예: 성별, 인종, 계층 등)로만 설명되지 않고, 여러 정체성 요소가 서로 겹치고 교차되며 복합적으로 작용한다는 개념입니다.

Understanding the Hidden Networks That Can Transform Your Life and Career(지인의 지인: 당신의 삶과 경력을 바꿀 수 있는 숨겨진 네트워크 이해하기)』에서 이러한 아이디어를 탐구합니다. 버커스는 우리의 가치관, 신념 그리고 삶에 대한 관점에 타인이 미치는 영향을 다룬 여러 연구를 공유합니다.

미래에 대해 우리가 모든 것을 통제할 수 있다고 믿는 분들에게는 버커스의 연구가 새로운 사고를 열어 줄 것입니다. 이는 제가 학생들에게 이러한 자극적 질문을 통해 경험하기를 바라는 바로 그 변화입니다.

저는 또 다른 생각을 여는 자극을 제시합니다. 이번에는 광고, 마케팅, 대중문화 그리고 미디어가 우리의 정체성에 어떤 영향을 미치는지 생각하게 만드는 강렬한 이미지를 활용합니다. 학생들에게 그 이미지에서 무엇을 발견했는지, 무엇이 궁금한지 그리고 무엇을 알고 있는지를 공유하도록 요청합니다. 또한 그들이 언제 특정 물건을 사도록, 특정 방식으로 행동하도록 혹은 특정 가치나 원칙을 믿도록 무언가나 누군가가 자신을 조종하려 했음을 인지한 적이 있는지 찾아보라고 질문합니다. 학생들의 공유는 항상 솔직하며 통찰을 제공합니다.

점차적으로 학생들은 자신에 대한 집중과 각자의 정체성을 형성하는 요인들에 대한 이해를 확장해 나갑니다.

다음 [그림 14-2] 생각을 여는 자극을 위한 이미지를 한번 살펴보세요.

저는 학생들이 제가 제시한 생각을 여는 자극을 통해 자신의 생각을 정리할 기회를 갖게 되는 점을 소중하게 여깁니다. 학생들이 던지는 질문, 그들이 이미 알고 있는 배경지식 그리고 학습이 나아가는 방향은 모두 자극적 질문에서 시작됩니다. 제가 어떤 질문을 사용할지 결정하

그림 14-2 크리스토퍼 돔브레스(Christopher Dombres)의 소비자의 마음

는 기준은 그 질문이 학생들의 호기심과 참여를 이끌어 낼 수 있는지에 달려 있습니다.

이러한 탐구를 학습의 첫 단원으로 삼는 것은 서로를 더 잘 이해하고 자신에 대해서도 더 깊이 알아 가는 기반에서 학습을 시작할 수 있도록 해 줍니다. 학습 여정의 시작에서 정체성을 탐구하며, 저는 학생들에게 이 과정이 지속적이라는 점을 강조합니다. 우리는 함께 성찰적인 태도를 유지하고, 비판적으로 사고하며, 끊임없이 질문을 던질 것입니다. 또한 우리의 학습이 교육과정에 의해 어떻게 형성되는지 그리고 우리가 어떻게 교육과정을 재구성할 수 있는지 탐구할 것입니다.

학생들의 정체성에 민감하게 반응한다는 것은 함께하는 시간을 바탕으로 제가 학생들을 알아 가고, 학생들이 스스로를 더 깊이 이해하도록 돕는 것을 의미합니다.

학생들의 정체성에 민감하게 반응한다는 것은 모든 학생을 각자의 이야기, 경험, 특성 그리고 문화를 가진 독특한 존재로 존중하는 것을 뜻합니다.

학생들의 정체성에 민감하게 반응한다는 것은 교육과정에서 모든 학생이 자신의 배경이나 성장 환경에 상관없이 공정하고 흥미롭게 학습에 접근할 수 있는 기회를 제공하는 것을 의미합니다.

학생들의 정체성에 민감하게 반응한다는 것은 그들의 기존 지식, 경험, 이야기를 적극적으로 활용하여 이를 교육과정과 연결할 수 있는 기회를 제공하는 것을 말합니다.

학생들의 정체성에 민감하게 반응한다는 것은 제 자신의 편견, 선입견, 특권 의식을 솔직하고 정직하게 성찰하고 드러내며, 스스로를 중심에서 비켜서게 함으로써 다른 사람들을 중심에 두는 용기와 솔직함을 모델링하는 것을 의미합니다.

#탐구 마음가짐 실행하기

이 장의 시작에서 저는 여러분께 자신의 교수 방법에 대해 성찰해 보기를 요청했습니다. 학생들과의 상호작용에서 얼마나 민감하게 반응하고, 탐구 과정에서 어떻게 방향을 조정해 왔는지 생각해 보셨나요? 떠오르는 기억이 있나요? 어떤 경험을 하셨나요? 여러분의 방향 조정 능력을 보여 주는 이야기를 공유할 수 있을까요?

그것이 학생들의 호기심에 응답하는 일이었나요? 학생들의 질문에 대한 것이었나요? 학생들의 필요에 대한 것이었나요? 아니면 학생들의 정체성과 관련된 것이었나요? 또는 이 모든 요소가 결합된 것이었을까요? 탐구 수업에서 더 민감하게 대응하기 위해 여러분은 무엇을 할 수 있을까요?

제15장

투명한 교수: 나의 가치를 공유하기

이 책 전반에 걸쳐, 저는 학생들이 학습과 평가에 대해 더 주체적으로 참여할 수 있는 환경을 조성하는 다양한 행동, 과제, 루틴 그리고 절차를 공유해 왔습니다. 이러한 행동, 과제, 루틴 그리고 절차는 제 교수 활동의 핵심이 되는 가치들에 뿌리를 두고 있습니다. 저는 이것을 핵심 가치(core values)라고 부릅니다.

저는 교실에서의 완전한 투명성이 학생들에게 큰 안정감과 평온함, 편안함 그리고 자신감을 준다는 사실을 발견했습니다. 예를 들어, 학생 탐구 유형(Types of Student Inquiry)은 학생 주도 학습으로의 점진적인 전환 과정을 명확히 보여 줍니다. 학생들은 시간이 지나며 학습에 대한 통제권이 교사에서 학생으로 이동하는 것을 경험하고, 이를 성공적으로 수행하기 위해 필요한 기술과 이해를 습득하게 됩니다.

이러한 투명성은 새로운 학습 여정을 함께 시작하는 학생들에게 특히 유용합니다. 이를 염두에 두고 저는 학기 초에 제 핵심 가치를 학생들과 공유합니다. 교사로서 제가 믿는 것과 학습 공동체를 위한 목표를 나눕니다. 그리고 학생들에게 제가 이 가치를 지킬 수 있도록 도와달라고 요청합니다. 가르치는 일은 때로 어렵고 부담스러운 작업이 될 수 있기 때문입니다. 혹시라도 제가 그 가치를 잊고 행동할 때가 있다면, 알려 달라고 학생들에게 부탁합니다.

저는 학생들에게 이 가치를 함께 만들어 가는 데 동참해 달라고 요청합니다. 매일 이 가치를 실천하고 받아들이도록 격려합니다. 또한 학습자로서 자신만의 가치를 탐구하고, 서로의 강점과 약점을 발견하며, 이러한 기술을 앞으로의 어떤 상황이나 도전에 적용할 수 있도록 함께 노력하자고 제안합니다.

지금부터 제가 학생들에게 공유했던 이 핵심 가치를 여러분과도 나누고자 합니다.

- 저는 구성주의(constructivism)와 교실에 들어오는 모든 학생이 풍부한 역사, 경험, 이야기 그리고 이해를 가지고 있다는 믿음을 소중히 여깁니다. 저는 학생들의 배경지식을 활용해 함께 새로운 이해를 만들어 나가고자 합니다. 학생들은 단순히 교육과정의 내용을 채워 넣어야 하는 빈 그릇으로 교실에 들어오는 것이 아닙니다. 우리는 서로 연결점을 찾고, 호기심을 탐구하며, 협력하여 함께 의미를 만들어 갑니다.
- 저는 역량, 태도 그리고 사고 습관을 중요하게 여기며, 학교 교육의 진정한 유산은 모든 삶의 경험에 적용할 수 있는 기술과 사고방식이라고 믿습니다. 제가 중요하게 생각하는 역량으로는 창의성, 비판적 사

고, 협력, 의사소통, 호기심, 공감 그리고 자기 통제 등이 있습니다. 우리는 이 역량들에 대해 이야기하고, 각자의 목표를 설정하며, 이를 더 의미 있게 받아들이기 위한 성장 과정을 성찰하고 평가합니다. 또한 수업 중에 이 역량이 나타나는 모습을 관찰하면서 제가 이를 코칭하고 시범을 보이며 지도합니다.

- **저는 대화와 사고를 매우 중요하게 생각하며, 말하고 있는 사람이 바로 배우고 있는 사람이라고 믿습니다.** 그래서 저는 학생들이 최대한 많이 말하도록 격려합니다. 모든 학생이 자신의 생각을 정리하고, 발표를 연습하며, 안전하고 자신감 있는 방식으로 수업 토론에 참여할 수 있도록 공정한 대화 체계를 채택했습니다. 저는 학생들에게 더 많이 말할수록 제가 그들과 더 효과적으로 협력할 수 있다고 이야기합니다. 학생들이 말할 때 저는 듣습니다. 정말로 듣습니다. 이를 통해 학생 한 명 한 명을 어떻게 지원할 수 있을지 더 잘 이해하려고 노력합니다. 학생들의 대화는 제 다음 단계를 안내합니다.
- **저는 웰빙을 중요하게 여기며, 모두가 스스로를 긍정적으로 느끼고 학습에 자신감을 가지고, 균형과 웰빙을 유지할 수 있는 방법을 발견하는 데 노력해야 한다고 믿습니다.** 그래서 저는 학생들의 웰빙을 고려하며 유연하고 민첩하게 대응할 것입니다. 학생들에게 현재 상태에 대해 물어보고, 스트레스나 불안감을 반영하도록 요청하며, 그들의 필요를 경청할 것을 약속합니다. 저는 학생들이 웰빙을 해치거나 스트레스를 높이거나 불안을 유발하지 않으면서 학교에서 성공할 수 있도록 구조와 과정을 설계할 것입니다.
- **저는 관계와 학습 공동체를 구축하는 것을 중요하게 생각합니다.** 신뢰

와 심리적 안정감이 학생들로 하여금 새로운 것에 도전하고, 피드백을 주고받으며, 학습에 대한 더 큰 책임과 주도권을 가질 수 있도록 하는 문화를 만들고 싶습니다. 저는 학생들을 알아 가고, 학생들도 저를 알아 가도록 돕는 것을 소중히 여깁니다. 학생들을 중심에 두고, 저 자신을 중심에서 벗어나게 하는 것을 중요하게 생각합니다. 교실에서의 역할을 변화시키는 것을 중요하게 여기며, 우리가 학습의 동반자로서 함께 설계하고 함께 만들어 가며, 협력하고 소통하는 과정을 중시합니다.

- **저는 학생들이 학습의 주도권을 더 많이 가질 수 있도록 성공적인 과정을 지원하는 행동, 과제, 루틴, 프로토콜을 중요하게 생각합니다.** 학생들이 주도권을 가지고 무엇을 하는지를 보며, 시간이 지남에 따라 그들의 성장에 맞춰 지속적으로 그들의 필요를 더 잘 충족시키기 위해 노력합니다. 이러한 마지막 가치는 학생들과의 대화를 또 다른 차원으로 끌어올려, 우리가 '학생 주도성(Student agency)'에 대해 이야기할 때 그 의미를 탐구하게 합니다. 학생 주도성은 학생들에게 풍부하고 의미 있는 학교 경험을 제공하는 여러 측면으로 이루어져 있습니다. 학생 주도성은 단순히 한두 가지 측면에 그치는 것이 아니라, 학습을 함께 설계하고 공동으로 만들어 가는 과정을 통해 육성되는 집합체입니다. 이 요소들은 『Learner Agency is Out of This World(학습자 주도성은 상상을 뛰어넘는 힘이다)』 스케치 노트에서 개괄적으로 설명되어 있습니다. 여러분은 이 책의 각 장에서, 특히 '평가에 대한 학생 주도성을 키우기 위한 10단계'에서 이러한 측면들이 어떻게 드러나는지 보게 될 것입니다.

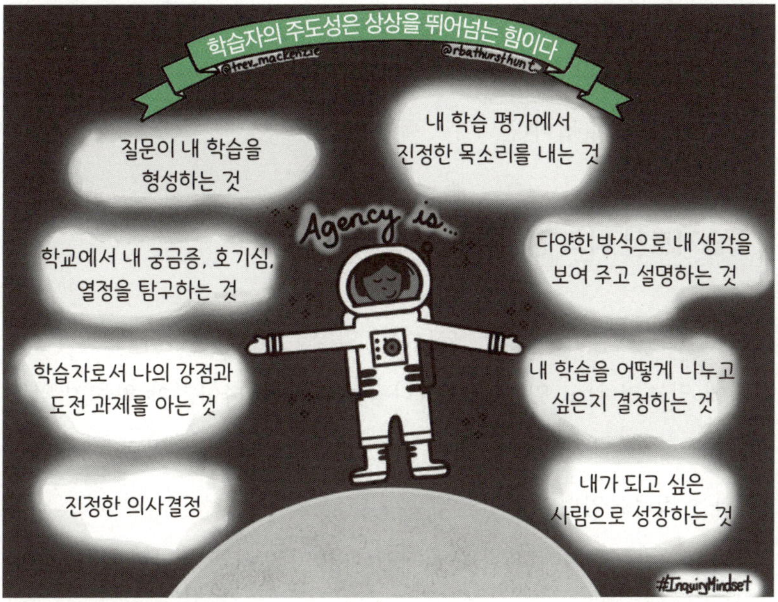

그림 15-1 학습자의 주도성은 상상을 뛰어넘는 힘이다.

진정한 의사결정 참여

학생 주도성이란 학생들이 학습의 중요한 부분을 스스로 담당하도록 하는 것입니다. 학생들이 의사결정 과정에서 진정한 역할을 맡을 수 있을 때, 학습을 하나의 행동으로 중시하는 교실 문화를 형성할 수 있습니다.

서문에서 제시된 핵심 질문은 "내가 하고 있는 일을 학생들이 스스로 할 수 있는가?"였습니다. 만약 답이 "예."라면, 저는 중심에서 물러나 학생들이 이러한 책임을 맡도록 합니다. 이렇게 할수록 학생들은 자신의 학습에 주체성을 가지는 데 있어 점점 더 편안하고 자신감 있게 느끼게 됩니다.

학습은 교사와 학생이 함께 설계하고 공동으로 만들어 가는 파트너십으로 발전합니다. 교실은 이러한 협력을 통해 진정한 학습 경험을 만들어 가는 공간이 됩니다.

학습자로서 나의 강점과 약점 알아 가기

저는 종종 제 자신에게 묻습니다. "학생들이 현재 학습에서 자신이 어디에 있는지 알고 있는가?" "그다음에 어디로 나아가야 하는지 알고 있는가?" "그곳에 도달하기 위해 필요한 단계를 스스로 식별할 수 있는가?"라는 질문들입니다.

교사들은 종종 이러한 질문에 대해 학생들을 대신해 답할 수 있지만, 과연 학생들 스스로 이 질문에 답할 수 있을까요?

수업에서 이러한 대화를 시작하기 위해, 저는 학생들이 성찰하고 학습자로서 자신을 더 잘 이해하도록 돕는 일련의 유도 질문을 던집니다.

- 혼자서, 소모둠에서 아니면 전체 학급 속에서 배울 때 학습이 가장 잘 이루어지나요?
- 배운 내용을 글로 쓰는 것을 선호하나요, 이야기로 나누는 것을 좋아하나요, 아니면 그림으로 표현하는 것을 좋아하나요?
- 집중할 수 있는 시간은 얼마나 되나요? 집중 시간은 얼마나 오래 집중할 수 있는지, 그리고 속도, 환경 또는 행동을 바꿔야 한다고 느끼기까지의 시간을 말합니다.

이러한 질문들은 학생들이 자신의 학습에 더 많은 주체성을 가지도록 돕습니다.

학교에서 나의 호기심, 궁금증, 열정을 탐구하기

모든 학생은 호기심 많고 탐구하는 존재로 학교에 옵니다. 그들은 주변 세상을 탐구하고 발견하면서 질문과 궁금증으로 가득 차 있습니다. 하지만 학교 생활 중 어느 시점에서 많은 학생들이 학습과 학교에 대해 무관심해지고, 흥미를 잃고, 소극적으로 변합니다.

우리의 가르침은 학생들의 타고난 호기심을 어떻게 지원하고 존중하고 있나요? 우리는 학생들의 궁금증을 어떻게 교육과정과 깊이 연결시키고 있나요? 어떻게 하면 교육과정을 단순히 전달하는 것이 아니라, 학생들이 탐구하고 발견하는 경험으로 느낄 수 있도록 생동감 있게 만들 수 있을까요? 이러한 질문들은 학생들의 궁금증과 열정을 존중하며, 그들이 학습에서 중요한 역할을 맡고 있음을 인식하도록 돕습니다.

나의 질문이 나의 학습을 이끌게 하기

질문은 학습으로 가는 초대장입니다. 질문은 우리가 학습에 몰입하고, 탐구하며, 연구하고 문제를 해결하도록 이끕니다. 제6장 '올바른 질문하기'에서는 이를 존중하는 다양한 방법을 제시합니다.

학생들이 더 능숙한 질문자가 되도록 돕기 위해서는 질문하는 방법을 코칭하고 모델링해야 합니다. 시간이 지남에 따라 학생들은 자신의 질문이 학습을 이끄는 데 자신감을 가질 뿐 아니라, 그 질문들이 점점 더 깊이 있고, 탐구할 가치가 있는 것으로 발전할 것입니다. 이로 인해 교실에서의 학습이 더 풍성하고 의미 있는 경험이 될 수 있습니다.

학습 평가에서 진정한 목소리 갖기

교실에서 학생 주도성을 논한다면, 학습 평가에서도 학생들의 목소리가 반영되도록 해야 합니다. 학생들이 학습 평가에서 진정한 목소리를 갖는다는 것은 학우들에게 자신 있게 정확한 피드백을 제공할 수 있고, 피드백을 걱정 없이 받아들이고 이를 적용할 수 있으며, 점수나 등급을 위한 학습이 아니라 성장하기 위한 도전을 시도하는 시각에서 학습을 시작하는 것을 의미합니다.

학생들이 학습에서 더 적극적이고 의미 있는 역할을 맡기 위해서는 심리적 안정감을 느껴야 합니다. 그렇기 때문에 교실에서 학생 주도성을 키우는 것과 동시에 관계, 신뢰 그리고 도전 정신을 함께 기르는 것이 중요합니다.

학습을 다양한 방식으로 보여 주고 탐구하기

어떤 큰 주제나 학습 내용이든, 저는 보통 새 학년의 첫 수업에서 학생들에게 선택 보드(choice board)[1]를 제공합니다. 선택 보드는 디지털

1) '선택 보드'는 학생들이 학습 내용을 자신의 흥미, 강점 또는 학습 스타일에 따라 선택해 탐구할 수 있도록 구성된 활동 게시판입니다. 보통 격자 형태(예: 3×3)로 구성되며, 각 칸에는 학습 목표와 관련된 다양한 활동이 들어 있습니다.

슬라이드 형식으로 제작되며, 학습 자료가 내장되어 있어 학생들이 자신의 학습에 가장 적합하다고 생각하는 방식으로 정보를 선택하고 탐구할 수 있도록 합니다. 저는 선택 보드의 탐구적 성격을 소개할 때 이렇게 묻곤 합니다. “여러분은 정보를 받아들이는 데 있어서 텍스트 읽기, 이미지나 인포그래픽, 차트를 보는 것, 짧은 동영상을 시청하는 것, 웹사이트를 탐색하는 것 또는 팟캐스트나 누군가의 설명을 듣는 것 중 어떤 방식을 가장 좋아하나요?” 이 질문을 통해 학생들이 자신에게 가장 적합한 학습 방식을 더 명확히 이해할 수 있도록 돕습니다. 선택 보드에 제시된 다양한 옵션을 접하면서, 학생들은 자신의 학습 요구와 강점을 더 잘 이해한 후에 결정할 수 있습니다.

자신의 학습을 어떻게 공유할지 결정하기

제3장에서 다룬 ‘공동 설계 및 공동 구축(co-design and co-construct)’처럼 학생들이 자신의 강점과 약점을 성찰하고 이를 바탕으로 계획을 세우는 것은 학습에 자신감, 성취감 그리고 개인적 의미를 부여할 수 있는 강점 중심의 접근 방식을 가능하게 합니다. 이 과정은 불확실함, 스트레스, 불안과 같은 부정적인 감정이 나타나지 않도록 돕습니다.

학생들은 자신이 잘하는 것을 성찰하고, 이 강점을 학습 과정에서 어떻게 활용할지 생각할 기회를 주는 것을 소중히 여깁니다. 이를 통해 학생들은 학습 전반에 걸쳐 자신의 강점을 더욱 잘 활용할 수 있습니다.

내가 되고 싶은 사람으로 성장하기

우리 교실에서 아이들과 함께하는 시간 동안 어떤 지속 가능한 기능, 영속적인 가치 그리고 마음가짐이 그들에게 남을까요? 우리가 오늘날 교실에서 조성하는 환경은 학생들이 미래의 시민으로서 갖추길 바라는 공감과 공정성을 얼마나 잘 키워 내고 있을까요? 우리는 학생들을 각자의 강점, 재능, 특성 그리고 관점을 가진 독특한 개인으로 바라보고, 이들을 학교에서 존중하고 꽃피울 수 있도록 돕고 있을까요?

이 질문들에 대해 적극적으로 탐구하고, 학생들과의 상호작용 속에서 이를 인정하고 검증하는 과정은 학생들이 교실에서 성장할 수 있는 공간과 지원을 제공합니다.

학생 주도성은 모든 학생에게 같은 길을 강요하거나 동일한 목표를 선택하게 하는 것이 아닙니다. 학생 주도성이란, 학생들이 스스로를 더 잘 이해하고, 자신이 되고자 하는 사람을 결정하며, 이를 실현하기 위한 단계를 찾아갈 수 있도록 힘을 실어 주는 것입니다.

#탐구 마음가짐 실행하기

제가 교사로서의 핵심 가치를 공유한 것처럼 이제 여러분도 자신의 가치를 성찰해 보시길 요청드립니다. 여러분의 교수 실천을 이끄는 동력은 무엇인가요? 무엇이 여러분의 가르침의 기반을 이루고 있나요? 여러분이 믿는 가치는 무엇인가요? 이러한 가치가 여러분의 수업 계획, 지도 방법, 학생들과의 상호작용 그리고 그들의 학습 경험에 어떤 영향을 미치고 있나요? 또한 학생들이 이 가치를 더 잘 이해할 수 있도록 어떻게 투명하게 전달할 수 있을까요?

추가로, 여러분이 현재 학생들과의 시간에서 어느 정도의 학생 주도성을 키우고 있는지 고민해 보시기 바랍니다. 이러한 요소들은 어떻게 계획되고 있나요? 학생들은 자신들이 학습에 대해 더 많은 책임과 성장을 하고 있다는 사실을 얼마나 인식하고 있나요? 학생들에게 이 과정을 더욱 투명하고 명확하며 방향성 있게 전달하려면 어떻게 해야 할까요?

결론

이 책의 서두에서 제가 교실에서의 가르침과 결정에 있어 스스로에게 던지는 질문을 공유했습니다. "내가 학생들이 스스로 해야 할 일을 대신하고 있는가?" 저는 여러분도 이 질문을 항상 염두에 두고, 학생들이 학습에 대해 더 많은 주도성을 가질 수 있도록 돕는 데 활용하시길 권합니다.

이제 다음의 질문들을 추가로 고민해 보시길 요청드립니다.

- 모든 학생에게 학습의 공정성을 어떻게 보장하고 있나요?
- 교실 내 각 학생의 독특한 필요, 흥미, 정체성에 어떻게 민감하게 반응하고 있나요?
- 학생들이 여러분과 함께 교육과정을 공동 설계하고 공동 구축할 수 있는 공간을 어떻게 마련하고 있나요?
- 여러분의 교실은 학습으로 초대하는 공간인가요? 학생들이 교육과정을 탐구하고 발견하며, 이를 통해 자신과 주변 세상을 탐구할 수 있는 공간인가요?
- 서두에서 언급한 주요 원칙들을 통해 학생들과 함께 정확하고 확고한 평가의 방향성(assessment compass)을 키워 보세요.
- 평가에서 비교하는 문화를 허물어 봅시다.
- 평가에 학생들의 목소리를 더 많이 반영해 봅시다.

- 가르침과 학습에 대한 기존의 믿음을 조금 내려놓는 용기를 가져봅시다.

이 원칙들을 실천하면서 여러분은 학생들과 함께 교실에서 평가를 수행하는 방식으로 나아가고 있습니다. 기억하세요. 평가를 직접 수행하는 사람이야말로 진정으로 학습하는 사람입니다.

여러분의 학생들은 자신의 현재 위치, 다음에 나아가야 할 방향 그리고 그곳에 도달하기 위해 무엇을 해야 하는지에 대해 명확히 이해할 것입니다. 그들은 자신의 학습과 개인적 성장에 대한 주체성을 갖게 됩니다. 학생들은 평가 기준(success criteria), 평가 도구, 학습 목표와 목적을 분명히 이해할 것입니다. 탐구 과정과 평가 속에서 학생들은 자주 성찰하고 상담(콘퍼런스)할 기회를 가지게 될 것입니다.

이 과정에서 학생들은 자신감과 학습에 대한 진정한 주체성을 얻게 될 것입니다. 또한 학습에서 더 큰 의미와 성취감을 느낄 것입니다.

여러분의 학습은 이 책을 다 읽는 것으로 끝나지 않습니다. 실천 속에서 이 질문들을 계속 탐구하고, 학생들의 필요를 더 잘 충족하기 위해 헌신하며, Inquiry Mindset(탐구 마음가짐)을 몸소 실천하는 것이 여러분을 앞으로 나아가게 할 것입니다. 여러분의 질문은 학습을 이끌고, 여러분의 경험은 다음 단계를 결정합니다. 앞으로도 함께 탐구를 이어가기를 기대합니다.

따뜻한 마음을 담아

트레버(Trevor)

추천 읽기 자료

가이 클랙스턴(Guy Claxton)

- The Learning Power Approach: Teaching Learners to Teach Themselves
- Powering Up Your School: The Learning Power Approach to School Leadership
- Powering Up Students: The Learning Power Approach to High School Teaching
- Powering Up Children: The Learning Power Approach to Primary Teaching

(모두 Crown House Publishing 출판)

아트 코스타(Art Costa)와 베나 칼릭(Bena Kallick)

- Learning and Leading with Habits of Mind: 16 Essential Characteristics for Success(ASCD 출판)

린 에릭슨(Lynn Erickson)

- Transitioning to Concept-Based Curriculum and Instruction: How to Bring Content and Process Together(Corwin 출판)

애드리엔 기어(Adrienne Gear)

- Powerful Writing Structures: Brain Pocket Strategies to Support a

Year-Long Writing Program

- Powerful Understanding: Helping Students Explore, Question and Transform Their Thinking About Themselves, Others and the World (모두 Pembroke Publishers 출판)

데이비드 글리슨(David Gleason)

- At What Cost: Defending Adolescent Development in Fiercely Competitive Schools(Developmental Empathy LLC 출판)

제이 맥타이(Jay McTighe)와 그랜트 위긴스(Grant Wiggins)

- Essential Questions: Opening Doors to Student Understanding (ASCD 출판)

킴벌리 미첼(Kimberly Mitchell)

- Experience Inquiry: 5 Powerful Strategies, 50 Practical Experiences (Corwin 출판)

캐스 머독(Kath Murdoch)

- The Power of Inquiry: Teaching and Learning with Curiosity, Creativity and Purpose in the Contemporary Classroom(Seastar Education Consulting 출판)

제임스 노팅엄(James Nottingham)

- Challenging Mindset: Why a Growth Mindset Makes a Difference in Learning-and What to Do When It Doesn't
- Challenging Learning through Feedback: How to Get the Type, Tone and Quality of Feedback Right Every Time

(모두 Corwin 출판)

론 리치하트(Ron Ritchhart)

- The Power of Making Thinking Visible: Practices to Engage and Empower All Learners
- Making Thinking Visible: How to Promote Engagement, Understanding, and Independence for All Learners
- Creating Cultures of Thinking: The 8 Forces We Must Master to Truly Transform Our Schools

(모두 Jossey-Bass 출판)

댄 로스테인(Dan Rothstein)과 루즈 산타나(Luz Santana)

- Make Just One Change: Teach Students to Ask Their Own Questions(Harvard Education Press 출판)

알렉시스 위긴스(Alexis Wiggins)

- The Best Class You Never Taught: How Spider Web Discussion Can Turn Students into Learning Leaders(ASCD 출판)

딜런 윌리엄(Dylan Wiliam)

- Embedded Formative Assessment(National Educational Service 출판)

탐구 마음가짐을 한 단계 높일 준비가 되었나요

1. 학교에서 워크숍 개최하기

- 탐구 마인드셋 워크숍(Inquiry Mindset Workshop)－교실에서 학습을 설계하고 맞춤화하는 방법(1일 워크숍)
- Engage Me!－탐구 기반 교실로 전환하는 방법 배우기(반일 워크숍)
- Private Label－저자가 온라인 또는 대면 워크숍을 학교의 필요에 맞게 맞춤화합니다.

2. 전문가 레지던스 프로그램(Expert in Residence)

- 트레버(Trevor)와의 파트너십을 계획하여 학습과 관계가 확장되는 장기적인 방식으로 역량을 강화하세요.

3. 온라인 강좌 수강하기

- 학교 상황에 맞게 공동 설계된 온라인 탐구 마음가짐(Inquiry Mindset) 시리즈
- 트레버의 웹사이트에서 탐구를 중심으로 전 세계 교사들이 함께 학습하는 지속적인 온라인 학습 기회를 확인하세요.

4. 트레버의 기조연설(Keynote) 예약하기: 새로운 학습의 길–탐구 교실의 이야기

- 트레버가 탐구 교실에서의 이야기, 학생 리더십과 학습 주도성의 이야기, 교육을 근본적으로 변화시키는 새로운 학교 경험의 이야기, 그리고 친절과 유머로 벽을 허물고, 학생들이 의미 있게 참여하고 성취하며 영향을 미치는 이야기들을 통해 교직원이나 이벤트를 위한 영감을 제공합니다.
- 따뜻하고 열정적인 기조연설을 통해 새로운 학습 방식을 채택하고자 하는 설렘과 비전을 가득 안고 돌아가세요!

자세한 정보는 트레버의 웹사이트를 참조하세요.

trevormackenzie.com

trevormackenzie.com/contact

@trev_mackenzie

@tntmackenzie

감사의 말

제가 교직 생활 동안 탐구 수업을 지도했던 모든 학생에게 진심으로 감사의 마음을 전합니다. 주도성의 가치를 받아들이고 구성주의의 원칙을 실천해 준 여러분께 감사드립니다. 여러분의 학습 과정을 나와 공유해 주고, 제가 여러분에게서 배울 수 있도록 해 줘서 고맙습니다. 우리가 함께 새롭고 낯선 학습의 길을 개척해 나갈 때 보여 준 여러분의 용기와 리더십에 감사드립니다.

세계 곳곳에서 저를 학교, 교실 그리고 수업 실천으로 초대해 준 선생님들께 감사드립니다. 여러분 모두는 가르치는 일이 곧 하나의 '실천'이라는 개념을 몸소 보여 주셨습니다. 우리는 반성합니다. 우리는 긴장감을 인정하면서도 부드러움을 향해 나아갑니다. 우리는 평온과 여유를 찾습니다. 우리는 협력하고 함께 실험하며, 학생들의 필요를 최선으로 충족시키기 위해 서로의 사고를 자극합니다. 함께 일하면서 우리는 스스로를 성장시킵니다.

저의 비판적 친구들 그리고 이제는 제가 집이라고 부르는 사고의 학교에 감사드립니다. 캐스 머독(Kath Murdoch), 킴벌리 미첼(Kimberly Mitchell), 론 리치하트(Ron Ritchhart), 가이 클랙스턴(Guy Claxton), 댄 로스테인(Dan Rothstein), 제이 맥타이(Jay McTighe), 아트 코스타(Art Costa), 베나 칼릭(Bena Kallick), 앨리슨 즈무다(Allison Zmuda), 알렉시

스 위긴스(Alexis Wiggins), 애드리엔 기어(Adrienne Gear), 제임스 노팅엄(James Nottingham). 이 이름은 끝없이 이어질 것입니다. 저는 진정 위대한 사람들의 어깨 위에 서 있습니다. 여러분의 지도, 열정, 전문성 그리고 헌신이 저의 탐구하는 마음을 가득 채웠습니다.

특별히 좋은 친구 윌 무어(Will Moore)에게 감사의 인사를 전합니다. 제 성장을 따뜻하게 지지해 주고, 질문하고 경청하며, 제 관심사에 진심 어린 관심을 보여 주고, 우리가 함께 걸었던 수많은 길이 모두 이 책이 탄생하는 데 큰 힘이 되었습니다. 다음 잔은 제가 대접하겠습니다.

참고문헌

Burkus, D. (2018). *Friend of a friend...: Understanding the hidden networks that can transform your life and your career*. Boston: Houghton Mifflin Harcourt.

Brookhart, S., Chappuis, J., Hattie, J., Johnston, P., Tovani, C., Wiggins, G., & William, D. (2012). Feedback for learning. *Educational Leadership, 70*(1). ASCD.

Cunningham, P. M., & Allington, R. L. (1999). *Classrooms that work: They can all read and write*. Boston: Allyn and Bacon.

Dombres, C. (2008). Consumer's mind. *Flickr*. https://flickr.com/photos/christopherdombres/4507954714

Duckworth, A. (2013, May 9). Grit: The power of passion and perseverance. *TED Talk*. https://youtu.be/H14bBuluwB8

Gear, A. (2020). *Powerful writing structures: Brain pocket strategies to support a year-long writing program*. Pembroke Publishers.

MacKenzie, T. [@tntmackenzie]. (2020, August 27). Inquiry live with Ron Ritchhart [IGTV]. *Instagram*. https://instagram.com/tntmackenzie

Ritchhart, R. (2020). *The power of making thinking visible: Practices to engage and empower all learners*. Jossey-Bass.

Routman, R., & Routman, R. (1994). *Invitations: Changing as teachers and learners, K-12*. Portsmouth, NH: Heinemann.

Wiggins, A. (2017). *The best class you never taught: How spider web discussion can turn students into learning leaders*. ASCD.

Wiliam, D. (2011). *Embedded formative assessment*. National Educational Service.

저자 소개

트레버 매켄지(Trevor MacKenzie)

호주, 아시아, 북미, 남아프리카, 유럽 등 전 세계 학교에서 활동한 경험이 있는 교사, 저자, 기조연설가, 탐구 컨설턴트입니다. 트레버는 학교가 탐구 기반 학습을 실천할 수 있도록 지원하는 데 열정을 가지고 있습니다. 그는 진심 어린 이야기 전달, 친절한 태도, 깊이 있는 실천, 학생 중심 철학으로 잘 알려진 저명한 연사입니다.

트레버의 대학원 연구는 K-12 교육 환경에서 탐구 기반 학습을 구현하는 데 방해가 되는 요인을 식별하고 제거하는 데 중점을 두었습니다. 그는 현재 캐나다 빅토리아(Victoria)에 위치한 빅토리아 교육청(Greater Victoria School District)에서 교사로서 탐구를 실천하고 있습니다.

트레버는 두 권의 저서 『Dive into Inquiry: Amplify Learning and Empower Student Voice(탐구에 풍덩 빠지다: 학습을 심화하고 학생의 의견에 힘 실어주기)』와 『Inquiry Mindset: Nurturing the Dreams, Wonders, & Curiosities of Our Youngest Learners(탐구 마음가짐: 어린이의 꿈과 호기심을 키우는 교실)』를 출판(두 권 모두 Elevate Books Edu 출판)한 바 있습니다. 그는 공립학교, 국제학교, 국제 바칼로레아 프로그램(PYP/MYP/DP)에서의 탐구 학습 실행 전략을 여러 해 동안 지원한 풍부한 경험을 보유하고 있습니다.

역자 소개

조현영(Jo Hyun-young)

현재 인하대학교 교육학과 교수이자 교육대학원에 혁신교육전공 전공주임 교수이며, IBEC 과정의 책임교수로 재직 중입니다. 역자는 이전까지 현상학적 사회학에 기반한 질적연구방법, 컨텍스트 기반의 교수학습 설계, 실천공동체 기반의 학습 등 교육과정을 학습 경험에 대한 이해로서 접근하는 연구에 관심을 갖던 연구자였습니다. 그러던 중 2018년 정책 과제로 해외대학입학시험 비교 연구에서 IB를 처음 접하게 되었습니다. IB 프로그램에 대한 연구 경험은 연구자로서 중요한 전환점을 만들어 주었습니다. 이전까지 교육과정 영역에 국한되어 있던 관심을 평가와 교수학습 영역으로 확장해야 할 필요성을 경험하게 되었으며, 학문적으로는 다소 이론적이고 철학적이었던 관심을 현장의 학습 디자인 문제로 옮겨지도록 하는 계기가 되었습니다.
최근 IB는 중요한 교육적 가치를 현장에 적용하고 실행하는 대상이자 하나의 미래 교육 혁신 모델로서 한국의 교육 현장에 새로운 혁신의 마중물이 되고 있습니다. 이러한 관심은 최근 '탐구'와 '평가'에 대한 관심으로 점차 구체화되고 있습니다. IB는 결코 교육 혁신의 목표가 아닙니다. IB는 교사와 학생이 함께 깊은 탐구를 경험하고 그 과정에서 함께 삶의 가치를 경험하는 것, 또한 그러한 경험이 갖는 보편성을 함께 공유하는 것으로서의 학습 설계로서 접근될 때 그 본질을 잃지 않을 것입니다. 이 책이 새롭고 특별한 교육적 경험을 설계하는 것이 아닌, 인간의 일상적이고 상식적인 경험들을 교육적 맥락으로 끌어오기 위한 노력으로서 교육 관계자들 모두에게 쉽고 편안한 탐구와 평가의 지침서가 될 수 있기를 기대합니다.

안지영(Ahn Ji-young)

현재 인하대학교 교육학과에서 박사과정을 수료하고, MYP 교육과정 및 평가에 관한 연구를 진행 중이며, IB MYP 전문가로서 국제 바칼로레아(IB) 공식 컨설턴트, 워크숍 리더, 인증 방문 팀원 등의 역할을 수행하고 있습니다. 또한 인하대학교 국제바칼로레아 교사교육센터(IBEC) MYP 프로그램 코디네이터로 활동하며 예비 교사 및 현직 교사를 위한 전문 연수에도 기여하고 있습니다.

2008년부터 UN 국제학교 하노이(United Nations International School of Hanoi)와 드와이트 외국인학교(Dwight School Seoul) 등 IB 연속성(Continuum) 학교에서 다년간 근무하였으며, 현재는 채드윅 국제학교(Chadwick International)에서 IB MYP 교사로 재직 중입니다.

중등 교육에 대한 깊은 애정을 지녔고, 특히 IB MYP 프로그램이 중학생들의 성장과 학습에 미치는 긍정적 영향에 주목하며, 한국의 중등 교육이 보다 정교하고 의미 있게 설계되어야 한다는 신념을 바탕으로 교육 활동을 이어가고 있습니다. 중학생 시기는 개인의 정체성을 형성하고 생애 기술을 다듬는 핵심 시기임에도 불구하고, 그 중요성이 간과되거나 소외되어 온 측면이 있다는 문제의식을 갖고, 이 시기의 학생들에게 적합한 탐구 기반 학습과 평가에 대한 지속적인 연구와 실천을 이어가고 있습니다.

역자의 두 아들 모두 IB 프로그램을 이수 중인 학습자로, 학부모로서의 경험과 교육자로서의 실천을 유기적으로 연결하며, 교육적 영감과 실천을 동시에 이어 가고 있습니다. 이러한 다중적 시선은 그가 MYP를 바라보는 깊이와 넓이를 더욱 풍부하게 만들어 주고 있습니다.

트레버 매켄지를 직접 만난 후 그의 철학과 실천에서 깊은 감명을 받아, 『탐구 마음가짐: 평가편』이 지금 한국 교육이 직면한 전환의 시기에 매우 의미 있는 메시지를 전할 수 있으리라 확신하며 이 책의 번역 작업에 참여하였습니다. 학생 중심 평가, 학습자 주도성, 교육의 본질에 대한 사유를 담은 이 책이 한국의 교육자와 학부모 그리고 학생들에게 새로운 동력과 영감을 주기를 진심으로 바라고 있습니다.

탐구 마음가짐: 평가편

Inquiry Mindset Assessment Edition:
Scaffolding a Partnership For Equity and Agency in Learning

2025년 6월 20일 1판 1쇄 발행
2025년 9월 25일 1판 2쇄 발행

지은이 • Trevor Mackenzie
옮긴이 • 조현영·안지영
펴낸이 • 김진환
펴낸곳 • (주) 학지사
04031 서울특별시 마포구 양화로 15길 20 마인드월드빌딩
대표전화 • 02)330-5114 팩스 • 02)324-2345
등록번호 • 제313-2006-000265호

홈페이지 • http://www.hakjisa.co.kr
인스타그램 • https://www.instagram.com/hakjisabook

ISBN 978-89-997-3444-1 93370

정가 18,000원

역자와의 협약으로 인지는 생략합니다.
파본은 구입처에서 교환해 드립니다.